D1393545

LA VIE
APRÈS LA MORT?

NILS O'JACOBSON

LA VIE
APRÈS LA MORT?

*Édition revue et mise à jour
en 1977 par Michel Damien*

PRESSES DE LA CITÉ

Le titre original de cet ouvrage est :
LIV EFTER DÖDEN?
Traduit du suédois par Marianne PREVOT

© Nils O. Jacobson, 1971 et Presses de la Cité, 1973, pour la traduction française

ISBN 2-266-00494-8

PRÉFACE

Voilà quinze ans que je consacre l'essentiel de mes travaux à la parapsychologie, l'étude des phénomènes paranormaux. Aussi ai-je écrit ce livre dans un double dessein. D'abord vous familiariser avec là parapsychologie et vous donner un résumé des recherches entreprises à partir de cette science.

Ensuite, grâce à leurs résultats, mais aussi à travers des témoignages précis, vérifiés plusieurs fois, j'ai voulu résoudre le problème qui préoccupe et préoccupera toujours les hommes : le sort de l'âme humaine après la mort.

Est-il possible qu'une seconde existence commence après la mort physique? Et si cela est, à quoi ressemble cette autre vie?

Deux questions que tous, un jour ou l'autre, vous vous êtes posées avec anxiété. Mon but est d'y répondre.

Ce livre s'adresse à tous. Aux spécialistes, aux passionnés de parapsychologie, comme à vous qui n'en possédez nulle connaissance, pas plus qu'en statistique, psychologie ou psychiatrie.

Que les spécialistes m'excusent si j'explique alors les bases de ces disciplines. Mais pour ne pas alourdir le récit, j'ai réduit au minimum les descriptions d'expériences.

J'aborde dans l'introduction les deux questions essentielles. La seconde partie donne un bref aperçu de ce qu'est vraiment la parapsychologie. J'y explique les phénomènes paranormaux les plus importants, les plus secrets, à l'aide d'exemples empruntés à des expériences et événements spontanés. Dans la troisième partie, je cite des cas de phénomènes paranormaux difficiles à étudier de manière expérimentale, mais d'une importance capitale pour répondre à la question des questions : que se passe-t-il après la mort?

Dans la quatrième partie, j'étudie les rapports entre le cerveau et la conscience. Je tente d'expliquer les phénomènes paranormaux, leurs liens avec les différents états de conscience, qu'on les qualifie de « psychédéliques » ou de « mystiques ».

La cinquième et dernière partie se propose à partir d'informations diverses d'expliquer la nature de notre éventuelle existence après la mort.

Éviter certains termes techniques était impossible. Je les explique soit dans le texte, soit dans le glossaire que vous trouverez à la fin de cet ouvrage.

Lund, décembre 1970.
Nils-Olof JACOBSON.

I

QUATRE OPINIONS A PROPOS DE LA MORT

QUE se produit-il après la mort? Éternelle question qui ne vous paraît peut-être pas essentielle. Pourtant que survienne un décès dans votre famille ou parmi vos proches, et elle prend aussitôt un tout autre intérêt. Au chagrin, au vide causés par la disparition d'un être cher s'ajoute le besoin intense de savoir si oui ou non le disparu existe encore, quelque part, d'une façon ou d'une autre. Ce désir demeure vif, longtemps après la reprise du cours normal de la vie.

Les journaux reparlent périodiquement du « devenir » après la mort. Le sujet reste rarement « à la une ». On n'évoque pas, en effet, volontiers la mort, même entre parents ou amis. D'autres sujets de conversation ne manquent pas. Et puis il apparaît évident que la science a depuis longtemps démontré que la vie ne continue pas après la mort.

Mais, en fait, elle n'a jamais rien prouvé de tel. Aucune réponse définitive à cette question n'a été donnée. J'ai voulu examiner ici toutes les hypothèses, puis en tirer mes propres conclusions, et en envisager les conséquences.

Symbolisez votre vie par un trait allant de l'étoile de la naissance jusqu'à la croix de la mort.

Qu'en savez-vous avec certitude? Que, sur le plan

physique, vous traversez l'existence et disposez d'une période de conscience individuelle située entre la naissance et la mort. C'est peu. Vous pouvez aussi exprimer différentes opinions au sujet de cette existence :

1° Considérer que seules existent les réalités apparentes. Personne n'a démontré que la conscience individuelle survit à la mort physique. Votre vie n'est qu'une brève lueur traversant la nuit éternelle. Avant la naissance il n'y avait rien, et la mort représente la fin de toute chose.

2° Considérer comme inutile et vaine toute préoccupation de cet ordre, en partant du principe que vous n'apprendrez jamais rien à ce sujet.

3° Croire aux enseignements de la religion : la vie commence à la naissance, ou peut-être à la fécondation, mais elle est éternelle, car l'homme ressuscite après la mort. Cette autre existence sera fonction de votre comportement sur terre.

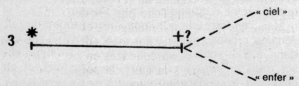

4° Envisager enfin l'éventualité d'une survie de votre conscience individuelle après la mort. Hypothèse que vous formulez en dehors de toute démonstration scientifique. Mais vous pensez également que beaucoup d'expériences vécues témoignent de la mystérieuse existence d'une réalité située au-delà du trépas.

4 ?* _____ + _ _ _ _ _ _ _ _ ?

Que penser de ces quatre hypothèses? Vous éliminerez la seconde, puisque le problème de l'existence après la mort vous intéresse effectivement. La troisième hypothèse également, car elle repose sur un dogme religieux.

Il vous reste l'alternative suivante : A) la mort représente la fin de la conscience individuelle — B) la conscience individuelle continue après la mort. Je ne m'occuperai pas ici des différentes formes de « conscience collective », dont il est difficile d'avoir une idée exacte. Pas plus que de l'hypothèse d'une survie limitée à certains « élus ». J'ajouterai que les éventualités A et B ne reposent que sur des suppositions. La possibilité A s'accorde parfaitement avec la conception matérialiste de la vie, celle de notre époque. C'est pourquoi on met souvent en valeur le moindre élément à son actif. Par contre, on connaît beaucoup moins les éléments en faveur de la possibilité B, et si vous en faites état, vous risquez souvent d'être considéré comme un rêveur, un illuminé, un farfelu. Ce qui n'empêche pas les deux thèses de trouver des défenseurs intelligents et honnêtes.

Mais, si vous admettez que toutes deux conduisent à la vérité, quelles conséquences en tirer? Si votre conscience s'éteint à la mort, le point de vue que vous exprimez de votre vivant à ce propos n'a aucune importance. Vous ne saurez jamais si vous aviez tort ou raison. Mais si votre conscience individuelle survit d'une manière ou d'une autre à ce que l'on appelle la mort, tout change. Vous pouvez penser que vous jouiriez de ce qui vous arrive aujourd'hui plus agréablement et plus complètement si vous aviez été préparé à cette éventualité. Cependant si vous vous êtes trompé en imaginant l'existence d'une survie et vous y êtes préparé en vain, peu importe! Jamais vous ne connaîtrez votre erreur.

En outre, pourquoi la foi en une forme de vie après la mort n'aurait-elle pas certaines incidences sur votre vie terrestre? Cette croyance ne serait-elle pas source d'une existence plus heureuse? N'allègerait-elle pas le fardeau des chagrins? Ne pourrait-elle pas aussi changer votre attitude à l'égard du prochain, vous ouvrant de plus vastes perspectives?

Il y en aura toujours pour s'insurger contre de telles idées, pour reparler du classique « opium du peuple ». Remarque injuste, car il s'agit d'une conception fondée sur de longues réflexions et non sur une croyance aveugle. Croire en une existence après la mort ne vous distrait pas nécessairement de vos devoirs d'individus, de membres de la société. Une telle conviction pourrait au contraire vous aider à résoudre certains de vos problèmes, vous les présenter sous un autre angle.

Mais avant d'examiner en détail les éléments qui vous permettront de choisir entre les possibilités A et B, je crois qu'il faut poser une autre question. Vos cinq sens — vision, ouïe, odorat, goût et toucher — sont-ils vos seuls moyens de contact avec ce qui se passe autour de vous? N'existe-t-il pas quelque chose en plus, un autre sens, un mystérieux sixième sens? La parapsychologie a pour but de répondre à cette question angoissante. La seconde partie de ce livre vous explique justement la nature, la réalité de la parapsychologie et étudie quelques phénomènes paranormaux.

II

QU'EST-CE QUE LA PARAPSYCHOLOGIE?

> « Essayons de mesurer l'ampleur de notre sujet avant que les vues restreintes des chercheurs n'aient une emprise trop grande sur nous. Nous devrions tenter de l'envisager comme un sujet situé au point d'intersection de la religion, de la philosophie et de la science, à cet endroit où la tâche consiste à examiner tout ce qu'on peut rassembler à propos de la personnalité humaine. »
>
> G.N.M. Tyrrell.

Votre conception de la vie conditionne les possibilités de vous adapter à des situations que vous ne pouvez modifier, comme se servir d'un parapluie quand il pleut, et d'agir d'une façon rationnelle afin d'en corriger d'autres, ramasser par exemple un objet qui vient de tomber. Vous avez appris par expérience que tout fonctionne d'une façon déterminée. Certains principes vous paraissent l'évidence même et vous ne vous en souciez guère. En voici quelques illustrations :

1º Vous ne savez pas ce que pense, ou pensait, une autre personne, ni ce qu'elle ressent, ou ressentait, si cette personne ne vous le communique pas par le truchement du langage, de l'écriture, de l'image ou du geste, c'est-à-dire par des signaux que peut retenir votre appareil sensoriel.

2° Vous ne savez pas ce qui va arriver à quelqu'un avant que l'événement ne se produise.

3° Vous ne pouvez pas, uniquement par la pensée, modifier la forme, la position, le volume, etc., d'un objet ou le déplacer à votre gré, faire tomber par exemple un dé avec le six vers le haut.

Il se produit cependant des événements qui ne s'accordent pas avec ces principes, comme le prouve cette histoire que j'ai recueillie au cours de mes travaux.

Exemple 1 :

« Un jour, après le déjeuner, j'entrai en courant dans le bureau que je partageais avec deux autres femmes. Une inconnue leur parlait. Je la regardai et soudain je sentis une forte odeur de gaz. Je criai : « Ouvrez vite les fenêtres, ça sent le gaz ici! Quelqu'un veut donc se suicider? »

« Le visage défait, mes deux collègues se tournèrent vers moi, et sans ménagement l'inconnue me poussa vers la porte, en m'insultant. En revenant plus tard au bureau, je vis ma première collègue en pleurs. La police venait de lui annoncer par téléphone, juste avant mon irruption, que sa sœur, qui habitait très loin d'ici, avait été trouvée morte dans son appartement, intoxiquée par le gaz. Accident ou suicide? On l'ignorait. »

Cette femme entre donc dans son bureau et sent une odeur de gaz très forte, bien qu'il n'y ait pas de gaz dans ce bureau. Elle a une hallucination, ce qui n'est pas rare ou étrange. Il peut arriver à tout le monde d'éprouver l'impression que ses sens lui jouent un mauvais tour. Ce qui est remarquable dans son histoire, c'est la coïncidence entre la sensation d'une femme et la préoccupation de trois autres.

C'est extraordinaire. Mais il semble que la pensée de ces dernières lui a été communiquée autrement que par la voie des sens et que cette information s'est manifestée à elle par une odeur de gaz.

PHÉNOMÈNES PARANORMAUX

L'événement cité plus haut n'a pas de rapport avec l'image que vous vous faites de vos moyens de contact normaux avec le monde extérieur. Voilà pourquoi on appelle de tels événements *paranormaux*. « Para » veut dire « à côté de ». Je pense que vous avez tous vécu vous-mêmes un événement de cet ordre, ou qu'au moins vous en avez entendu parler. On les nomme couramment pressentiments, rêves réalisés, clairvoyance, faculté de lire les pensées, voire transmission de pensée. On les qualifie d'*extra-sensoriels* ou *surnaturels*. Désignation trompeuse, car le mot *nature* englobe tout ce qui existe. Il ne devrait donc pas exister de surnaturel ! On emploie parfois l'expression *manifestations occultes* pour désigner certains phénomènes paranormaux, mais seulement lorsqu'ils sont expliqués dans le cadre de la magie et des doctrines ésotériques.

Les phénomènes paranormaux sont dits « surnaturels » car on ne peut les expliquer à partir des lois naturelles connues. Ce qui n'implique pas forcément qu'ils se trouvent en contradiction avec ces lois. Il faut plutôt mettre cela sur le compte de l'imperfection des connaissances des lois naturelles pour le commun des mortels. Si vous possédiez cette connaissance, vous pourriez aisément expliquer les phénomènes paranormaux et ils entreraient alors dans votre réalité quotidienne.

La science qui traite de ces phénomènes s'appelle *parapsychologie*. Si vous cherchez dans les ency-

clopédies, vous y trouverez la définition suivante :
« Parapsychologie (métapsychique) : science des
phénomènes psychiques surnaturels, dits occultes,
ainsi que des rapports de l'homme avec eux. Il existe
des affinités entre la parapsychologie et le spiritisme... »

Ce n'est pas tout à fait exact, car le spiritisme est
une croyance religieuse, tandis que la parapsychologie apparaît comme une science fondée sur l'emploi
des méthodes expérimentales reconnues dans tout
l'univers et traitant des phénomènes paranormaux.
Ses spécialistes sont les parapsychologues.

[En 1968, une évolution a encore eu lieu au plan du
vocabulaire. Les Tchécoslovaques ont proposé de
remplacer le terme de parapsychologie par celui de
psychotronique, en s'inspirant du Français F. Clerc.
Cette nouveauté, adoptée dans les pays de l'Est et de
plus en plus en Occident, correspond à une évolution
des travaux. La parapsychologie reste liée par définition à la psychologie, tandis que la psychotronique
veut rompre définitivement avec des postulats psychologiques ou spiritualistes pour insister sur l'aspect matériel des phénomènes paranormaux. Dans le
cadre de la physique des quanta définie par Max
Planck, les phénomènes paranormaux tels que la
prémonition semblent s'insérer de façon naturelle.
Plusieurs physiciens, dont le Français Olivier Costa
de Beauregard, directeur de recherches au Centre
National de la Recherche Scientifique, ont réalisé
sur ce sujet des études approfondies. « La physique
du XXe siècle, écrit ce savant, a ceci de nouveau
qu'elle traite non de la matière seule, mais de la
matière en relation avec l'esprit. C'est en cherchant à
comprendre cette relation de manière cohérente qu'à
ma surprise j'ai vu la parapsychologie se glisser de
force dans mon tableau. »

Nous sommes donc loin de l'ère de la métapsychique et de l'invocation des esprits dans le spiritisme. Cette révolution est apparue clairement lors d'un colloque international tenu à Genève en 1974. Les interventions des physiciens souvent éminents ont été rassemblées dans un livre difficile mais peut-être historique : *Quantum Physics and Parapsychology; Proceedings of an International Conference* (publié par la Parapsychology Foundation, 29 West 57th Street, New York, N.Y. 10019). Ce livre, rempli d'équations et de références absolument incompréhensibles au profane, est un constat de la brèche ouverte par les scientifiques dans le monde inconnu des faits « psi ». Une faculté humaine (désignée par la lettre grecque psi) serait à l'origine des multiples manifestations paranormales, mais cette faculté elle-même serait en rapport avec la constitution de notre univers dans son entier. Il n'est pas étonnant, dans ces conditions, qu'une nouvelle génération de physiciens étudie tout naturellement cet aspect des choses, sans quitter leur discipline.

Néanmoins, les travaux en question, qu'ils soient appelés parapsychologie ou psychotronique, continuent d'être ignorés par un grand nombre d'autres scientifiques et le paranormal demeure pour eux une affaire d'opinion personnelle.] Certains s'opposent à une recherche objective et réduisent ce sujet à des hallucinations, malentendus, fausses statistiques, illusions ou même mystifications. De tels événements ont une explication banale.

En revanche, celui qui s'attache à l'étude de la littérature parapsychologique et effectue peut-être lui-même des recherches dans ce domaine, croit davantage à l'existence de ces phénomènes. Je citerai ici les plus importants en tant que faits établis. Plus loin, je les aborderai et les critiquerai séparément.

La clairvoyance consiste à obtenir des informations concernant des objets et des faits, sans utiliser les cinq sens ni user de la télépathie.

La télépathie, ou transmission de pensée, consiste à obtenir des informations concernant les pensées, les sentiments et les opinions d'une autre personne, sans le secours des cinq sens.

Avec la clairvoyance vous obtenez des informations à propos d'objets et de circonstances. La télépathie vous informe des états mentaux existants dans la conscience d'une autre personne. Dans les deux cas, il s'agit d'événements qui se produisent dans *le présent*. Si les informations données traitent d'événements non encore survenus, on parle de *précognition*. De même qu'on parle de *postcognition* s'il s'agit d'événements du passé. « Pré » veut dire avant, « post » après et « cognition » connaissance. Pour la précognition comme pour la postcognition, il est difficile d'établir la part de la télépathie et celle de la clairvoyance. On emploie surtout ces deux termes pour indiquer les événements qui se déroulent dans l'instant présent. Pour mieux comprendre, regardez la figure 1.

TEMPS

	Passé	Présent	Futur
Evénements matériels		Clairvoyance	
		Postcognition (contenant clairvoyance ou télépathie)	Précognition (contenant clairvoyance ou télépathie)
Evénements mentaux		Télépathie	

Figure 1

La psychométrie est un mot mal choisi, mais très courant. Il indique le pouvoir de donner, à l'aide d'un objet, des informations concernant des personnes ou des événements qui ont, ou qui ont eu, un rapport avec cet objet. « Psychométrie » signifie mesure de l'âme, et cela est sans rapport objectif avec le phénomène.

[La *psychokinésie*, ou *psychocinèse*, ou PK, est une action sur n'importe quelle matière animée ou inanimée, sans contact direct ou indirect, ni utilisation d'aucun moyen connu. Il s'agit par exemple de soulever un objet ou de faire s'immobiliser des dés toujours sur la même face, après qu'ils ont été jetés par une machine pour éviter la fraude.]

La clairvoyance, la télépathie, la précognition et la postcognition se résument en un terme : *perception extra-sensorielle*. Tout au long de ce livre, je me servirai de l'abréviation PK pour désigner la psychokinésie. J'appellerai la perception extra-sensorielle et la PK « phénomène *psi* » ou simplement « *psi* ».

QUE PEUT-ON APPELER PARANORMAL?

Les recherches des parapsychologues sur les phénomènes paranormaux suivent deux directions bien définies : d'un côté ils examinent les événements vécus, spontanés. De l'autre ils font des expériences de laboratoire systématiquement contrôlées et en suivant des principes scientifiquement établis.

Dans les cas spontanés, demandez-vous toujours :
1º Le phénomène a-t-il eu lieu? La femme du *cas 1* a-t-elle vraiment vécu ce qu'elle a raconté ou est-ce le fruit de son imagination ou encore un rêve? A-t-on interrogé les trois autres femmes? Les conditions

étaient-elles identiques à celles indiquées dans le récit?

2° Si le récit de l'événement est exact, s'agit-il vraiment d'un événement paranormal? Est-il compatible avec les principes mentionnés à la page 15? Cette femme ne possédait-elle pas le don exceptionnel de tirer des conclusions conscientes ou inconscientes en regardant les visages et en observant le comportement des autres? Ou encore, son sens de l'ouïe n'était-il pas supérieur à la normale, ce qui lui aurait permis d'entendre les fragments de la conversation avant de pénétrer dans le bureau.

3° Si, après toutes ces questions, vous considérez encore l'événement comme paranormal, vous devez vous demander s'il ne peut pas, malgré tout, s'expliquer à l'aide d'une loi biologique ou physique connue. Ne résultait-il pas d'une coïncidence d'événements normaux? Cette femme a pu en effet éprouver la double sensation d'une odeur de gaz et d'un suicide au moment où sa collègue recevait le coup de téléphone lui annonçant la mort de sa sœur!

Lorsque toutes ces hypothèses sont rejetées, vous pouvez commencer à croire au caractère paranormal de l'événement. Le but de la science qui étudie le paranormal consiste alors à le comparer à d'autres phénomènes identiques et à essayer de lui trouver une explication. Peut-il être déchiffré à partir de théories ou d'hypothèses existantes ou doit-on en envisager d'autres? Pourrait-on l'expliquer à l'aide d'expériences de laboratoire?

En principe, vous devez poser les mêmes questions lorsqu'il s'agit d'expériences effectuées, mais là aussi il convient de s'assurer de la probité de l'expérimentateur. Et de vérifier que les circonstances de l'expérience ont été assez clairement décrites, que son compte rendu a été bien rédigé et que les calculs statistiques sont exacts, etc. Ce qui est bien sûr valable pour toutes les activités scientifiques et donc pour la parapsychologie ou la psychotronique.

PARAPSYCHOLOGIE ET STATISTIQUE

Voici une expérience simple. Des cartes, grandeur cartes postales, vertes d'un côté, blanches de l'autre, rigoureusement lisses, sont placées dans des enveloppes opaques, à raison d'une carte par enveloppe. Le recto et le verso des enveloppes ne présentent pas de différence. On donne le tas d'enveloppes à l'expérimentateur. Il ignore dans quelles enveloppes se trouvent les cartes avec le côté vert tourné vers le dessus. L'expérimentateur place le tas d'enveloppes devant un sujet qui doit deviner, enveloppe par enveloppe, lequel des côtés, vert ou blanc, des cartes est situé au-dessus. Après un nombre d'essais déterminé à l'avance, on ouvre les enveloppes et on dénombre les réponses exactes. Le principe de cette expérience est le même qu'au jeu de « pile ou face ». Vous avez pour chaque carte 50 % de chances de tomber juste. Pour cent cartes vous devez donc vous attendre à cinquante réponses exactes. Si le sujet devine juste cinquante-cinq fois ou plus au lieu des cinquante prévues, vous pouvez déterminer, grâce à des méthodes statistiques, la part de résultat incombant au hasard. Ce dernier est dans ce cas, pour cinquante-cinq bonnes réponses, de trente-deux pour cent, ou 0,32, ce qui signifie que l'on peut s'attendre à un tel résultat en moyenne trente-deux fois pour cent séries de cent réponses.

On juge d'habitude les résultats de telles expériences de deux façons différentes. Dans la première, appelée hypothèse zéro, on présume que les résultats sont obtenus grâce au hasard. Dans la deuxième, on présume l'existence d'un autre facteur que le hasard. Le résultat cité, cinquante-cinq réponses justes sur cent, serait donc obtenu en moyenne trente-deux fois sur cent, s'il ne s'agissait que d'un hasard et il n'apparaît pas alors comme significatif. Dans la plupart des sciences, il existe certaines limites pour indiquer le moment où l'on peut rejeter l'hypothèse zéro et supposer l'existence d'un autre facteur. Si la probabilité que les résultats procèdent du hasard est de cinq pour cent, vous dites qu'ils sont significatifs à cinq pour cent. Si le hasard, probabilité souvent désignée par la lettre p, n'entre en ligne de compte que pour un pour cent dans le résultat obtenu, vous êtes alors arrivé à ce résultat à l'aide d'un autre facteur.

Je dirai que le sujet doit deviner les cartes mille fois au lieu de cent et qu'il obtient toujours cinquante-cinq pour cent de réponses exactes au lieu des cinquante pour cent prévues, en tout cinq cent cinquante réponses justes. La part du hasard n'est alors que de 0,0016; $p = 0,0016$, ce qui signifie que vous n'obtiendriez ce résultat, ou un meilleur, que seize fois sur dix mille essais de mille réponses. Vous pouvez donc dire que ce résultat est significatif à moins de un pour cent et l'hypothèse zéro se trouve écartée. Si la perception extra-sensorielle existe, il y a de fortes chances pour qu'elle ait une part active dans cette expérience. Si vous supposez que le sujet devine juste à cinquante-cinq pour cent sur dix mille réponses, p devient si insignifiant que les tableaux statistiques ordinaires ne suffisent plus pour l'indiquer, car il serait alors d'environ 10^{-22}.

Les statistiques ont toujours été un sujet de dispute depuis les débuts de la parapsychologie. Leurs adversaires ont toujours accusé les parapsychologues de dresser des statistiques fausses et déconcertantes. Mais les méthodes ont été améliorées, et il n'y a donc aucune raison pour que, considérées comme efficaces pour d'autres sciences, il n'en soit pas de même pour la parapsychologie. [Le professeur Camp, président de l'Institut de statistiques mathématiques, disait déjà en 1937 que si les recherches de J.B. Rhine, pionnier de la parapsychologie aux U.S.A., pouvaient être attaquées, ce n'était certes pas sur le terrain mathématique.]

En psychologie, en médecine, on considère qu'un p inférieur à cinq pour cent doit confirmer une hypothèse et qu'un p de un pour cent ou moins l'accrédite indéniablement. Cependant, lorsqu'il s'agit de prouver l'existence de phénomènes paranormaux, on exige des valeurs de p encore plus basses. Elles ont certes été obtenues au cours d'un grand nombre d'expériences. Mais il reste encore des sceptiques.

Le résultat de mon expérience portant sur mille ou dix mille réponses laisserait donc supposer l'existence d'un « don » de clairvoyance chez le sujet, si vous écartez tout risque de fraude ou d'expédients sensoriels. Mais clairvoyance, télépathie et précognition sont seulement des termes de travail, utilisés pour la désignation de ce mystérieux « inconnu » dont tant d'expériences confirment l'existence. On n'explique pas seulement un phénomène en déclarant qu'il s'agit de clairvoyance.

Je ne compte plus les études approfondies à propos des facteurs statistiques des expériences de perception extra-sensorielle. Je ne rapporterai pas ces recherches ici. Dans les descriptions d'expériences, au cours de ce livre, j'indiquerai parfois les valeurs de p, mais en général je laisserai les statistiques de côté.

ÉVOLUTION DE LA PARAPSYCHOLOGIE
QUELQUES EXPÉRIENCES

La curiosité de l'homme pour les phénomènes liés à la parapsychologie remonte très loin dans l'histoire. La description la plus ancienne d'une expérience parapsychologique date d'environ 500 avant J.-C. Le roi Crésus avait envoyé des messagers s'informer auprès de sept différents oracles de ses plans d'action pour un jour précis. Ce jour-là, il comptait se livrer à une activité difficilement imaginable : mettre à cuire une tortue et un agneau dans une marmite en laiton. Détrompez-vous ! L'oracle de Delphes devina la nature de cette curieuse occupation royale.

L'intérêt pour la parapsychologie systématique ne s'éveilla qu'à la fin du XIXe siècle. L'histoire de la parapsychologie jusqu'à la moitié du XXe siècle a été surtout écrite par Tyrrell et Helwood. En 1882, quelques savants anglais très réputés fondèrent la Société de recherche psychique. Son équivalent américain, la Société américaine de recherche psychologique, fut créée en 1885. Au début, on s'intéressa surtout à des événements vécus, spontanés, présentant un caractère paranormal. On en examina des centaines et on interrogea scrupuleusement tous les témoins. Dans les archives de ces sociétés, vous trouvez un grand nombre de cas spontanés rigoureusement examinés.

Au cours du XXe siècle, les chercheurs se sont de plus en plus tournés vers des essais de laboratoire. Le nombre de parapsychologues qui traitent de cas spontanés est restreint. La parapsychologie a également pris pied dans un nombre croissant d'universités et d'écoles supérieures, surtout aux États-Unis, mais aussi en Europe. On y effectue des recherches méthodiques. Plusieurs universités reconnaissent les doctorats en parapsychologie. Une douzaine de savants peut-être consacrent tout leur temps à la parapsychologie, mais une centaine au moins y réservent une part importante de leurs travaux.

Une organisation internationale, l'Association parapsychologique, fut fondée en 1957. Depuis 1969, elle fait partie de l'Association américaine pour le progrès de la science. Cette adhésion peut être considérée comme la promotion de la parapsychologie au rang de science.

[A quoi peut servir l'introduction de cette science à l'université? En plus de la recherche proprement dite dans le cadre de laboratoires dotés de crédits suffisants, des cours donnés aux étudiants par des savants professionnels qui ont expérimenté dans ce domaine devraient avoir pour premier but de les informer de ce qu'est réellement la parapsychologie. L'appétit du merveilleux, la curiosité envers les phénomènes insolites, le besoin d'évasion intellectuelle représentent — tout le monde le sait — une caractéristique d'une large proportion de la jeunesse. Il serait regrettable que les enseignants n'en tiennent pas compte et feignent d'ignorer les groupes de recherches spontanés ou sauvages qui se créent dans presque toutes les universités. Mais la distinction entre les résultats sérieusement fondés en parapsychologie et la littérature de basse qualité, les aberrations de toutes sortes, n'est pas toujours facile. Depuis 1934, date à laquelle Joseph Banks Rhine fit paraître son ouvrage *Extra Sensory Perception*, qui marque le début des expériences modernes et quantitatives, un grand nombre de thèses ont été publiées. Elles ne peuvent pas être assimilées ni critiquées sans une étude sérieuse, analogue à celle requise dans les autres branches universitaires. La présence d'une bibliothèque convenablement fournie est nécessaire pour en avoir déjà l'accès. C'est dans ce double but d'information et de recherches que la création de départements de parapsychologie (ou de psychotronique, peu importe la dénomination) est utile.]

En Suède, dans mon pays, l'intérêt pour la parapsychologie a été plus considérable dans le public que parmi les savants. Ces derniers estimèrent à tort que s'intéresser à la parapsychologie nuisait à leur renommée scientifique. Il fallait donc un certain courage pour avouer s'intéresser à cette science. A quelques exceptions près, les seules recherches sérieuses ont été entreprises à l'université de Lund, où j'habite.

Après avoir débuté par les expériences qui tendaient à prouver l'existence de la perception extrasensorielle, on procéda à une autre catégorie de recherches. On voulait déterminer le facteur générateur de résultats : clairvoyance, télépathie ou précognition. De telles expériences concernant ces deux catégories sont surtout décrites par Tyrrell, Heywood et Pratt. En voici des exemples :

Jusqu'aux années 1930, de nombreux savants se livrèrent à des expériences de perception extrasensorielle, et obtinrent de bons résultats. Cependant, pour diverses raisons, surtout économiques, ils ne purent les poursuivre. A partir de 1927, J.B. Rhine, de l'université de Duke à Durham, entreprit des séries d'expériences plus systématiques. Il commença par des expériences réalisées à l'aide de cartes, les « cartes Zener ». Il s'agit de cinq cartes avec chacune un signe différent : un cercle, une ligne ondulée, un carré, une étoile et une croix. On effectua les premières expériences dans des conditions plutôt précaires. Deux personnes, « l'émetteur » et le « récepteur », étaient assises des deux côtés d'un paravent. Elles ne pouvaient se voir. « L'émetteur » tirait une carte à la fois du tas de cartes mélangées, en général vingt-cinq cartes, cinq de chaque sorte. Le « récepteur » essayait de deviner la carte choisie et notait sa réponse sur une feuille de papier. Peu à peu, les méthodes changèrent et, en 1933, on voulut prouver l'existence de la perception extra-sensorielle dans des conditions précisées, même à distance, car « l'émetteur » et « le récepteur » se trouvaient assis dans la même pièce.

Un assistant du docteur Rhine, J.G. Pratt, était « l'émetteur ». Un étudiant, H. Pearce, installé dans un autre bâtiment à 90 mètres, servait de récepteur. Au cours d'une série d'expériences, Pearce se trouva dans un bâtiment distant de 200 mètres. Chaque minute, Pratt choisissait une carte dans un jeu de vingt-cinq cartes mélangées, et la posait sur la table, le verso vers le haut, sans en regarder le recto. Pearce pensait à une carte et notait son choix. On déposa le compte rendu de l'expérience chez le docteur Rhine avant que Pratt et Pearce ne se revoient. Au cours de quatre séries d'essais, 1 850 réponses furent fournies. Or, sur un ensemble de cinq cartes différentes, les chances de deviner juste sont de vingt pour cent pour chaque réponse, ce qui donne 370 bonnes réponses. Pearce devait en fournir 558. La part p du hasard dans ce résultat était donc de moins de 10^{-22}.

Au cours des années 1940, le mathématicien anglais S.G. Soal réalisa des dizaines de milliers d'expériences de cartes, toutes rigoureusement contrôlées. Il obtint des résultats stupéfiants avec deux personnes : Basil Shakleton et Gloria Stewart. Shakleton, qui servait de récepteur, devinait, non pas la carte que l'émetteur avait sortie, mais celle qui venait après. Il s'agissait donc là de précognition. Au cours d'expériences avec plus de six mille réponses, Shakleton, obtint de si bons résultats que p fut réduit à 10^{-35}. Mme Stewart obtint un résultat semblable en devinant les cartes que l'émetteur tirait. Elle devait en outre être l'objet de différentes expériences « purement » télépathiques.

Au lieu de cartes, l'émetteur se servait d'un système de code qu'il apprenait par cœur afin d'éviter une prise de note dont le récepteur pourrait prendre conscience avec la clairvoyance. Cette expérience a également donné des résultats qu'on ne saurait mettre au compte du hasard.

[Est-ce pourtant la preuve de la perception extrasensorielle? Un doute grave pèse sur les travaux de S.G. Soal. Un adversaire déclaré de la parapsychologie, C.E. Hansel, déclara, quelques années après, que Soal et Shackleton avaient truqué les expériences. Il prenait à témoin une personne assez excentrique, Gretl Albert, qui avait participé aux recherches en tant qu'agent émetteur. Les propos de cette dame, disant par exemple qu'on lui avait fourni des cigarettes droguées, ne furent pas pris au sérieux, mais l'attention était attirée sur Soal. Une vérification approfondie s'imposait. Soal prétendait avoir utilisé les tables de logarithmes de Chambers pour obtenir une liste de numéros au hasard. Quelqu'un désirant innocenter Soal, R.G. Medhurst, s'aperçut que les listes de l'expérimentateur ne correspondaient pas à celles qu'il prétendait avoir employées. On voulut ensuite retrouver les documents originaux où les résultats étaient consignés. Soal déclara les avoir perdus dans un train. Cependant, les résultats publiés indiquaient des séries de réponses exactes fournies par Shackleton qui concordaient exactement avec les endroits désignés par Gretl Albert comme ayant été falsifiés, les autres réponses étant fausses. Rien de cela ne prouve à coup sûr la fraude mais l'ambiguïté des conditions de l'expérience est indiscutable. Une enquête est actuellement en cours pour essayer de déterminer la vérité.

Les détracteurs de la parapsychologie trouveraient là des arguments. Les expérimentateurs sont toutefois les premiers à déplorer les protocoles d'expériences défectueux et à refaire autant de fois qu'il le faut toutes les séries portant sur des cartes, des dés ou d'autres éléments. L'« affaire Soal » est doublement dépassée. D'une part parce que ses quelques dizaines de milliers de réponses enregistrées sont une goutte d'eau en comparaison des millions de divinations effectuées par d'autres scientifiques avec les cartes de Zener, et d'autre part parce que les systèmes ont été presque entièrement automatisés. Les erreurs d'enregistrement des résultats autant que la fraude délibérée sont de plus en plus rendues impossibles.

Un troisième élément est apparu enfin depuis quelques années : l'utilisation d'animaux dans les expériences. Bien que des recherches telles que la communication télépathique entre un chien et son maître soient poursuivies, la majorité des travaux se pratique d'une autre façon. L'intervention humaine est réduite au minimum. Des souris ont affaire à une machine qui enregistre leurs réactions lorsque des séries de petites décharges électriques leur sont envoyées automatiquement à un endroit ou à un autre d'une cage : elles prévoient ou non le côté qui sera électrifié et agissent en conséquence. Par des moyens très simples et utilisables à volonté, des résultats indiscutables de prémonition (ou de précognition) ont été mis en évidence. Les travaux du professeur Rémy Chauvin et de son équipe, en France, ont été répétés avec succès aux U.S.A. et aux Pays-Bas. Télépathie, clairvoyance, précognition, psychocinèse existent chez l'animal qui constitue un sujet plus aisément maniable que l'homme. Les anciens métapsychistes qui étaient souvent des psychologues de formation, ou influencés par l'état des recherches d'alors en psychologie même lorsqu'ils provenaient d'autres disciplines (chimie, par exemple), ne songeaient pas à cette utilisation de l'animal. Ils y songeaient d'autant moins qu'à l'arrière-plan de leurs études persistaient d'ordinaire les hypothèses spirites sur la communication avec les morts, et aussi une définition traditionnelle de l'homme inspirée à la fois du christianisme et de la Grèce antique exacerbant le sentiment de notre importance dans l'Univers. Le paranormal, élément mystérieux, était ressenti comme d'ordre supérieur, c'est-à-dire particulier à l'homme. Cette époque est révolue avec la philosophie qui caractérisait la plupart des chercheurs. Une autre mentalité est survenue, qui a permis une orientation nouvelle des travaux. Désapprouvons néanmoins des expériences qui feraient subir à des animaux des tortures pour satisfaire notre curiosité.

L'utilisation de végétaux est aussi une nouveauté intéressante. Elle est de deux types bien distincts. Le premier est illustré, entre autres, par les analyses du docteur Jean Barry et de ses collaborateurs du laboratoire de Bordeaux. En 1965, les champignons *Stereum purpureum* et *Rhizoctonia solani* avaient été utilisés pour déterminer l'influence d'une faculté psi humaine sur leur croissance. La première espèce donnant des colonies mycéliennes aux contours imprécis, la seconde fut retenue par le docteur Barry pour des expériences menées à partir de 1966. Ce végétal est un parasite qui provoque des maladies appelées fréquemment « fonte des semis ». Il a été cultivé *in vitro* dans des récipients en verre Pyrex prévus pour la culture de micro-organismes.

L'expérience est simple. Pendant un quart d'heure, chaque expérimentateur se concentre face à des boîtes de dix centimètres de diamètre, sans approcher à moins d'un mètre cinquante. Il essaye, par la volonté, d'empêcher la croissance des champi-

gnons, cependant qu'un lot de champignons sert de témoin et de moyen de comparaison. Toutes les précautions sont prises pour que la pureté génétique de ces champignons, la température, le milieu nutritif, l'éclairage, l'hygrométrie, etc., soient identiques. Quand la tentative d'action paranormale est effectuée, on trace le contour des champignons sur du papier fin, on pèse, on dégage la signification mathématique des résultats. Une série d'expériences offre les poids suivants (en milligrammes) :
— Lot témoin : 484,4 de moyenne pour 5 boîtes.
— Premier expérimentateur : 478,2 de moyenne.
— Deuxième expérimentateur : 388,6 de moyenne.
— Troisième expérimentateur : 433,2 de moyenne.

Si l'on ramène le lot témoin au chiffre de 100, les autres résultats sont : 78, 80, 89. Ces chiffres sont significatifs. Répétées de nombreuses fois, en variant les expérimentateurs et en notant leur état psychologique et physique du moment, de telles expériences ne laissent guère de doute sur l'existence d'une action psychokinésique, en particulier lorsque l'écart est encore supérieur entre le lot témoin et les autres. La volonté d'opérer une influence, plutôt que de participer à l'expérience avec indifférence ou inattention, apparaît un facteur essentiel de réussite. Beaucoup de parapsychologues estiment d'ailleurs, en s'appuyant sur différents travaux, que la volonté est généralement à la source du paranormal. L'individu peut faire ce qui est apparemment impossible, à condition qu'il se trouve dans certaines conditions qui restent précisément à éclaircir.

Le second type de recherches paranormales sur les végétaux a été inauguré par l'Américain Cleve Backster, en 1966. Il est très discuté. Avec un instrument initialement destiné à détecter des émotions chez un individu (c'est le principe du « détecteur de mensonges »), Backster remarqua une réaction chez

31

une plante qui venait d'être arrosée. Le galvanomètre en question, conçu pour mesurer des courants électriques, était relié à un stylet inscripteur et à un rouleau de papier. La plante avait-elle éprouvé quelque chose? Le tracé des ondes ressemblait à celui provoqué par une émotion humaine. Une série d'expériences fut entreprise. La plante semblait déjà réagir à la seule formulation chez l'expérimentateur d'une pensée, d'une intention, d'une volonté comme si un contact télépathique avait été établi. Dans les années qui suivirent, la presse internationale se fit l'écho des résultats avancés par Backster. On discuta la possibilité chez les végétaux de « penser », de sentir, de percevoir nos intentions envers eux. En dépit du fait que le paranormal au sein de la matière vivante va peut-être jusqu'à ce degré de complication, il faut admettre que nous n'en possédons aucune preuve scientifique. Les tracés obtenus par Backster n'ont pas été confirmés par des scientifiques de haut niveau et leur interprétation, s'il n'y a pas fraude, est délicate. Plutôt qu'une perception extra-sensorielle, le phénomène concerné serait, selon Backster, une « perception primaire », une sorte de lien psycho-physiologique unissant tous les êtres vivants, depuis la cellule la plus rudimentaire jusqu'à l'homme.

Que restera-t-il dans quelques décennies de ces expériences qui ont fait grand bruit? Elles permettent d'ores et déjà de situer dans quel climat nouveau, prenant en considération l'ensemble de la nature, se développe la parapsychologie, même si certaines hypothèses apparaissent téméraires.

En fait, l'emploi d'appareils plus ou moins compliqués pour cerner la présence du paranormal et la référence aux sciences physiques, biologiques, pour élaborer des théories, mènent directement à ce contexte. Simultanément, les phénomènes qui suscitaient en premier lieu l'intérêt des métapsychistes d'autrefois, comme la lévitation du corps humain, les matérialisations, les apparitions palpables, sont relégués au second plan, parce qu'ils se prêtent peu à l'analyse statistique. Sans doute cette réduction est-elle le principal défaut des méthodes employées, mais c'est à ce prix que la science du paranormal est sortie de l'occultisme.]

Dès 1935, Tyrrell construisit un curieux appareil, très ingénieux, destiné à des expériences de perception extra-sensorielle. Il s'agissait de cinq petites boîtes, suffisamment étanches pour ne pas laisser passer les rayons lumineux. Dans chacune d'elles se trouvait une lampe. Un dispositif permettait d'allumer les lampes au hasard. Le sujet devait ouvrir le couvercle de la boîte où il pensait que la lampe était allumée. Les réponses étaient enregistrées automatiquement par l'appareil, et l'on avait exclu la télépathie de cette expérience. Une partie des résultats obtenus par Tyrrell à l'aide de cet appareil indique l'intervention de la clairvoyance, d'autres celle de la précognition.

Ces expériences, comme beaucoup d'autres effectuées avant les années 1950, indiqueraient qu'il est possible pour certaines personnes d'arriver à une connaissance des événements extérieurs, sans utiliser le système sensoriel. Les conditions d'expérimentation excluent les explications « normales ». Elles fournissent des résultats non imputables au hasard. De plus, certains sujets obtiennent les mêmes résultats étonnants, expérience après expérience, tandis que d'autres, placés dans les mêmes conditions, n'obtiennent que des faits non significatifs. Aussi les adversaires de la parapsychologie ne critiquèrent-ils pas directement les méthodes ou les statistiques liées à ces expériences, mais déclarèrent, faute de mieux, que c'était tout simplement une fraudé consciente de la part d'un expérimentateur sans scrupules et complice du sujet.

Mais il restait des partisans de ces expériences. Le plus difficile était de déterminer s'il s'agissait de clairvoyance, de télépathie ou de précognition, même si les résultats, après le premier examen, n'indiquaient l'existence que d'un seul de ces facteurs. Aussi, aujourd'hui, au cours d'une troisième phase des recherches parapsychologiques, on évite de scinder la perception extra-sensorielle. On parle plutôt de perception extra-sensorielle générale. Puisque les expériences antérieures démontrent que la perception extra-sensorielle existe vraiment, on cherche surtout maintenant à établir le rapport existant entre les facultés paranormales d'une personne et les autres composantes de sa personnalité.

Si vous possédez certaines qualités spécifiques, obtiendrez-vous de meilleurs résultats au cours d'expériences de perception extra-sensorielles? Pouvez-vous vous initier à la perception extra-sensorielle, faciliter son développement? Encore des questions auxquelles je vais tenter de fournir une réponse.

EXPÉRIENCES EN LABORATOIRE ET CAS SPONTANÉS

La parapsychologie se penche également sur les cas spontanés. J'aurai l'occasion d'en parler au cours des chapitres qui suivent. La littérature parapsychologique comporte de nombreuses descriptions de cas, dont la plupart sont examinés et vérifiés soigneusement afin de satisfaire aux exigences propres à un phénomène paranormal. J'aurais pu me limiter à l'énumération de ces cas. J'ai préféré relater des événements que me racontèrent ceux qui les ont vécus directement. Je les ai énumérés. Les autres proviennent de plusieurs sources. Les cas spontanés recensés dans ce livre ont pour but de souligner le rôle que peuvent jouer les phénomènes paranormaux dans votre vie de tous les jours.

Mais, me direz-vous, ces récits sont-ils authentiques? Seuls certains d'entre eux ont été vérifiés par d'autres personnes. Et, malgré ces contrôles, vous pouvez toujours craindre que de faux témoins aient accrédité des histoires inventées de toutes pièces. Crainte qui augmente lorsqu'il s'agit de cas incontrôlables. Par exemple, si le témoin éventuel est décédé, on doit immédiatement noter tous les détails d'un événement considéré comme paranormal et en outre le faire confirmer par une autre personne, car le risque d'erreurs de mémoire augmente avec le temps. Ce qui n'empêche pas, dans certains cas, que l'événement vécu reste fortement gravé dans la mémoire de la personne avec tous ses détails.

Pour qu'un cas de contact télépathique soit vraiment contrôlé on exige qu'une personne ait dit ou fait quelque chose démontrant sa connaissance des faits et gestes d'une autre personne, souvent éloignée d'elle, qu'elle ne devrait normalement pas connaître. En second lieu, on exige qu'elle en ait parlé à quelqu'un *avant* de savoir si ces informations étaient exactes. Un exemple : une femme dit à son mari, le matin : « Cette nuit, j'ai rêvé que ma mère était tombée, qu'elle s'était cassé la jambe. Elle portait un manteau vert que je n'ai jamais vu. » Puis, au cours de la journée, ils apprennent que la mère de la femme, qui habite loin de là, a fait une chute au cours de la nuit et s'est cassé une jambe. Surprise. On vérifie qu'elle portait un manteau vert acheté deux jours plus tôt.

Pour différentes raisons, je n'ai pas pu vérifier ainsi la plupart des cas numérotés. Les cas cités n'ont pas non plus pour dessein de fournir, à eux seuls, des preuves de l'existence d'une vie après la mort. Ce sont des exemples typiques d'événements considérés, par ceux qui les racontent, comme paranormaux. *Des cas semblables, décrits en détails et dûment vérifiés, figurent par centaines dans les publications parapsychologiques.*

Notez encore que certains événements sont d'une nature trop personnelle pour qu'il soit possible de les vérifier. Il en est ainsi des phénomènes dits d'« extériorisation de la conscience » ou « séparation », ou des expériences mystiques, décrites dans les chapitres VIII et XVII. Ils peuvent cependant être étudiés. On peut recueillir un grand nombre de cas, rassembler leurs similitudes et les classifier. Puis constater que, selon les circonstances établies au moment de l'apparition du phénomène, il en ressortirait certains détails plus que d'autres. On peut aussi comparer des cas extraits de différentes civilisations et de différentes époques. L'étude de ces événements prouve souvent que les narrateurs les ont réellement vécus et non simplement imaginés. En effet, on peut toujours comparer leurs récits avec d'autres.

Alors peu importe qu'un ou deux des récits relatés ici soient le fruit de l'imagination de celui qui les raconte. Ce n'est pas le cas de l'ensemble, ni même de la majorité d'entre eux. Je peux vous affirmer que la plupart de ces relations sont absolument authentiques et correspondent à des faits vécus par ceux qui les rapportent. A quelques exceptions près, ces personnes ignorent la littérature parapsychologique et ne connaissent donc pas les événements que l'on y trouve le plus souvent. Elles n'espèrent ni gloire, ni publicité, ni argent, puisque je les ai averties à l'avance du caractère bénévole de cette collaboration. Elles éprouvent seulement un soulagement après s'être racontées. Souvent, en effet, lorsqu'elles en parlaient à leurs proches, elles ne rencontraient que rires ou moqueries. Un grand nombre d'entre elles expriment aussi leur satisfaction en apprenant que d'autres ont connu des expériences semblables et qu'elles ne sont pas seules. Elles se rassurent : il ne s'agit donc pas de troubles mentaux ou de folie.

J'ai présenté ces récits sous leur forme originale, comme vous pourriez me les présenter, si vous veniez me voir. La plupart des personnes désirent conserver l'anonymat. Elles sont désignées par des noms fictifs ou par leurs initiales.

Vous trouverez peut-être que je cite un trop grand nombre de cas spontanés et peu d'expériences. Pour moi, les cas que j'ai choisis illustrent les mécanismes et la nature de la perception extra-sensorielle. Comme vous le savez maintenant, la parapsychologie se trouve encore dans sa phase descriptive, et ne se fonde sur aucune théorie universellement reconnue. Si une telle théorie existait, je me serais contenté de quelques expériences et cas spontanés afin de la mettre en évidence, mais les théories sont légion. J'ai donc dû choisir de nombreux exemples et tenter de les mettre en lumière.

Beaucoup de parapsychologues considèrent les recherches effectuées autour des cas spontanés comme dépassées. Ils préfèrent les expériences de laboratoire. Cela comporte un risque : questions et réponses deviennent si artificielles qu'elles ne présentent plus de valeur hors du laboratoire. Et puis il convient de ne pas oublier les phénomènes qui jadis se trouvaient à l'origine de toutes ces questions. Voilà une raison suffisante pour rendre opportunes les citations de cas spontanés.

L'expression « événement d'apparence paranormale » ne met en doute ni la bonne foi ni les intentions des personnes qui rapportent de tels événements. Mais il est facile de mal interpréter le déroulement d'un événement et d'y ajouter des faits étrangers à l'origine. Les exemples de cas semblables ne manquent pas. Ainsi l'erreur de considérer comme événement télépathique deux personnes qui commencent à parler en même temps de la même chose.

Les chapitres qui suivent reposent essentiellement sur des publications parues au cours des vingt dernières années. Cela n'implique pas que les éléments amassés antérieurement soient moins intéressants. Le temps n'enlève pas sa valeur à un événement bien étudié, bien décrit, ou à une expérience bien exécutée. Mon parti pris de « modernisme » est fort simple : on a consacré maints ouvrages aux recherches parapsychologiques antérieures aux années 1940. Je n'y reviendrai pas.

Certains critiques considèrent que l'existence même de la parapsychologie repose sur des expériences devenues « classiques » réalisées il y a plusieurs dizaines d'années. Attitude mal fondée, car à la suite de recherches très importantes, effectuées au cours des années 1960, des domaines entièrement nouveaux se sont ouverts à la recherche parapsychologique. Les savants se sont orientés vers la mise au point d'une méthode de collaboration, au niveau scientifique, de la parapsychologie, la physique, la psychologie, la psychanalyse, la physiologie et la médecine. Cette recherche commune n'en est qu'à ses débuts.

Dans les chapitres III et V, vous trouverez des phénomènes qui laissent supposer l'existence de la clairvoyance, de la télépathie et de la précognition. Pour plus de clarté, j'ai divisé les récits en trois groupes. En réalité, il est très difficile d'établir une nette démarcation entre les différents domaines de la perception extra-sensorielle. Comme je l'ai dit au début de ce livre, l'emploi des termes « clairvoyance », « télépathie » et « précognition » n'est qu'une façon « d'étiqueter » les phénomènes étudiés. Le chapitre VI traite de la psychokinésie et la seconde partie de ce livre se termine par un résumé des discussions consacrées à la parapsychologie.

III

QUELQUES EXPÉRIENCES TENTÉES SUR PAVEL STEPANEK

LE physicien tchèque Milan Ryzl essaya, en 1960, d'entraîner des sujets à concevoir des objets à l'aide de la clairvoyance et sous état d'hypnose. Un bibliothécaire d'une trentaine d'années, Pavel Stepanek, fut « entraîné » à se livrer d'abord sous état d'hypnose, puis à l'état de veille à des essais de cartes semblables à ceux décrits dans ce livre. Des cartes, vertes d'un côté et blanches de l'autre, furent placées dans des enveloppes en carton opaque, à raison d'une carte par enveloppe. Au cours de certains essais, les cartes avaient d'autres couleurs. Il s'agissait, après avoir mélangé les enveloppes, de deviner lequel des côtés vert ou blanc de la carte était tourné vers le haut. Un résultat significatif fut obtenu déjà avec la première série : $p = 10^{-9}$ et, série après série, Stepanek continua de fournir des résultats significatifs. Il se révéla comme un sujet exceptionnellement doué pour la parapsychologie expérimentale. Malgré des conditions de travail monotones et fatigantes, avec différents expérimentateurs, il continua, au cours des années, à fournir de bons résultats.

La méthode d'entraînement mise au point par Ryzl était donc efficace. Au cours de dix séries d'expériences, Stepanek trouva un nombre de réponses exactes dépassant en moyenne de huit pour cent les

cinquante pour cent présumées. Même si ce
portion ne vous semble pas énorme, n'oubli
que les valeurs de p deviennent très faibles lors
s'agit de plusieurs milliers de réponses. Cet entr
nement présentait cependant un inconvénient : le
don de Stepanek se limitait à la situation à laquelle on
l'avait entraîné. Dès que l'on voulut modifier les
conditions, se livrer à des essais différents, les expériences échouèrent.

Afin d'éliminer la possibilité d'expédients sensoriels pendant les essais, chaque enveloppe contenant
une carte fut placée dans une seconde enveloppe en
carton. Je la nommerai « enveloppe A ». En 1963,
J.G. Pratt, qui avait pris la relève de Ryzl et dirigea
dès lors la plupart des expériences réalisées avec
Stepanek, constata que le nombre de réponses exactes fournies par ce sujet avait diminué. Son impression de couleur verte ou blanche semblait maintenant
venir des enveloppes A, et non plus des cartes. Ainsi
répondait-il par exemple « blanc » pour certaines
enveloppes bien plus souvent que pour d'autres, et
un autre groupe d'enveloppes demeuraient toujours
« vertes », indépendamment du sens des cartes placés à l'intérieur des enveloppes.

Peut-être s'était-il plus ou moins consciemment
souvenu d'une petite tache ou d'une aspérité du papier de l'enveloppe A? Il était cependant étonnant
qu'il parvienne à « unifier » les deux côtés des enveloppes et les considérer comme une unité, car il ne
voyait, en effet, jamais les deux faces de la même
enveloppe au cours d'un même essai. Il continua
cependant à cristalliser son attention sur certaines
cartes.

Pratt soupçonna Stepanek de parvenir à ce résultat
à l'aide de la perception extra-sensorielle et décida
de placer les enveloppes A avec leur contenu dans
d'autres enveloppes « B ». Stepanek ne pouvait

donc plus voir les enveloppes A, mais il continua quand même à deviner « blanc » pour certaines d'entre elles et « vert » pour d'autres.

Au début de l'expérience, Stepanek reçut donc ses impressions des cartes mêmes, et peut-être des premières enveloppes, ensuite des enveloppes A, mais seulement de certaines d'entre elles, car avec d'autres il n'obtint que des résultats non significatifs. Il se fixait sur certaines enveloppes A et les qualifiait toujours de blanches même quand elles se trouvaient dissimulées dans les enveloppes B et ne pouvaient donc pas être identifiées autrement qu'à l'aide de la perception extra-sensorielle. Un exemple : lors de quinze séries d'essais effectués en 1967 et 1968, une enveloppe A, toujours revêtue d'une enveloppe B fut d'une façon significative appelée blanche : $p = 10^{10}$. Dans huit des séries, p fut moins de 10^{-5}.

Pourquoi Stepanek avait-il perdu la faculté de deviner à partir des objets d'origine, en l'occurrence les cartes ? Pourquoi ne devinait-il pas juste lorsque l'objet se trouvait abrité derrière un paravent ou placé dans une autre pièce ? Une enveloppe en carton ne masque-t-elle pas un objet aussi efficacement qu'un paravent ? Obtenait-il ce résultat à l'aide du toucher ?

Je vous défie de trouver une explication sûre à ce phénomène. Il n'en existe pas. Pratt formula l'hypothèse que Stepanek, au cours de series d'expériences où il touchait fréquemment les mêmes enveloppes s'habituait à en associer certaines au mot « vert » et d'autres au mot « blanc ». Or, si ces enveloppes sont cachées, cette association à un certain mot devient justement « porteuse » de la perception extra-sensorielle. Il pouvait donc continuer à donner ses réponses « routinières », bien que l'objet soit seulement identifié grâce à la perception extra-sensorielle.

La fixation du sujet sur les enveloppes B semble

confirmer cette hypothèse. Afin de prouver l'existence d'une perception extra-sensorielle, il fallait désormais cacher les enveloppes A, et leur contenu, dans autre chose. Pratt choisit de grandes enveloppes garnies d'ouate, utilisées d'habitude pour l'expédition des livres, les enveloppes « C ». Une série d'essais, réalisés en 1968, montra que la fixation du sujet se maintenait et que les résultats fournis étaient toujours significatifs : p inférieur à 2×10^{-9}. Si l'on voulait poursuivre cette expérience avec Stepanek, la prochaine phase consisterait à dissimuler les enveloppes C dans des serviettes, les serviettes dans les valises et ainsi de suite.

Depuis l'automne 1968 le don de Stepanek s'est affaibli. On a essayé de « revenir en arrière » et de recommencer les essais avec les cartes d'origine, mais ces tentatives ont échoué. On a seulement obtenu quelques résultats significatifs avec lui, après cette date. Aujourd'hui les recherches se poursuivent toujours. Jusqu'ici des expériences concernant le phénomène de fixation n'ont été réalisées que sur Stepanek. Il serait intéressant de savoir si d'autres personnes pourraient dans les mêmes conditions parvenir aux mêmes résultats. S'il en était ainsi, cela consoliderait l'hypothèse de Pratt au sujet des associations « routinières » entre objets et mots considérés comme « porteurs » de perception extra-sensorielle.

TRACES « *PSI* »

Il existe aussi d'autres explications plausibles au phénomène de la fixation. Une hypothèse veut que des objets « s'imprègnent » des événements et des personnes qui furent en contact avec eux. Roll parle d'un « champ *psi* » modifié par différents événements qui entoure tous les objets. Une telle modification, encore hypothétique, d'un objet ou du champ qui l'entoure est appelée « trace *psi* ». C'est étonnant. Mais il serait possible de percevoir ces « traces *psi* » à l'aide de la perception extra-sensorielle. Deux célèbres savants anglais, West et Fisk, ont obtenu des résultats qui semblent prouver la thèse de ces « traces *psi* ». Ils ont envoyé des enveloppes fermées contenant des cartes à plusieurs sujets, car West avait constaté qu'il parvenait à de mauvais résultats lorsqu'il entrait en contact personnel avec ces sujets. Même en envoyant les cartes aux sujets, les résultats obtenus avec les cartes adressées par West se révélaient inférieurs à ceux obtenus avec les cartes que Fisk avait manipulées ! Pourtant les sujets ignoraient la participation de West à l'expérience et West ignorait le moment où les sujets manipulaient les cartes. Il semble qu'il laissait sur ses cartes des « traces *psi* » défavorables à la perception extra-sensorielle.

QU'EST-CE QU'UN MÉDIUM ?

Je veux aussi aborder le phénomène de psychométrie, qui existe chez les *médiums*. Il me faut donc définir ce qu'est un médium.

Des êtres d'exception frappent leur entourage par leur connaissance d'événements dont ils ne pourraient avoir l'idée dans des conditions normales. On dit que ces personnes sont *médiumniques*. Cette dénomination n'implique pas pour autant la certitude de l'origine paranormale de ces phénomènes. Elle signifie simplement que l'entourage de cette personne éprouve une telle impression. Dans ce livre, je désignerai par *médium* une personne dotée de la faculté médiumnique. Mais on peut également appliquer le terme *médium* à un individu, surtout chez les spirites, qui, d'une façon plus ou moins professionnelle, reçoit des gens à des séances d'informations considérées comme paranormales. Au sein du mouvement spirite, on considère le médium comme un intermédiaire entre le monde des vivants et ce monde des esprits, où résident en principe les morts. Les médiums sont divisés en deux groupes : 1º les médiums dotés de la faculté de *clairvoyance*. Ils décrivent surtout leurs sensations visuelles et auditives sans utiliser d'expédients. 2º les médiums à effets *psychométriques* qui préfèrent avoir recours à un objet pour entrer en contact avec la source de leurs informations.

On peut dire que les premiers « voient » quelque chose et se trouvent présents dans leur vision. Ils sont la plupart du temps conscients que cette vision ne leur est pas transmise par leur sens visuel physique. S'il s'agit d'une perception exclusivement auditive on parle de clairaudience, phénomène très rare. On parle aussi de *médiums à effets physiques*, individus qui possèdent la faculté de produire des phénomènes physiques comme des « coups frappés », des matérialisations, etc. Les médiums qui possèdent le don de clairvoyance et les médiums à effets psychométriques sont parfois désignés sous un seul nom : *médiums à effets mentaux*, afin de les distinguer des médiums à effets physiques. Un médium peut travailler ou en état de veille ou en état de transe. Ce dernier est probablement un état d'hypnose obtenu par autosuggestion. Je reviendrai aux activités des médiums au cours du chapitre X.

[Signalons pourtant maintenant que plusieurs points concernant ces étranges personnages n'ont jamais été étudiés avec toute la rigueur souhaitable pour des motifs qui tiennent moins à la science qu'au respect de leur vie intime et à la pudeur. Le professeur E.R. Dodds, d'Oxford, l'un des plus grands spécialistes mondiaux de la Grèce antique, qui fut aussi président de la Society for Psychical Research de Londres, relate que le médium très connu Rudi Schneider avait, pendant chaque séance réussie, une érection avec éjaculation. Il était contrôlé par le docteur V.J. Wooley, à cette date directeur de la S.P.R., qui le déshabillait avant et après chaque séance pour éviter les truquages. En revanche, les séances auxquelles assista le professeur Dodds ne réussirent pas de manière générale. Interrogé, le médium déclara qu'il avait alors des relations avec une femme. Cette information fut adressée par écrit au professeur Georges Devereux, directeur de recherches à l'École pratiques des hautes études de Paris, qui l'a publiée dans une anthologie de parapsychologie réalisée sous la direction de Michel Damien : *Les Corps à prodiges*. Il ne semble pas que l'on puisse trouver dans toute la littérature sur les forces psi une étude satisfaisante concernant le lien entre paranormal et activité sexuelle. Le puritanisme n'en est pas la seule cause, ni même le fait regrettable que les chercheurs n'aient d'ordinaire pas eu l'idée de ce lien possible. Il faut trouver l'origine de cette carence dans la difficulté presque insurmontable d'interroger ceux qui, parmi les hommes et les femmes, ont été souvent les plus grands médiums au cours des siècles : les saints et les mystiques. Comment aurait-il été possible à un témoin direct, fût-il prêtre ou théologien, de poser des questions à Sainte Thérèse d'Avila ou au curé d'Ars, sur ce sujet délicat? Un chapitre entier de la physiologie du paranormal est ainsi passé sous silence.]

Au cours d'une séance psychométrique, le médium éprouve en général le besoin de toucher et de manipuler un objet. Certains se contentent de toucher le papier ou le tissu qui l'enveloppe. Il est préférable de choisir un objet neutre qui ne puisse fournir d'indice au médium, un caillou, par exemple, ou un objet courant : montre ou crayon. Le médium exprime les impressions qu'il éprouve en manipulant l'objet. Le mot « psychométrie » indique surtout des tests psychologiques ordinaires.

Exemple 2 :

En automne 1968, au cours d'une séance à Uppsala, en Suède, un assistant, O.B., donna au médium un petit caillou. En le manipulant, le médium déclara :

« Je vois une maison qui ressemble à un temple, et un mur. Elle n'est pas en Italie, mais dans un pays riverain de la Méditerrannée. Il est montagneux. Je vois un haut plateau. On aperçoit la mer au loin. Il me semble que ce pays à un rapport avec la France. J'ai l'impression de me trouver à l'époque de l'Antiquité. Cette civilisation est la quatrième du pays. Je vois un chameau. Il y a eu un incendie jadis. J'entends le fracas des armes et des cris de guerre. Je vois des chevaux. On a proclamé ici des rois et des empereurs. Un empereur y est mort massacré, il y a très, très longtemps. Il s'appelait Antelopes. Je vois son nom très clairement. Mais je ne vois que son corps, pas sa tête. Son bras droit est déformé ou bien il est blessé. »

O.B. avait, l'été précédent la séance, visité la Tunisie avec sa femme. Le médium n'en savait rien. Ils avaient visité El Djem et son ampithéâtre de l'époque romaine. A cet endroit, M. O.B. avait ramassé deux cailloux, un sur le mur, l'autre dans la cour entourée par le mur. L'un de ces cailloux avait été remis au médium. Il ressemblait à beaucoup d'autres, aurait très bien pu venir de Suède ou de n'importe quel autre pays. Voyons maintenant ensemble en détail le récit du médium :

Déclarations du médium	*Vérifications*
1. Il ne s'agit pas de l'Italie mais cependant d'un pays riverain de la Méditerranée.	Exact.
2. Il me semble que ce pays a un rapport avec la France.	Exact. La Tunisie fut protectorat français entre les années 1881 et 1956.
3. Cette civilisation est la quatrième du pays.	Exact. Une brochure publiée par le Bureau d'Information Touristique de Tunisie mentionne quatre civilisations : Carthage, romaine d'avant Jésus-Christ, romaine chrétienne et, depuis 647 après J.-C arabe islamique.
4. Je vois un chameau.	Il y a des chameaux en Tunisie.
5. Je vois un haut plateau.	Exact en partie. Il y a un haut plateau près de l'endroit décrit, mais ils sont nombreux en Tunisie. Ce n'est pas la caractéristique typique de cette région.

6. C'est un pays montagneux. On voit la mer au loin.

A partir du plateau, on n'aperçoit pas la mer. En revanche, on la voit bien du haut des montagnes.

7. Je vois une maison qui ressemble à un temple, et un mur.

Exact.

8. J'ai l'impression de vivre à l'époque de l'Antiquité.

Exact. .

9. J'entends le fracas des armes, des cris de guerre. Je vois des chevaux.

Exact.

10. Il y a eu un incendie jadis.

Possible, mais ce n'est pas spécifique à cet endroit.

11. On a proclamé ici des rois et des empereurs.

Fait inconnu.

12. Un empereur est mort ici, massacré, il y a très longtemps de cela.

Fait inconnu.

13. Il s'appelait Antelopes.

Fait inconnu.

14. Son bras droit est déformé ou bien il est blessé.

Fait inconnu.

De tels récits relatés par des médiums à effets psychométriques sont assez communs. Les points 1, 5, 6, 7 et 8 du récit seraient valables pour beaucoup d'endroits situés sur les rives de la Méditerranée, mais là il était plus difficile pour le médium de connaître l'existence des ruines d'un temple romain. Les points 2, 3 et 4 ne concernent pas la plupart des pays situés au nord de la Méditerranée. Les mentions les plus intéressantes, les points 11 à 14, n'ont pas pu être vérifiées ou démenties malgré des enquêtes minutieuses effectuées avec plusieurs historiens. Si on les accréditait, on parviendrait aussi à authentifier le récit. L'enregistrement du récit prouve que le médium n'avait, au cours de la séance, obtenu aucun renseignement de M. O.B. Ce dernier certifia également ne pas avoir abordé le sujet antérieurement. Il me paraît probable que le médium a obtenu ces informations par une voie paranormale. Pour les points 1 à 9, on ne peut exclure la possibilité de télépathie, car M. O.B. et sa femme étaient au courant de ces faits. Si les points 11 à 14 pouvaient être vérifiés, cela laisserait à penser qu'on est en présence de psychométrie « pure » ou de postcognition.

Le médium éprouve, paraît-il, en premier lieu les activités conscientes qui sont ou furent associées à l'objet. Si l'objet qu'il manipule a eu un rapport avec des événements chargés de sentiments d'une grande intensité, les « traces *psi* » laissées par ces événements sont très prononcées.

Plus elles le sont, plus grandes sont les chances que le médium perçoive des faits concernant les événements liés à cet objet. Cependant, le médium ne peut pas lui-même choisir ses expériences. Un médium m'a raconté quelques-unes de ses expériences :

« La plupart du temps, je n'ai rien à raconter au sujet des objets que je manie. Ils ne me « disent » rien. Mais parfois il m'est arrivé de ressentir l'étrange impression « d'écouter un disque », ma main servant d'aiguille. Il faut que j'écoute l'objet, comme si quelque chose avait été enregistré en lui... Sur une bande magnétique on peut effacer ce qui a été enregistré antérieurement pour y graver autre chose. Dans l'objet tout se trouve enregistré, passé comme présent... De ce mélange d'impressions ressort soudain une sensation intense, qui peut être étrange ou même ridicule. Une impression d'immense inquiétude, de chagrin ou encore un besoin soudain de porter cet objet à quelqu'un, à une personne que je ne connais même pas, mais qui a eu un rapport avec l'objet. Les mêmes choses m'arrivent chaque fois que je touche l'objet. Et moi, je n'y comprends rien. Du moins, pas avant que ne me soient révélés les faits liés à « l'histoire » de l'objet. »

Mais il arrive aussi que le médium ne raconte pas du tout ce qu'espère l'auditeur, mais des événements apparemment sans importance. Cela déçoit souvent les assistants et embarrasse le médium.

Le médium cité dans l'exemple 2, reçut des sensations visuelles et auditives concernant des événements et des situations qui avaient eu un rapport avec l'objet qu'il manipulait. Celui-ci décrit uniquement des sentiments et des pensées. Il n'a pas de visions ni d'autres impressions sensorielles. Des impressions interprétées comme télépathie et précognition peuvent, elles aussi, être éprouvées de ces façons différentes.

CLAIRVOYANCE, BAGUETTE DIVINATOIRE
ET PERCEPTION DERMO-OPTIQUE

A l'occasion de crimes qui défrayent la chronique, les journaux parlent parfois de personnes douées de clairvoyance, le plus souvent des médiums à effets psychométriques, qui aident la police à retrouver des personnes disparues, mortes ou vivantes. Dans certains cas, il semble, en effet, que des médiums aient pu fournir des renseignements exacts qui ont aidé à retrouver le disparu.

[Le clairvoyant Gérard Croiset, étudié aux Pays-Bas par le professeur W.H. Tenhaeff, directeur de l'Institut de parapsychologie d'Utrecht, a participé avec succès à de nombreuses recherches. En 1959, James McGovern, de la station de radio KSTP à Saint-Paul, Minnesota, aux États-Unis, demanda la collaboration de Croiset pour élucider une affaire d'assassinat à propos de laquelle la police ne découvrait aucun indice. A l'aide d'une photo, le clairvoyant donna une série d'informations exactes. Ce qui est éclairant du point de vue des motivations de Croiset et du professeur Tenhaeff est la conclusion de l'histoire. J. McGovern parla prématurément à la télévision de ces expériences, malgré l'interdiction qui lui en avait été faite, et Croiset lui refusa désormais sa collaboration qui était parfaitement désintéressée.

Le fils de Croiset, doué aussi de certaines aptitudes psi, fut contacté dans une autre affaire par certains parents des passagers de l'avion uruguayen qui s'écrasa dans les Andes le 13 octobre 1972. On sait que les rescapés mangèrent les morts pour survivre. La contribution de Croiset ne donna rien dans ce cas].

Il est souvent difficile de préciser avec certitude la

frontière séparant la clairvoyance psychométrique de la télépathie. Lorsqu'on peut exclure l'hypothèse de télépathie, on considère un résultat comme dû à la clairvoyance ou à la psychométrie « pure ». Dans le chapitre suivant, j'étudie la télépathie d'une façon plus détaillée. Mais je voudrais avant examiner une description brève de deux phénomènes qui seraient d'une nature paranormale.

Le premier est celui de la baguette divinatoire, ou radiesthésie, qui consiste par exemple à trouver des sources souterraines à l'aide d'une petite branche que l'on tient devant soi.

Chez certaines personnes « sensibles » cette baguette a un mouvement descendant lorsqu'elle se trouve au-dessus d'une source souterraine. La véracité de ce phénomène est discutée depuis longtemps. En dépit de centaines d'articles scientifiques, les savants ne se sont jamais mis d'accord au sujet de son existence. Si vous avez ainsi vous-même trouvé de l'eau, vous ne mettrez pas en doute la réalité du phénomène. Vous aurez raison. Des expériences ont montré que « le réflexe » de la baguette divinatoire survient en des endroits où l'on a pu constater et mesurer des modifications de la composition des champs magnétiques, des charges électrostatiques, des rayons infrarouges ou de la conductibilité électrique du sol. Le géologue Tromp qui a étudié la corrélation de ce phénomène avec d'autres conditions biologiques et géologiques considère qu'il s'agit d'un phénomène purement physiologique, fondé sur des mécanismes « supra-sensoriels » encore inconnus dans le corps humain.

Le second phénomène est la faculté de « voir » avec ses doigts et de distinguer des couleurs, les yeux bandés. On l'appelle « perception dermo-optique ». Des essais montrent que ce n'est probablement pas un phénomène paranormal, mais une sensibilité à des modifications dans le « rayonnement » des surfaces de couleurs différentes. La nature de ce rayonnement est encore inconnue, mais il pourrait s'agir de rayons infrarouges. Des médiums doués de clairvoyance déclarent souvent pouvoir distinguer « l'aura » d'une personne, qui entourerait tout son corps. Vous le verrez au chapitre IX.

[En France, l'écrivain Jules Romains, auteur de la série *les Hommes de bonne volonté,* fit une étude remarquable de minutie et d'exactitude pendant des années sur la vision extra-rétinienne. Longtemps avant les Américains et les Russes, il a publié en 1920 des conclusions sur la réalité du phénomène, ses caractéristiques, la façon de le reproduire. Le tégument humain, les cellules des doigts et d'autres régions du corps possèdent des facultés sensorielles plus vastes que celles habituellement admises.]

IV

TÉLÉPATHIE

En vous promenant en ville, vous pensez soudain à un ami perdu de vue depuis longtemps, que vous aviez presque oublié. Coïncidence : vous tombez sur lui au premier coin de rue. Le hasard? Soit. Mais parfois, il a bon dos. Il devient difficile de lui attribuer de telles coïncidences. Parmi les cas spontanés présumés paranormaux, les cas télépathiques sont très fréquents. En voici des exemples.

Exemple 3 :

« Mon mari est pêcheur. Une nuit il part en mer avec nos trois fils. Je me réveille, malade d'inquiétude. Je pense au chalutier et à mon fils Roland, âgé de seize ans. Je prie Dieu longtemps. Puis je me calme et m'endors lentement. Cette nuit là, Roland tient le gouvernail du bateau. En mer, le brouillard est épais, la visibilité mauvaise. Soudain, l'adolescent aperçoit deux lumières à l'avant du bateau et pense aux phares de la côte norvégienne. Au même instant, un grand navire russe croise la route du bateau de pêche. De toutes ses forces, Roland tourne le gouvernail pour l'éviter. Le navire a frôlé le petit bateau. Pour quelques centimètres, mon mari et mes fils ont échappé cette nuit-là à la mort! »

Exemple 4 :

« Ce jour-là, je ne parviens pas à me concentrer sur mon travail. Le dernier client parti, je m'échappe avant l'heure. Sans trop savoir pourquoi, comme un automate, je dois absolument prendre le dernier autobus en direction de la ville. Assise dans l'autobus, je me sens ridicule d'être si pressée, sans raison. Mais peu à peu tout s'éclaire dans mon esprit. J'ai trouvé : j'éprouve simplement le violent besoin de rendre visite à une amie.

« A l'arrêt de l'autobus, soudain je cours et emprunte un itinéraire inhabituel. Dans ma course je rencontre l'amie vers qui je vais. Je ne peux expliquer la raison de ce choix d'un itinéraire nouveau et mal commode. Si je ne l'avais pas emprunté, jamais je n'aurais rencontré mon amie. Au bord du trottoir, elle tente de faire démarrer son vélomoteur. Elle est ivre. Je m'en aperçois.

« Elle se cramponne à moi et me répète en pleurant : « Comment es-tu venue juste maintenant? » Sur son visage je lis un immense désespoir. Plus tard, elle me confiera : « Tu m'as sauvée. J'avais l'intention de me suicider. »

Exemple 5 :

« J'étais malade, dans la maison de mes parents. Étendue sur un canapé, je pensais à ma sœur aînée installée avec sa famille à l'autre bout de la ville. Tout à coup, je « vis » la fenêtre de leur cuisine et une pile de bois coupé sous la fenêtre. Les deux fils de ma sœur jouaient devant la pile de bois. Aussitôt je « vis » les bûches s'écrouler et menacer d'ensevelir les garçons. Ils réussirent à se sauver de justesse. Je sautais du canapé et racontais à ma mère ce que j'avais « vu ». Le lendemain, ma sœur vint chez nous et nous raconta que la pile de bois s'était effondrée. Tout s'était passé exactement comme je l'avais « vu », à la même heure, au même endroit! »

Ces trois exemples le prouvent, une expérience télépathique s'accompagne souvent de sentiments d'une grande intensité chez l'individu « émetteur », tandis que le « récepteur » se livre plutôt à des occupations quotidiennes au moment du phénomène. Que les mots « émetteur » et « récepteur » ne vous donnent pas l'impression que le phénomène a un rapport avec des émissions radiophoniques. J'emploierai par la suite le mot *percipient* au lieu de « récepteur » pour désigner la personne touchée par le phénomène, et le mot *agent* au lieu d' « émetteur » pour caractériser la personne qui fournit des impressions au percipient.

Dans l'exemple 3, la mère tient le rôle de percipient, le fils celui d'agent. Mais les faits rapportés ne résultent-ils pas d'une simple coïncidence? L'inquiétude d'une femme de pêcheur pour les siens n'est-elle pas naturelle, surtout par gros temps? Elle avoue justement une tendance à l'inquiétude mais ajoute qu'elle n'a que rarement de tels réveils angoissés. Que son angoisse ait disparu au moment où le danger était écarté accrédite l'hypothèse d'un phénomène télépathique. Ses prières n'ont sans doute pas été l'unique cause de son calme retrouvé.

On peut encore moins qualifier de coïncidence l'exemple 4. Le percipient n'avait jamais pressenti d'impressions semblables au sujet de son amie. Une mystérieuse angoisse le contraignit à se livrer à un acte absurde en apparence. Il courut retrouver son amie sans savoir pourquoi.

Le cas 5 démontre qu'il est souvent difficile de déterminer avec exactitude si l'on est en présence de clairvoyance ou de télépathie. Peut-être le percipient a-t-il pressenti à l'aide de clairvoyance le danger imminent. Mais vous pouvez aussi penser à un effet de télépathie dû à l'effroi ressenti par les garçons au moment de l'écroulement des bûches.

Parmi les cas spontanés les plus fréquents figurent les phénomènes relatifs à un décès, un accident ou à la maladie subite d'un ami ou d'un parent. En voici un exemple :

Exemple 6 :

« Nous venions juste d'achever notre dîner. J'étais assise par terre dans l'atelier de mon père, et lisais. Tout à coup, je sentis une brise légère traverser la pièce. Pourtant toutes les fenêtres étaient fermées. Quelqu'un me caressait la joue et j'entendis la voix de mon oncle dire : « Je te quitte maintenant. » Cette expérience me donna une profonde sensation de bien-être et de beauté. J'aimais beaucoup mon oncle.

Quelques instants plus tard, je racontai à mes parents ce qui venait de m'arriver. Ma mère m'écouta à peine. Mon père déclara que je divaguais, que ma cure d'amaigrissement ne m'avait pas réussi.

Nous ne possédions pas le téléphone à cette époque. Le lendemain nous avons reçu un message. Il nous annonçait la mort de mon oncle la veille, à l'heure exacte où le phénomène s'était produit. »

Exemple 7 :

« J'étais élève à l'école ménagère de Malmö. Comme les soixante-cinq ans de mon père approchaient, je demandai au directeur d'être libre le jour de l'anniversaire afin d'aider ma vieille mère. Il refusa. Avec ma tante, je passai la fin de la semaine chez mes parents, mais je dus repartir tristement pour l'école dès le dimanche après-midi. Ma mère se trouva ainsi seule, sans aide, au moment où il y avait le plus de travail à la maison. A la gare, je pleurais en attendant le train. Ma tante me consola : « Tu sais, on n'obtient pas toujours ce que l'on désire dans la vie », m'affirma-t-elle.

« Allongée sur mon lit à l'école, je rêvai : ma mère descendait à la cave... Soudain sa lampe de poche s'éteignit, elle buta contre un pic en fer, tomba et resta inerte par terre. J'étais à côté d'elle. Je la regardais en criant de toutes mes forces. Personne ne m'entendit car les invités parlaient très fort. J'essayai en vain de relever ma mère évanouie. Elle s'était blessée à la jambe en tombant. Soudain je perçus comme des bruits de pas dans l'escalier. Des personnes que je ne voyais pas aidèrent ma mère. Je compris qu'il ne s'agissait pas de personnes vivantes, mais d'esprits. Puis je me sentis transportée à une vitesse vertigineuse de la cave jusqu'à mon lit, à l'école, où je me réveillai en sursaut, criant et hurlant. Ma camarade de chambre dut me calmer en me parlant de fatigue, de cauchemar.

« Quelques semaines plus tard, revenue chez mes parents, je voulais leur raconter mon rêve, mais c'était inutile : ma mère portait un pansement à la jambe. Tout s'était passé comme je l'avais rêvé : elle était descendue à la cave chercher des bouteilles. Sa lampe de poche s'était éteinte, elle était tombée, se blessant à la jambe et s'était évanouie. Elle ne s'était réveillée qu'un moment plus tard dans la cuisine. Malgré ses douleurs, elle continua à servir les invités : je n'étais pas là pour l'aider. »

Ces quelques cas vous démontrent la variété des impressions télépathiques, de l'inquiétude indéfinissable aux visions les plus détaillées. N'importe quel organe des sens peut transmettre le signal à la conscience, même l'odorat, comme le montre l'exemple 1.

Ces cas sont des exemples des trois types d'expériences télépathiques les plus fréquents :

1° Le rêve : exemple 7.

2° Une vision ou autre impression sensorielle plus ou moins détaillée, comme en état de veille : exemples 1, 5 et 6.

3° Une expérience sans vision, vécue en état de veille. Cet événement n'est pas caractérisé par des impressions sensorielles, mais plutôt par une angoisse indéfinissable ou d'autres sensations concernant l'agent : exemple 3 et 4. Il existe encore deux autres types d'expériences télépathiques, variantes du groupe 3, à savoir : les symptômes physiques, comme les douleurs, et les réactions physiologiques, contrôlables à l'aide d'instruments, à l'insu du percipient.

[Parmi les tests destinés à contrôler la transmission à un individu éloigné de sensations physiques éprouvées par un agent, celui employant un appareil binoculaire qui produit des éclats de lumière est fréquent. Chaque œil reçoit une impulsion à des rythmes différents, et il s'ensuit une nausée, la sensation de rotation qui provoquent sur l'électro-encéphalogramme des tracés particuliers. Les mêmes tracés sont obtenus à partir de l'enregistrement des ondes électriques du cerveau du percipient. Des émotions comme la peur, la colère, la joie, l'anxiété ont été, selon divers expérimentateurs, transmises. Le Tchèque Milan Ryzl a décrit des essais où l'agent simule une crise d'asthme et où le receveur étouffe! Ces travaux, en cours de vérification, obligent à examiner avec plus d'attention les légendes sur la sorcellerie, la magie noire et l'envoûtement.]

Un phénomène télépathique se manifeste donc aussi bien par une perception sensorielle détaillée que par une réaction physique inconsciente.

L'expérience vécue peut atteindre une si grande intensité que le percipient éprouve l'impression d'une présence « palpable » de l'agent dans la même pièce. Dans ce cas, on ne fait plus état de télépathie mais d' « apparition ». Des savants considèrent que la télépathie seule n'explique pas ce dernier phénomène. J'y reviendrai au cours du chapitre IX.

Voici un autre exemple de télépathie.

Exemple 8 :

« Mon père partait parfois en fiacre pour se rendre à des réunions. Nous attendions son retour à la maison. Il m'arrivait d'entendre le fiacre rentrer dans la remise et mon père aider le cocher à dételer le cheval, avant le retour de mon père. Ce qui m'étonna la première fois, mais peu à peu ce phénomène devint banal. Je pris l'habitude de dire à ma mère qu'elle pouvait mettre de l'eau à bouillir pour le thé, car j'avais « entendu » mon père arriver et j'étais sûr qu'il serait là dans un quart d'heure. Ce phénomène ne me fit jamais peur. Pour moi, il était devenu tout à fait naturel. »

Dans de tels cas, l'agent et le percipient sont en général des parents proches, et l'impression est transmise par l'ouïe. Vous pouvez bien sûr vous demander s'il n'arrive pas que le pressentiment soit faux et que l'agent n'arrive pas. Seulement, dans l'exemple 8 il ne s'agit pas d'une rencontre pressentie qui a lieu au prochain coin de rue mais d'un phénomène qui se répète régulièrement avant l'arrivée de l'agent, même si elle se produit à des heures irrégulières.

Des savants, surtout le psychologue T. Moss, ont essayé de créer, en laboratoire, des situations de haute densité affective, assimilables à celles des phénomènes télépathiques spontanés. Au cours d'une telle expérience, on avait placé l'agent dans une salle insonorisée et le percipient dans une autre pièce. L'agent écoutait de la musique et on lui montrait des diapositives pour créer chez lui des sensations précises. Le percipient, de son côté, était allongé sur un lit. On lui demandait de raconter toutes les impressions et toutes les pensées qui lui venaient à l'esprit. L'agent, lui aussi, devait raconter les impressions liées aux images placées sous ses yeux. Les deux récits étaient enregistrés simultanément, les comptes rendus de l'expérience codifiés puis confiés à des juges impartiaux. Chaque couple, agent et percipient, subissait six tests, avec chacun un état émotif différent. On a donc obtenu six doubles comptes rendus pour chaque « tandem ». Trente tandems participaient à l'expérience. La tâche du juge consistait, après lecture des six doubles comptes rendus, à essayer de relier le récit de l'agent à celui de « son » percipient. Il se fondait sur l'identité des états affectifs et les similitudes dans le choix du vocabulaire. Il apparut que les ressemblances des récits de chaque membre de ces tandems dépassaient en nombre les éventuelles coïncidences dues au seul hasard. On peut donc croire que les messages envoyés par l'agent étaient vraiment transmis au percipient.

Plus tard, on effectua une autre expérience dans des conditions analogues. Le percipient dut également formuler ses pensées et ses impressions, mais avec cette fois trois séquences doubles, où pour chaque motif de test choisi on en avait, en plus, choisi un autre, en très net contraste avec le premier. Une de ces associations comportait des tableaux d'artistes du Moyen Age et de la Renaissance, représentant la Vierge Marie. En même temps, on jouait de la musique douce afin de donner une impression de calme et de recueillement. Pour contraster avec la sérénité ainsi créée, on choisit de montrer des autoportraits de Vincent Van Gogh, accompagnés de *la Valse de Ravel*. A intervalles réguliers, la musique était interrompue par une voix d'homme criant « Van Gogh » de plus en plus fort, pour créer, chez l'agent, une sensation de chaos et de désarroi. Le percipient racontait toutes ses impressions, mais, en plus, on lui montrait simultanément deux diapositives, une de chaque série. Il devait choisir celle qui correspondait le mieux à son état d'âme, celle qu'il croyait que l'agent venait de voir.

Cent quarante-quatre sujets participèrent à cette expérience. On les divisa en trois groupes de vingt-quatre « couples » chacun : un groupe de personnes convaincues de l'existence de la perception extra-sensorielle et considérant en avoir déjà vécu des phénomènes, un autre groupe de personnes peu certaines de l'existence de ce phénomène, et enfin un groupe de personnes refusant de croire à la perception extra-sensorielle. Dans le premier groupe, dix-neuf des vingt-quatre percipients fournirent des résultats avec deux ou trois réponses exactes sur trois possibles. Ils devinèrent laquelle des deux images l'agent venait de regarder. Dans le deuxième groupe, ils étaient treize, dans le troisième neuf. Le résultat apparut significatif pour les personnes croyant à la perception extra-sensorielle : $p = 0,003$, mais non pour les deux autres groupes.

Moss eut l'impression que les résultats obtenus étaient meilleurs si, ou l'agent, ou le percipient exerçait une profession artistique. On regroupa donc les sujets de façon à ce que vingt-six tandems comportent chacun un ou deux artistes. Dans vingt-quatre de ces tandems, les percipients obtinrent des résultats significatifs : $p = 0,000005$. Les résultats fournis par les quarante-six tandems restants ne furent pas significatifs.

Dans des cas spontanés, la distance entre l'agent et le percipient peut être considérable. Pour le prouver, Moss réalisa une expérience où les agents se trouvaient à Los Angeles, et les percipients divisés en trois groupes, le premier dans un autre bâtiment à Los Angeles, le second à New York, et le dernier dans le Sussex, en Angleterre. A des heures déterminées à l'avance, on créa chez les agents de Los Angeles des « états d'émotion » semblables à ceux des expériences que j'ai citées précédemment. Les trois groupes de percipients essayèrent en même temps de capter les impressions des agents. On demanda aux percipients de raconter leurs impressions et de choisir entre deux images montrées simultanément dont l'une était identique à une image déjà présentée aux agents. Cinquante-sept percipients participèrent à cette expérience. Trente-neuf d'entre eux répondirent juste deux ou trois fois sur trois possibles. Le résultat apparut significatif : $p = 0,003$. Les résultats obtenus par le groupe de Los Angeles furent également significatifs : $p = 0,018$, ceux du groupe du Sussex presque $p = 0,089$. En revanche, ceux du groupe de New York ne le furent pas $p = 0,30$.

La façon dont les percipients captèrent les messages des agents se révéla remarquable. Lorsque les agents de Los Angeles regardaient des images de différents sports nautiques, surfing, canoë, navigation, plongée sous marine, etc., tout en écoutant *la*

Mer de Debussy, six des percipients de Sussex déclarèrent :

« J'entends de l'eau couler, je la sens sur mon visage. Je pense à une chute d'eau. J'aperçois comme une lagune sous les tropiques. La mer roule de grandes vagues vers la côte. Des images : un couple en maillot de bain, du sable doré, une affiche comme on en voit dans les agences de voyages. Je vois la silhouette d'un navire qui ressemble au *Mayflower*. Il luit au soleil. Je vois au loin la rive sablonneuse de Greenwich sous un coucher de soleil aux couleurs merveilleuses. L'eau est claire et fraîche... Je vois un fleuve profond et calme au fond d'une vallée, un saule pleureur dont les branches pendent au-dessus de l'eau. »

EXPÉRIENCES AVEC DES RÊVES

Des phénomènes spontanés de perception extra-sensorielle se produisent souvent pendant le sommeil, et à son réveil, le percipient croit se souvenir de chaque détail de son rêve, tant celui-ci lui paraît réel, net, comme à l'exemple 7. Il « sait » qu'il est arrivé quelque chose à l'agent. Parfois il a même « vu » d'une façon très nette l'événement et plus tard en reçoit la confirmation par téléphone ou par la poste. Le rêve peut encore se présenter sous forme symbolique.

Il est normal que l'on désire étudier les rêves de façon scientifique. Aujourd'hui, c'est devenu chose possible. Le sujet sensitif doit dormir en laboratoire. Pendant la nuit, on fait son électro-encéphalogramme. On teste également les mouvements de ses yeux pendant le sommeil. En période de rêves animés, on obtient un tracé présentant un aspect typique, caractérisé surtout par des mouvements rapides des yeux : REM. On a entrepris des recherches à propos du sommeil dans plusieurs pays, pour étudier entre autres les réactions aux différents somnifères.

Cela vous paraîtra peut-être curieux, mais, au Maimonides Médical Center à New York, il existe un laboratoire de recherches sur les rêves, utilisé pour étudier les rêves télépathiques. On a demandé par exemple à une personne étrangère aux expériences, de choisir plusieurs reproductions de tableaux, grandeur carte postale et de les placer dans des enveloppes aussitôt cachetées. On choisit au hasard une des enveloppes, que l'on donne à l'agent isolé dans une pièce. Il ouvre l'enveloppe et passe la nuit à se concentrer sur le tableau pour découvrir si possible le motif choisi par le peintre. Le percipient dort dans le laboratoire relié par téléphone à l'expérimentateur. Ce dernier ignore la nature du tableau donné à l'agent. Quand l'électro-encéphalogramme du percipient atteste qu'il est entré en période de sommeil « REM », on le réveille et lui demande de raconter ses rêves avec le plus de détails possible. Son récit est enregistré. Le matin, on lui demande encore de deviner le tableau regardé par l'agent. On établit un compte rendu très précis.

Je vous citerai ici quelques mots d'un de ces récits. Le tableau choisi au hasard était une œuvre de Bellow : *Match de boxe au Madison Square Garden*.

« Je vois Madison Square Garden. Il y a un match de boxe. Il faut que j'achète des billets... Il y a beaucoup d'affiches de boxe et de catch. Des gens pareils à d'anciens boxeurs font la queue pour acheter des billets. Je dois monter des escaliers qui mènent au club des boxeurs. »

Une série d'expériences comporte souvent huit essais, avec un ou plusieurs percipients. On choisit un tableau différent chaque nuit. Les huit comptes

66

rendus des expériences sont ensuite envoyés avec les différents tableaux à des juges impartiaux. A eux d'établir les ressemblances entre les rêves et les tableaux. Cette appréciation peut être fournie de façons différentes, selon les aspects que l'on désire étudier. Le juge de l'expérience note chaque rêve pour sa ressemblance avec chacun des tableaux et, avec le nombre de points, indique lequel des tableaux était, d'après lui, lié à tel ou tel rêve. Pour la plupart des essais publiés jusqu'ici, les résultats obtenus furent significatifs : les juges purent trouver le tableau « juste » pour chaque rêve, plus souvent que s'il s'était agi d'un hasard. Même dans des séries qui, dans leur ensemble, n'étaient pas significatives, certains des rêves firent apparaître des ressemblances remarquables avec les tableaux correspondants. Jusqu'à l'automne 1969, on étudia cent trente-quatre rêves. Les réponses obtenues apparurent exactes dans quatre-vingt-dix-sept et fausses dans trente-sept de l'ensemble des cas.

Vous serez sans doute surpris de savoir que l'on a prouvé que les hommes étaient de meilleurs percipients que les femmes ! [Cependant, cette comparaison a été faite en laboratoire. Les docteurs Montague Ullman et Stanley Krippner, responsables de ce pas de géant dans l'inconnu accompli par leurs études des rêves télépathiques à Brooklyn, estiment que la capacité réelle de faire des rêves à contenu psi est la même chez les hommes et les femmes. La différence, en laboratoire, et non dans la vie quotidienne, semble provenir de la gêne suscitée chez les femmes par les conditions mêmes du laboratoire, l'obligation de dormir dans un lit étranger, dans une chambre où des expérimentateurs entrent et sortent de façon inhabituelle. La nervosité engendrée n'est pas favorable à la réussite des expériences.]

Les recherches de Maimonides sur les rêves annoncent une évolution pleine de promesses pour la parapsychologie moderne. Déjà d'autres laboratoires suivent l'exemple de Maimonides, et les résultats contribuent à accroître l'intérêt pour les différents états de conscience et pour leur rapport avec la perception extra-sensorielle. Je reviendrai sur ce sujet au cours du chapitre XV.

Pourquoi les phénomènes télépathiques se produisent-ils chez certaines personnes et pas chez d'autres? Serait-il possible que tous nous puissions capter les signaux télépathiques, mais que seule une minorité puisse en avoir conscience? Nous faisons peut-être tous des rêves télépathiques sans nous en rendre compte. Autant de questions qui ont intéressé les psychanalystes. Déjà Freud publiait des rapports à propos des rêves d'origine vraisemblablement télépathique. [Ce point est généralement ignoré et les psychanalystes eux-mêmes préféreraient dans leur majorité que Freud n'ait pas abouti à des conclusions positives sur la perception psi. Mais il l'a fait, il l'a dit, et il ne serait pas honnête de le dissimuler.

Avant 1910, Freud éprouvait une méfiance classique envers le paranormal. Il l'expliquait par des illusions ou par ses propres théories psychanalytiques. Puis, ayant examiné avec objectivité des cas troublants, il s'aperçut qu'autre chose devait être enseigné. Il encouragea ses collaborateurs a recueillir des récits et à chercher la présence de la télépathie dans leurs rapports avec les patients, même lorsque ceux-ci n'en parlaient pas les premiers. Le psychanalyste, selon Freud, ne doit pas attendre qu'un individu lui présente une coïncidence assimilable à la télépathie, mais abandonnant toute passivité, doit la dégager de lui-même si elle existe. Avec hardiesse, Freud a supposé aussi qu'il existait un phénomène de décalage dans le temps : « Il est parfaitement concevable, écrit-il dans *Rêve et Télépathie* publié en 1922, qu'un message télépathique puisse se produire au moment de l'événement et cependant ne pénétrer dans la conscience que la nuit suivante, durant le sommeil (ou même plus tard, à l'état vigile, au moment d'une pause de l'activité psychique). »

En 1921, Freud écrivit un article intitulé *Psychanalyse et Télépathie* qui ne parut qu'après sa mort. Actuellement, en 1977, le seul texte de lui traduit en français sur ce thème est le second chapitre de ses « Nouvelles conférences sur la Psychanalyse », datant de 1933.

La parapsychologie psychanalytique, née de ces travaux, a été illustrée en Hongrie par Istvan Hollos, par exemple; en Italie par Emilio Servadio qui devint président de la Société psychanalytique de ce pays. L'école anglo-saxonne est représentée par de très nombreux analystes dont W.H. Gillespie, ancien président de l'Association psychanalytique internationale, J. Merloo, B.E. Schwarz, J. Ehrenwald, et surtout Jules Eisenbud qui a consacré une grande partie de ses efforts à l'examen de la télépathie dans la clinique psychanalytique.

Quoi que l'on puisse penser de la doctrine freudienne, contestable en bien des points, un aspect d'elle-même trop méconnu mérite de retenir notre attention.]

Le docteur Emilio Servadio relate :

« Un patient m'a raconté un rêve : un couple célébrait son huitième anniversaire de mariage. Il ne comprenait pas la signification de ce rêve sans aucun rapport avec sa propre vie. Cependant, le psychanalyste se souvint d'avoir écouté le malade distraitement la veille, au cours d'une consultation : ses pensées étaient occupées par les préparatifs de son huitième anniversaire de mariage! Or il comptait le célébrer seul avec sa femme, n'en avait parlé à personne.

Le patient ne pouvait donc absolument pas le savoir. »

On a l'impression que les malades, en racontant de tels rêves au psychanalyste, lui « demandent » de se concentrer plus sur le traitement et de ne pas penser à ses propres problèmes. Beaucoup de ces cas ont été publiés. Certains sont beaucoup plus compliqués que celui-là. Schwarz décrit une technique qui permet de découvrir les phénomènes télépathiques se produisant sous l'effet de la psychothérapie. Des années 1955 à 1965, il découvrit 1 443 phénomènes de ce genre. Il avait au cours de cette période 2 013 patients. Il considère même que des événements télépathiques doivent se manifester dès le début du traitement, sinon il met en doute la nécessité de ce dernier.

De tels cas prouvent-ils alors l'existence de la télépathie?

Même si la réalité des phénomènes télépathiques survenus au cours d'un traitement est devenue une certitude chez le psychanalyste, il reste encore à en fournir des preuves acceptables, ce qui s'est révélé très difficile. Les expériences effectuées sont surtout précieuses lorsqu'on essaie d'expliquer pourquoi la télépathie se manifeste. Plusieurs psychanalystes ont publié des ouvrages traitant de situations psychodynamiques favorisant la création d'une communication télépathique. Ils considèrent la télépathie comme un mécanisme psychique normal qui entre en fonction lorsque certaines conditions psychodynamiques l'exigent. En voici un exemple :

Exemple 9 :

Lui : « Lorsque je connus celle qui allait devenir ma femme, elle fréquentait un autre homme. Je me sentais inférieur à mon rival et les chances de conquérir la femme que j'aimais me semblaient infimes. Je ne lui avais pas encore déclaré mon amour. Une nuit, je me réveillai brusquement vers deux heures trente, effrayé. J'avais la très nette impression que celle que j'aimais avait des rapports sexuels avec « l'autre ». Mon impression était aussi réelle que si j'avais été dans la même pièce qu'eux. Je frappai mon lit du poing, fou de douleur et de chagrin. »

Elle : « Il planait une certaine tension dans l'air et je ne savais à quoi m'en tenir... J'hésitais entre les deux hommes... Oui, la nuit en question, vers deux heures trente, j'eus des relations sexuelles avec l'autre homme, mais je me sentais pourtant très malheureuse. Je pensais tout le temps à « l'absent »... J'avais presque envie de l'appeler à mon secours. Il m'a téléphoné le lendemain pour me raconter ce qu'il avait vécu. Nous nous sommes rencontrés pour en parler. Je dois avouer que cela nous a aidés à éclairer nos sentiments réciproques. »

Dans cet exemple, vous pourriez bien sûr me parler de simple coïncidence, me dire qu'il arrive fréquemment que des amoureux jaloux s'imaginent de telles choses. Je vous répondrai que le jeune homme ne croyait presque plus en ses chances de conquérir la femme qu'il aimait. Il s'était presque résigné. Il n'avait auparavant jamais effectué une telle expérience, ni en rêve ni à l'état de veille. Depuis, le couple a vécu plusieurs phénomènes qu'il considère comme du domaine télépathique.

Le savant russe Vasiliev est renommé pour son pouvoir d'hypnotiser par induction télépathique. Un tel pouvoir est fondé sur un contact intime entre le psychanalyste et son malade.

Le psychanalyste R. Weiler s'est servi de suggestion sous hypnose pour aider une femme, Mme C., à supporter une terrible intervention chirurgicale.

Après l'opération, elle souffrit d'insomnie et fut guérie par un traitement à base d'hypnose. Huit mois plus tard, alors qu'elle traversait une période de surmenage, ses insomnies se manifestèrent de nouveau. Elle avait des habitudes régulières. Son réveil sonnait toujours à 6 heures du matin. Elle arrivait ainsi à l'heure à son travail. Malgré une fréquente fatigue matinale, elle respectait toujours cet horaire. Elle habitait très loin de chez Weiler.

Le docteur Weiler inquiet pour sa patiente, décida une nuit, avant de s'endormir, de recommencer le traitement sous hypnose dès le lendemain. En pensée, il récapitula la technique d'hypnose dont il s'était servi auparavant pour qu'elle dorme tranquillement jusqu'à 7 h 30 du matin. Il avait l'habitude d'induire l'état hypnotique par une légère caresse sur le front de la malade.

Le lendemain, Mme C. lui téléphona. Savez-vous ce qu'elle lui raconta? Qu'elle avait bien dormi, pour la première fois depuis plusieurs nuits. Au cours d'un rêve, elle avait senti la main du docteur Weiler sur son front, ce qui lui avait donné le sommeil. Elle avait dormi jusqu'à 7 h 30. Si profondément qu'elle ne s'était même pas réveillée à la sonnerie du réveil. Elle était arrivée en retard à son travail pour la première fois de sa vie. Elle se sentait beaucoup mieux. On annula même le traitement hypnotique prévu.

Le docteur Weiler ne révéla pas ses pensées de la nuit précédente. Plusieurs mois plus tard, il voulut refaire l'expérience avec le même procédé, mais en décidant que Mme C. ne se réveillerait qu'à 7 heures au lieu de 7 h 30. Peu après, Mme C. le contacta et lui raconta qu'elle avait de nouveau rêvé que le médecin était présent et posait la main sur son front. Elle s'était endormie paisiblement et avait sommeillé jusqu'à 7 heures.

Le docteur a tenu à me préciser qu'il n'a jamais

lui-même obtenu de bons résultats au cours d'expériences télépathiques régulières, ni comme agent ni comme percipient. « Je n'ai pas voulu continuer l'expérience, car j'ai horreur de soumettre mes patients à des conditions ou circonstances que je ne comprends pas et que je sens incontrôlables », m'a-t-il déclaré.

LA TÉLÉPATHIE EXISTE-T-ELLE?

Vous pouvez constater que dans tous les exemples de ce chapitre, la télépathie fournit toujours l'explication la plus plausible quant aux résultats obtenus, si toutefois vous admettez l'existence de la perception extra-sensorielle. Mais vous pourriez aussi penser que les sujets percevaient les motifs des tableaux à l'aide de la clairvoyance, ou bien qu'ils prenaient conscience de la vérification des récits à l'aide de la précognition. Même si ces suppositions vous semblaient peu fondées et même si vous vouliez les écarter, vous ne pourriez les exclure complètement. De tous les cas de perception extra-sensorielle, la télépathie est le plus difficile à isoler au cours d'une expérience. Pour y arriver, les motifs choisis ne doivent exister que dans l'esprit de l'expérimentateur. Il faut éviter toutes notes et on ne doit pas établir un compte rendu, ou alors réduit au minimum. Dans beaucoup de cas spontanés, la clairvoyance, la précognition et la télépathie interviennent de concert, mais certains d'entre eux témoignent plutôt de télépathie « pure ». Souvenez-vous des exemples 4 et 6, et de l'expérience du docteur Weiler.

La télépathie me paraît être le phénomène paranormal le mieux accepté en dehors du domaine de la parapsychologie. Peut-être parce que vous êtes nombreux à avoir vous-mêmes vécu des événements dus à la télépathie. Cette dernière paraît, en effet, à beaucoup de personnes, plus « naturelle » que la clairvoyance. Il est encore difficile de faire accepter l'idée que l'on puisse prendre conscience d'événements qui ne se sont pas encore produits. Pourtant, il existe des expériences mettant en évidence la précognition, comme vous le verrez au chapitre suivant.

V

PRÉCOGNITION

EXPÉRIENCES LIÉES A LA PRÉCOGNITION

LE très célèbre savant anglais, W. Carington, réalisa vers la fin des années 1930, des expériences de perception extra-sensorielle à partir de dessins. Il demandait aux percipients d'exécuter des dessins qui devaient ressembler le plus possible à un dessin déposé chez lui, et changé chaque jour. Il laissait ensuite son dessin et ceux de ses percipients chez des juges impartiaux chargés d'en relever les similitudes. Au cours de l'expérience, on découvrit que certains percipients avaient donné des dessins qui ressemblaient, non pas au dessin du jour, mais à celui de la veille ou du lendemain.

H. Schmidt a réalisé plusieurs expériences très remarquées en se servant d'électrons produits par du strontium radioactif. Expériences qu'il a relatées d'une façon détaillée dans ses livres *Precognition of a quantum process* et *Quantum Processes predicted?* D'autres savants ont ainsi répété ensuite ses expériences.

Des essais effectués au laboratoire d'analyse des rêves de Maimonides ont aussi donné des résultats indiquant l'existence de précognition. Certains percipients ont fourni des récits de rêves décrivant le tableau choisi comme motif pour le lendemain!

Environ 30 à 50 % des phénomènes paranormaux spontanés sont liés aux événements à venir, qui se présentent comme des « pressentiments », « visions », ou, le plus souvent, comme des « rêves qui se sont réalisés ». Le caractère des phénomènes peut varier comme lorsqu'il s'agit de phénomènes télépathiques. Ils peuvent donc se présenter sous forme de rêves, de visions ou autres impressions sensorielles, ou encore sous forme de sensations plus difficiles à définir : angoisse ou impressions plus ou moins vagues. Des malaises physiques sont également possibles.

Voici un extraordinaire exemple de pressentiment :

Exemple 10 :

« Il m'arrive parfois d'avoir des pressentiments à propos d'événements imminents. Un jour, j'eus les pressentiments suivants : demain matin une jeune femme, Eve, viendra payer une facture pour son oncle. Sa mère l'accompagnera et restera dans l'allée du jardin, tandis qu'Eve entrera dans la cour, derrière la maison pour faire la commission de son oncle.

« L'événement s'est déroulé exactement comme mes pressentiments me l'avaient indiqué. »

Les détails de cet exemple ne sont pas assez nombreux pour prouver qu'il s'agit vraiment de pressentiments et non d'une coïncidence, surtout si Eve se rendait souvent aux commissions du percipient. Mais l'information donnée par les pressentiments peut être aussi détaillée et précise :

Exemple 11 :

« Un soir j'ai travaillé plus tard que d'habitude. J'étais seul dans la pièce. Soudain je m'entendis dire : « Idéalia gagnera la dernière course! » Je sursautai et me demandai si j'étais devenu fou : je me mettais à parler tout seul. Je continuai mon travail, ne pensant plus à cet incident. Je n'avais souvenir d'aucun cheval portant le nom d'Idéalia.

« Quelques semaines plus tard, j'assistai à des courses de chevaux, comme j'en ai l'habitude une ou deux fois par an. Je jouai une petite somme, sans rien gagner. Quand la dernière course arriva, je vis à mon grand étonnement qu'un cheval nommé Idéalia figurait parmi les partants. D'après les pronostics, il était classé comme outsider et ses chances de gagner étaient minimes. Me rappelant mon pressentiment, sans croire à ce « tuyau », j'ai quand même placé quelques francs sur Idéalia. A ma grande surprise, ce fut lui qui gagna la course devant tous les favoris. »

Les motifs le plus souvent invoqués lors de phénomènes de précognition sont cependant des accidents qui arrivent en général à des parents ou des personnes proches. Le pressentiment peut aussi revêtir une forme symbolique, comme dans l'exemple suivant, relaté par le même percipient qu'au précédent.

Exemple 12 :

« Je me trouvais sur la plage avec ma femme et sa sœur. Tout à coup je vis dans le sable, derrière ma belle-sœur, un lit d'hôpital vide, grandeur nature, d'un aspect très réel. J'eus l'impression que le lit sortait du sol, comme un champignon. Lors de cet

77

incident, je ne connaissais pas la littérature parapsychologique. J'eus très peur, mais sans oser rien dire à personne. La vision dura quinze secondes au maximum.

« Personne ne croyait ma belle-sœur souffrante. Pourtant elle tomba sérieusement malade très peu de temps après et fut hospitalisée. »

Il est moins commun d'avoir des pressentiments concernant sa propre mort. C.G. Jung s'est intéressé à ce genre de rêves. Il parle d'une petite fille de huit ans qui attachait tant d'importance à ses rêves qu'elle les notait tous soigneusement au jour le jour et offrit le recueil à son père comme cadeau de Noël, l'année de ses dix ans. Il était psychiatre, mais s'inquiéta profondément des rêves de la fillette qu'il n'arrivait absolument pas à interpréter. Neuf rêves sur douze décrivaient, en images caractéristiques, la destruction et la reconstruction, la mort et la résurrection. Les rêves semblaient annoncer une catastrophe imminente. La pauvre fillette mourut d'une maladie infectieuse à l'âge de douze ans. Sa mort avait jeté son ombre « en arrière dans le temps », sur sa vie et ses rêves.

En général, les rêves se réalisent assez vite, mais on doit parfois aussi attendre plusieurs années, comme le démontre cet exemple particulièrement tragique.

Exemple 13 :

« C'était la nuit de Noël 1933. J'avais quinze ans. Vers deux heures du matin, je me suis réveillée terrifiée après avoir fait ce rêve : je me trouvais assise à notre grande table, près de la fenêtre, avec ma mère et Elin, mon aînée de huit ans. En réalité je n'avais pas vu Elin depuis onze ans. Elle était partie de chez nous. Dans mon rêve, elle était assise à côté de moi et était devenue une vraie dame. Ses cheveux roux couvraient ses épaules. Elle portait une robe verte décorée d'une rangée de petits boutons sur les manches et au dos. Je me souviens. Nous nous amusions bien et buvions du café. Nous n'arrêtions pas de rire. C'était l'été. Le temps était beau... Soudain, je vis par la fenêtre notre voisin, un Allemand, sortir de sa maison, aller jusqu'au mât et hisser le drapeau... mais le drapeau grandissait de plus en plus et devenait énorme. Il couvrait le soleil et le ciel s'obscurcit. Ce n'était pas le drapeau suédois. Il portait une grande croix étrange. Le drapeau se déplia. La grande croix s'ouvrit, une armée de soldats, de chars et d'avions de guerre en sortit et descendit sur la terre, dans un flot de sang. Je me levai pétrifiée d'horreur et dis à Elin de regarder... « Il y aura une guerre terrible en Europe, mais je serai morte avant », répondit-elle. Puis elle porta sa main à la poitrine, tomba à terre, du sang coulant de sa bouche. A cet instant, je me réveillai, trempée de sueur, effrayée. J'avais la terrible certitude que mon rêve se réaliserait un jour, mais n'en parlai à personne.

« Trois ans passèrent... Je travaillais à Malmö. Je n'y connaissais personne. Je me sentais souvent très seule. Un jour, j'aperçus devant moi dans la rue une femme aux longs cheveux roux, portant une robe verte. Je me hâtai, car je pensais bien sûr que cette femme était Elin, comme dans mon rêve. En m'approchant d'elle j'aperçus des rangées de petits boutons sur les manches et au dos de sa robe. Je l'appelai par son nom. Elle me reconnut et je me jetai dans ses bras. Quelle joie de se retrouver ainsi! Elle venait d'acheter sa robe verte.

« Les temps qui suivirent furent heureux. Elin avait beaucoup d'amis. Ils devinrent les miens. Je sentis pourtant que ce bonheur ne pouvait durer. Elin était malade. Elle souffrait d'une toux sèche et refusait en riant d'aller voir un médecin. Un an plus tard, les médecins l'envoyèrent dans un sanatorium.

« En août 38, Elin, suffisamment guérie, put rentrer chez elle. J'éprouvai une grande joie, mais elle était mêlée d'inquiétude car le drapeau que j'avais vu en rêve figurait de plus en plus souvent dans nos journaux. A la fin du mois d'août, j'appris qu'Elin était morte subitement d'une hémorragie. Un an plus tard, la guerre éclatait en Europe. »

Une autre forme de précognition vise un endroit déterminé plutôt qu'un événement. Il arrive, par exemple que l'on visite un lieu dans ses rêves et qu'on le retrouve plus tard en réalité. J.B. Priestley raconte qu'une personne avait, pendant dix ans, rêvé plusieurs fois qu'elle visitait une ville qui lui était en réalité inconnue. Dans ses rêves, elle s'approchait de la ville parfois par bateau, parfois par train. Peu à peu, elle apprit à bien connaître toute la ville, surtout une certaine rue. Elle chercha longtemps en vain à savoir de quelle ville il s'agissait, et ce n'est qu'en 1948, en visitant la ville de Dantzig, qu'elle sut avec certitude que cette ville était bien celle dont elle avait rêvé. Cependant, elle avait rêvé de Dantzig telle qu'elle était avant la guerre. Après son passage dans cette cité, elle cessa d'en rêver.

Priestley avait lui-même une fois rêvé d'une vue panoramique sur le Grand Canyon, aux États-Unis, plusieurs années avant de le visiter pour la première fois.

Vous-mêmes, cela vous est peut-être déjà arrivé…

Exemple 14 :

« J'avais neuf ans à l'époque. J'habitai une ville et ma meilleure amie s'appelait Marianne. Pour autant que je m'en souvienne, elle n'avait pas de grand-mère. Voici ce que je rêvai :

« Nous étions parties, mon amie Marianne et moi, chez sa grand-mère, qui habitait un chalet de montagne au milieu d'une grande forêt. Comme je n'avais pas l'habitude de marcher dans la forêt, je retins bien notre chemin, pour ne pas me tromper au moment du retour. La forêt était belle, j'admirais les grands sapins et les bouleaux qui bordaient le petit sentier. Nous avons quitté ce sentier pour en suivre un autre, encore plus étroit, qui serpentait entre les pierres et les broussailles. Nous avons franchi un petit ruisseau avant d'arriver à une petite maison rouge, au milieu d'une clairière. Je me rappelle très bien l'endroit où se trouvait la maisonnette. Nous sommes entrées. La grand-mère de Marianne nous a servi des framboises avec de la crème fraîche. C'était délicieux. La maison se composait d'une cuisine et d'une toute petite chambre avec une cheminée. Dans cette cheminée, Marianne et moi, nous avons trouvé une pierre détachée et aussitôt imaginé qu'il devait y avoir un trésor caché derrière. Mais, à notre grande déception, il n'y avait rien. Je me suis contenté d'écrire nos noms sur un petit morceau de papier que j'ai glissé, en riant avec Marianne, derrière la pierre.

« Trois ans plus tard environ, j'ai de nouveau fait un rêve étrange. Ma meilleure amie s'appelait maintenant Kerstin. Elle non plus n'avait pas de grand-mère.

« Ce rêve était exactement le même que le premier, mais cette fois-ci, c'était la grand-mère de Kerstin à qui nous allions rendre visite. Nous avons traversé la même forêt. Je la reconnus et ne me trompai pas de chemin. Nous sommes arrivées à la maison rouge où nous avons à nouveau mangé des framboises, assises devant la table de la cuisine. Kerstin et moi avons trouvé la pierre détachée de la cheminée et derrière la pierre, à ma grande surprise, le morceau de papier où j'avais inscrit mon nom et celui de Marianne, dans mon premier rêve!

« Un an plus tard, nous avions déménagé. Nous habitions près d'une grande forêt où je me promenais souvent avec ma sœur aînée. Un jour, nous sommes entrées dans une partie de la forêt jusqu'alors inconnue de nous. Tout à coup, je sursautai, car je reconnaissais cette forêt! C'était celle que j'avais traversée dans mes rêves. Tout y était. Je reconnaissais le sentier, les arbres, le petit ruisseau. Mais, à ma grande déception, je ne trouvais pas de maison rouge. Rien qu'un profond trou et quelques marches qui y descendaient. J'étais sûre que c'était la cave de la maison. Il y avait aussi quelques pierres, restes sans doute des fondations de la maison. En interrogeant les habitants les plus âgés des alentours, j'appris qu'il y avait eu, dans le temps, une petite maison rouge à l'endroit même où je l'avais vue dans mon rêve. »

Vous pouvez évidemment penser que tous les sentiers de la forêt se ressemblent et que les similitudes ne sont que coïncidences. Cependant, en parcourant de nouveau le même chemin en compagnie de la femme qui avait fait les rêves, elle me révéla d'autres détails, qu'on ne peut citer ici. Je les connais. A mon avis, ils semblaient prouver qu'il s'agissait vraiment du sentier et de la forêt qu'elle avait vues dans ses rêves. Après tout, les sentiers de forêt sont souvent différents les uns des autres.

Priestley offre deux explications à propos des rêves sur la ville de Dantzig. Selon la première, il s'agirait de précognition, mais elle se référerait plutôt à un livre, un film ou une pièce de théâtre, dont l'action se serait déroulée dans cette ville. Selon l'autre, les rêves seraient causés par des impulsions télépathiques erronées, émises par une personne habitant la ville de Dantzig. Impulsions dues, donc, à une sorte d' « erreur de connexion télépathique ». Comme lorsqu'au téléphone, on entend la conversation de quatre personnes sur la même ligne. Dans ce rêve, la personne aurait donc vécu la vie de quelqu'un d'autre à Dantzig. Cependant, penserez-vous, ni l'une ni l'autre de ces explications ne serait valable pour l'exemple 14. Il n'existait pas, bien sûr, de livre à propos de la petite maison dans la forêt, et personne n'aurait pu envoyer de signaux télépathiques, car au moment des rêves, la maison n'existait plus depuis longtemps.

LA PRÉDESTINATION EXISTE-T-ELLE?

Tous les rêves qui se réalisent ne sont pas forcément explicables par la précognition. Stevenson relate le cas suivant : un Japonais rêva une nuit que la marée montante inondait son village. Éveillé, il alerta ses voisins, qui, prenant le rêve au sérieux, eurent le temps de se mettre à l'abri avant que le flot ne balaie le village, le jour même. Dans un tel cas, un changement de vent, plusieurs heures avant la marée montante, aurait pu être perçu inconsciemment par le rêveur et déterminer le rêve. Dans le cas 12, le percipient a pu éprouver d'une façon inconsciente, normale ou paranormale, la maladie latente de sa belle-sœur, et cette perception aurait pu devenir consciente lorsqu'il a « vu » le lit d'hôpital. La femme de l'exemple 13 aurait, de la même manière, pu être informée par son inconscient de la maladie d'Elin, comme des projets et des violences envisagées par certains hommes politiques d'Europe. Stevenson déclare : l'information que le percipient a reçue par voie paranormale peut être remaniée inconsciemment. Puis elle peut donner lieu à un rêve d'apparence précognitive, qui montre les seules conclusions tirées inconsciemment par le percipient de l'information obtenue. Par contre, que la femme de l'exemple 13 arrive à décrire d'une façon précise la robe d'Elin relèverait plutôt de la précognition « pure ». Vous pourriez comparer la vision que cette femme a eue de la Première Guerre mondiale à celle de C.G. Jung :

« A l'automne 1913, il me semblait que la tension que j'avais ressentie jusqu'alors se déplaçait vers l'extérieur. Il y avait quelque chose dans l'air et tout semblait s'obscurcir. Comme s'il ne s'agissait plus d'une situation psychique, mais d'une réalité concrète. Cette impression se renforça de plus en plus.

« En octobre, lors d'un voyage solitaire, j'eus soudain une vision : je vis un fleuve énorme qui couvrait tous les pays du Nord et toutes les basses terres, situées entre la mer du Nord et les Alpes, et qui s'étendait de l'Angleterre jusqu'à la Russie. Quand le fleuve atteignit la Suisse, je vis les montagnes s'élever de plus en plus haut, comme pour protéger ce pays. Une catastrophe terrible : je vis des débris emportés par d'énormes vagues, et la mort de milliers d'hommes. La mer se changea en sang. Cette vision dura environ une heure et j'en fus terriblement malade. Je me sentais faible. J'avais honte.

« Quinze jours plus tard, la vision se renouvela dans les mêmes conditions, plus horrible encore. Une voix intérieure me dit : « Regarde bien! Tout cela est réel. Une telle catastrophe arrivera, n'en doute pas. »

« Je me demandai si les visions annonçaient une révolution, mais je n'arrivais pas à y croire. J'en conclus finalement qu'elles avaient rapport avec mon état mental et qu'une psychose me menaçait. Jamais l'idée d'une guerre ne m'effleura.

« L'hiver suivant, un ami me demanda mon opinion sur les événements futurs dans le monde. Je répondis que je n'en pensais rien, mais que j'avais eu la vision de fleuves de sang. Cette vision ne me quitta plus jamais. »

Ce récit de Jung indique qu'à l'origine, l'information lui vint de « l'atmosphère psychique » environnante. La vision en devint une image symbolique. Sur le plan conscient, il ne s'associa pas à la guerre à venir.

Plusieurs parapsychologues considèrent que l'existence de la précognition se confirme par des essais en laboratoire, comme par des cas spontanés bien étudiés. Mais, s'il en est ainsi, comment l'expliquer? S'il est possible de prédire l'avenir, que devient le libre arbitre?

Imaginez un explorateur qui glisse tranquillement dans son bateau, en aval d'un fleuve sinueux, traversant une contrée accidentée. Il ne peut voir un campement de cannibales qui l'attendent à un tournant du fleuve pour se jeter sur lui. Mais quelqu'un qui fait le guet sur une grande colline près du fleuve peut voir l'explorateur et les cannibales et prédire sans risques que l'explorateur sera dévoré s'il n'aborde pas l'autre rive pour s'enfuir. Ne pas interrompre son voyage diminue de plus en plus ses chances de s'échapper, jusqu'à ce qu'il passe le tournant du fleuve et aperçoive le feu des cannibales. Il est alors trop tard. Si vous avez une connaissance assez approfondie des dispositions, des désirs et des besoins d'un individu, ainsi que des décisions qu'il a déjà prises, vous pouvez prédire de la même façon ses actions futures. Plus votre connaissance est profonde, plus vous pouvez révéler d'événements futurs à son sujet. Si l'on considère que les ressources génétiques d'une personne forment un dessin invisible, pour tout ce qui est de santé durant sa vie, on suppose aussi qu'il existe, dans son inconscient, un schéma que sa vie consciente doit suivre. Avoir une connaissance suffisamment profonde de ce schéma permet d'en tirer des conclusions qui peuvent, une fois remaniées par l'inconscient, se présenter sous forme d'un rêve d'apparence précognitive.

Cependant, il reste encore à expliquer les cas d'une précognition d'apparence authentique, où l'information paranormale ne se déroule pas dans le présent. Ces cas restent incompatibles avec notre conception ordinaire du temps. La question a intéressé des philosophes. C.D. Broad en tire la conclusion suivante : la précognition authentique serait une pure absurdité et elle n'existe donc pas. D'autres, comme A.C. Garnett, ont imaginé un « médium » ou un champ, qui réunirait tous les événements psychiques et matériels. Ce « champ » contiendrait des « programmes » pour les événements futurs. Vous pouvez introduire dans un ordinateur des calculs relatifs à la construction d'un pont, et la machine vous donnera une gamme de formules et de tableaux qui, pour l'initié, représentent l'image du pont à construire. Mais que le schéma soit prêt n'implique pas nécessairement que le pont devienne exactement ce que prévoit le dessin, car on peut modifier un de ses détails, même si sa construction est assez avancée. Le « champ » imaginé par Garnett comprendrait donc l'état présent de l'univers, et, en plus, un dessin ou modèle de son état futur, limité dans le temps et l'espace. A l'intérieur de ce champ, des associations entre processus mentaux et matériels peuvent exister : on peut percevoir des détails du dessin à l'aide de la perception extra-sensorielle. Ils deviennent conscients sous forme d'expériences vécues, symboliques ou réalistes, ou encore sous forme de rêves. Mais le modèle n'est pas définitif, car les actes des hommes peuvent le modifier.

Il existe des cas, où d'avoir vécu une expérience de précognition a permis au percipient d'empêcher sa réalisation. Supposez par exemple qu'un homme ait prédit que le président Kennedy devait être assassiné à Dallas, qu'il l'ait averti de sa précognition et réussi à le convaincre de changer ses projets de voyage. L'assassinat n'aurait pas eu lieu, en tout cas pas à ce moment-là. Seulement, dans ce cas, vous n'auriez pas pu dire s'il s'agissait ou non de précognition. En général, il n'est pas possible de prouver par la suite que l'événement a été évité grâce à l'intervention du percipient. Mais, dans certains cas, une précognition a cependant prévenu ce qui semblait inévitable. S. Krippner en cite un exemple :

« Une femme réveilla son mari la nuit pour lui décrire un rêve effrayant qu'elle venait de faire. Elle avait rêvé que le grand lustre suspendu au-dessus du lit de leur enfant, tombait et le tuait. Dans son rêve, elle avait vu la pendule, dans la chambre de l'enfant qui indiquait 4 h 35. Le mari se moqua un peu de sa femme, et sourit lorsqu'elle prit l'enfant avec elle dans son lit. Mais son visage se raidit lorsqu'il entendit un fracas venant de la chambre de l'enfant. Le lustre était tombé dans le petit lit vide. Il était exactement 4 h 35. »

Dans ce cas, le champ imaginé par Garnett contenait un dessin comprenant le lustre, prêt à tomber, l'enfant dans son lit, et la pendule. Mais, comme ce champ contient aussi bien des aspects mentaux que matériels, il permet d'associer des événements physiques ayant trait à la chute du lustre à des événements mentaux chez la mère, qui causèrent le rêve. Que ces associations soient devenues conscientes a rendu possible l'intervention de la mère. Elle a ainsi changé un détail dans le schéma des événements futurs.

L'existence de la précognition ne motive donc pas

nécessairement la soumission à une maxime entièrement fataliste. Vous pourrez toujours intervenir pour modifier ce qui doit être modifié.

Peut-on se servir de la précognition dans un but lucratif? L'exemple 11 permet de le croire, ainsi que d'autres cas. Schwartz rapporte qu'une de ses malades gagna pendant deux saisons soixante-quatre fois au tiercé, après avoir joué le cheval gagnant. O'Neil raconte comment, pendant quelques mois, il indiqua soixante-sept chevaux gagnants. Il avait développé sa technique de rêve des noms de chevaux gagnants sous une forme symbolique. Mais il avait aussi constaté qu'il était de plus en plus surexcité, angoissé même, car ses rêves habituels avaient été mis de côté en faveur des informations désirées sur les « pronostics ». Il dut renoncer complètement à ces exercices pour conserver intacte sa santé psychique. Notez que l'on a aussi tenté d'avoir recours à la perception extra-sensorielle pour gagner à la roulette.

LA PRÉCOGNITION PERMET-ELLE D'ÉVITER DES CATASTROPHES?

La précognition concerne généralement des particuliers, le percipient lui-même, ou l'un de ses proches. Mais il arrive parfois que les prémonitions concernent des personnes inconnues du percipient, ou bien des catastrophes. Je connais des cas où plusieurs percipients ont éprouvé des expériences à propos de la même catastrophe. Vous vous demandez peut-être combien de prédictions de catastrophes ne se réalisent jamais, et combien de prédictions ont vraiment eu lieu et ont été rapportées *avant* la catastrophe.

Après la grande catastrophe de la mine de charbon

d'Aberfan, le 21 octobre 1966, dans laquelle cent quarante-quatre personnes trouvèrent la mort, on recueillit des récits de personnes qui prétendaient avoir eu des prémonitions concernant cette catastrophe. Des soixante-seize rapports reçus, trente-quatre furent considérés comme dignes de foi. Vingt-quatre percipients avaient parlé à quelqu'un de leur pressentiment avant la catastrophe; vingt-cinq des expériences vécues étaient des rêves. Dans dix-huit des trente-quatre cas dignes de foi, les personnes avaient eu la prémonition au cours des quatre jours précédant la catastrophe. Dans huit des autres cas, elles l'avaient eue dans les quinze jours précédents. Même si l'on avait étudié chacune de ces prémonitions séparément avant la catastrophe, je ne peux affirmer qu'elles indiquaient justement la catastrophe en question. Mais, si vous constatez que les prémonitions étaient si rapprochées dans le temps, elles donnent l'impression d'un ensemble cohérent. Leur répartition dans le temps indique aussi que la précognition résultait du remaniement inconscient d'une information, qui permettait de prédire un événement à venir. Quand la catastrophe approcha, un nombre croissant de personnes perçut cette information. Au même moment, la catastrophe devenait de plus en plus « inévitable ».

Vous pourriez objecter que les risques d'une catastrophe à Aberfan étaient si évidents que tout le monde aurait pu les percevoir. Ces risques auraient donc été perçus par des individus intelligents qui les auraient exprimés sous forme de rêves et de visions. Sachez cependant que la plupart des percipients n'habitaient pas dans la région d'Aberfan et n'étaient pas très au courant de la situation à cet endroit. Chez certains percipients les pressentiments se présentaient comme des malaises psychiques et physiques.

Cette étude de la catastrophe d'Aberfan a donné à

des savants l'idée de recueillir systématiquement les faits concernant les prémonitions. Je connais actuellement des centres qui collectent les rapports de personnes qui auraient eu des prémonitions. Les rapports y sont analysés. On cherche des éléments communs à plusieurs d'entre eux. Peut-être seront-ils un jour utilisés pour créer un nouveau système d'avertissement. Il permettrait aux autorités de prendre à temps les mesures nécessaires pour éviter des catastrophes.

J'ai maintenant étudié la clairvoyance, la télépathie et la précognition, qui, ensemble, constituent ce que l'on appelle la perception extra-sensorielle. Mais les phénomènes *psi* ont aussi un aspect actif. C'est le domaine de la psychokinésie, qui fera l'objet du prochain chapitre.

VI

LA PSYCHOKINÉSIE

LE CAS ROSENHEIM

JE ne sais pas si vous vous souvenez des événements étranges que rapportèrent, en novembre 1967, les journaux de Bavière et du monde entier. Ils avaient pour théâtre le bureau de l'avocat Adams, dans la petite ville de Rosenheim. A plusieurs reprises, les tubes luminescents du plafond s'y étaient éteints, et les électriciens avaient constaté qu'ils étaient dévissés. On avait entendu des détonations et parfois les quatre appareils téléphoniques sonnaient en même temps, sans que personne ne soit au bout du fil. Des conversations avaient été mystérieusement interrompues. Les notes de téléphone augmentaient de façon inquiétante, sans que l'on ait téléphoné plus que d'ordinaire. On pensa à une perturbation dans le réseau électrique. Pour contrôler les variations dans l'arrivée du courant, le service de l'électricité installa des instruments de mesure. Ces instruments montraient parfois des oscillations inexplicables qu'on enregistra sur papier, simultanément avec d'autres phénomènes. Le 20 novembre, à 7 h 30, un tube luminescent tomba par terre dans le bureau de l'avocat, après une détonation, et se brisa. Mais les fusibles ne sautèrent pas. Le compteur électrique enregistra deux oscillations maximum d'environ 50 ampères. Tout était inexplicable, surtout les fusibles qui n'avaient pas sauté. On remplaça les tubes électriques par des ampoules ordinaires, mais les ampoules explosèrent d'une façon inexplicable. Quelques lampes du plafond oscillaient, bien que, depuis l'étage au-dessus il soit impossible de les faire bouger. Le service de l'électricité ne constata aucune perturbation dans la distribution du courant, mais l'avocat demanda que l'on coupe son bureau du réseau municipal et qu'on le connecte à un générateur électrique particulier. L'avocat rapporta les événements à la police, qui s'en occupa sans trouver le coupable.

On ne parlait plus que de ces événements dans toute l'Allemagne. La télévision y consacra des heures entières d'émission. Le professeur Hans Bender, de l'institut parapsychologique de Fribourg-en-Brisgau, vint à Rosenheim le 1er décembre 1967 pour enquêter. Il constata que les événements étranges n'avaient eu lieu qu'aux heures de bureau. Ils étaient, d'après lui, liés à la présence d'une jeune fille de dix-neuf ans, Anne-Marie, qui y travaillait. Quand elle traversait le bureau, les lampes oscillaient derrière elle, les ampoules éclataient, et des éclats de verre volaient dans sa direction.

Vous vous doutez bien entendu qu'on chercha toutes les causes possibles de ces phénomènes. Deux physiciens, dont l'un de l'Institut Max-Planck de Munich, connectèrent un oscillographe au compteur électrique et vérifièrent systématiquement toutes les causes physiques possibles. Ils prouvèrent que l'aiguille du compteur indiquait des écarts notables lors des événements anormaux, bien qu'on ne constatât aucune modification dans la force du courant. En branchant l'arrivée de courant à une batterie de 1,5 volt, les oscillations étaient encore importantes. L'appareil était-il en panne ? On examina tous les facteurs physiques imaginables, capables de déclencher de tels phénomènes. Le mystère demeurait entier. On ne trouva rien qui motive les oscillations du compteur au moment des phénomènes. Il semblait donc que les oscillations venaient d'une force mécanique qui influençait l'aiguille du compteur. Les oscillations étaient parfois si fortes que le papier était déchiré.

On échangea les appareils téléphoniques contre un appareil qui enregistrait toutes les communications : l'horloge parlante fut demandée parfois quatre ou cinq fois par minute, et même jusqu'à cinquante fois de suite. La Compagnie des Téléphones avait seulement examiné les causes de plaintes reçues du bureau d'Adams. Elle en conclut que les communications ne pouvaient provenir que de ce bureau. Les employés le nièrent et affirmèrent que le compteur avait enregistré des appels alors que personne ne parlait au téléphone. Un fonctionnaire étranger au bureau étant présent, on put voir un jour le compteur enregistrer vingt communications en dix minutes, sans que personne n'utilisât le téléphone.

Les phénomènes continuèrent pendant tout le mois de décembre. Fribourg garda un contact suivi avec Rosenheim. Après les fêtes de Noël, Anne-Marie prit des vacances, mais vint cependant quand même souvent au bureau. Beaucoup prétendaient que le fils d'Adams était à l'origine de tous ces ennuis. Par amitié pour Adams, elle s'opposa à ses détracteurs.

Du 5 au 17 janvier 1968, les phénomènes culminèrent. Devant les yeux d'un physicien, une armoire à dossier de cent soixante-quinze kilos se déplaça de trente centimètres. Phénomène nouveau : des tableaux tournèrent autour de leur point de suspension, jusqu'à 360 degrés, ce qu'on put enregistrer sur un magnétophone vidéo. Quand Anne-Marie quitta le bureau à la fin de janvier pour travailler chez un autre avocat, tout s'arrêta comme par magie et le calme revint. Chez la jeune fille, des phénomènes du même genre se manifestèrent pendant quelque temps, ainsi qu'à son nouveau lieu de travail, mais cessèrent bientôt.

[Des tests réalisés au cours d'un séjour qu'elle fit à l'Institut de Fribourg montrèrent chez elle une grande aptitude à la télépathie. Ce fait n'est pas nouveau. La faculté d'action psychocinétique se manifeste presque toujours de façon spontanée chez des individus qui ont des capacités de perception extra-sensorielle. Anne-Marie se maria ensuite et eut deux enfants. Le professeur Bender l'ayant interrogée eut connaissance de circonstances affectives très significatives. Le premier fiancé d'Anne-Marie était un homme qui ne lui convenait pas, et le fait était réciproque. Mais la séparation et la reconnaissance de cette incompatibilité n'étaient pas pour autant aisées. Il s'agissait d'un technicien, appréciant le jeu de quilles électronique. Sur quatorze fois où Anne-Marie l'accompagna à ce jeu, le système fut huit fois totalement perturbé. Le technicien trouva là un prétexte pour se plaindre d'une fiancée qui dérangeait les appareils. « Je crois donc que de toute évidence, déclare Hans Bender, son subconscient avait eu recours à un subterfuge pour se débarrasser de son fiancé. » La psychocinèse spontanée est un langage comme un autre, quoique que plus rarement employé. La jeune fille avait des problèmes psychiques, familiaux, sexuels. Un père trop autoritaire avait étouffé le développement de sa personnalité. Lorsqu'elle perturbait le téléphone ou l'éclairage des bureaux, elle se déchargeait inconsciemment d'une agressivité, comme si elle avait cassé des assiettes.

La différence est qu'elle ignorait, comme nous, le processus physique employé par son être profond pour déclencher des psychocinèses. On ignore entièrement pourquoi certaines personnes se délivrent ainsi de leurs tourments et pas les autres subissant les mêmes maux.]

HANTISE ET PK SPONTANÉE RÉPÉTÉE

Les phénomènes de Rosenheim sont rares mais pas uniques. Environ cinq cents cas semblables ont été rapportés en Europe et aux États-Unis. La caractéristique commune au cas de Rosenheim et à des cas postérieurs est un examen précis des phénomènes, lorsqu'ils se déroulaient. D'habitude ces phénomènes diminuent et disparaissent même quand un investigateur sérieux se trouve sur place. Les spiritistes inventèrent le mot « esprit frappeur » pour désigner ces « hantises », car ils pensaient que le coupable était un esprit. Maintenant, on préfère le terme descriptif de « psychokinésie spontanée répétée », de l'anglais *recurrent spontaneous psychokinesis*, en abrégé RSPK.

Ces phénomènes ne s'attachent pas à tout le monde, mais en général à un individu à l'âge de la puberté, ou apparaissent au cours d'un conflit psychique. On a remarqué une augmentation du nombre des mouvements d'objets sans contact, quand l'agent s'en approche. Il semble donc que, contrairement à la perception extra-sensorielle, la psychokinésie dépend de la distance, du moins pour les cas spontanés.

Ces cas se caractérisent par des ennuis qui cessent peu à peu lorsque la situation psychodynamique de l'agent se modifie. Pour Anne-Marie, on considère aussi que sa relation avec son patron contribua à créer une atmosphère psychique favorable à la PK spontanée répétée. Elle devenait encore plus favorable quand Adams s'intéressa vivement à ces phénomènes. Il dit une fois, en présence de la jeune fille : « Cela ne m'étonnerait pas que les tableaux accrochés au mur se mettent à bouger eux aussi! » Bientôt ce nouveau phénomène se produisit. Adams entra un jour dans le bureau et un électricien qui s'y trouvait par hasard vit un tableau tourner de 320 degrés lorsqu'il passa.

A Fribourg, de jeunes agents de PK spontanée répétée firent l'objet d'une étude psychologique minutieuse. On considéra les traits de personnalités suivants comme typiques pour des agents de PK spontanée répétée : niveau intellectuel normal, mais évolution émotionnelle retardée et mauvaise tolérance à la frustration. Les agents réagissaient rapidement à des stimuli, avec plutôt des réactions hystéroïdes. On y trouva des signes d'un manque de contrôle et d'intégration. La projection était le mécanisme de défense dominant. Les agents avaient une tendance à la dissimulation et à l'affabulation quand il s'agissait de conflits et de causes de tension. Le conflit entre les ambitions et les ressources limitées, entre les besoins émotionnels de contact et le sentiment d'être abandonné, ainsi qu'une évolution psychosexuelle retardée, pourraient expliquer la « décharge psychokinétique » de tension agressive visant des objets.

Des chercheurs considèrent cependant que la faculté de produire des phénomènes de PK n'est pas un don mystique propre à un petit nombre d'individus appelés « médiums », mais une aptitude que vous pouvez acquérir très vite. Votre attitude mentale est décisive : les doutes et les préjugés empêchent les phénomènes de se produire, la confiance et l'espérance les facilitent. Vous pouvez avec un certain entraînement, en adoptant une attitude de détente et d'espérance, réussir assez vite à manifester la PK. Opinion qu'à surtout exprimée l'Anglais Batcheldor. Trois hommes et une femme, qui désiraient mettre ses théories à l'épreuve, éprouvèrent en effet des phénomènes bizarres. Ils se réunirent pour voir s'il était possible de réaliser certains phénomènes. Le premier essai consistait à tenter de faire se soulever une table de dix-huit kilos en posant les mains *sur* la table. Lors de ce premier essai, on entendit des coups frappés dans la table, et, après quelques séances, la table se souleva. Ses déplacements devinrent si violents au cours des séances suivantes que l'on redoutait qu'elle blessât quelqu'un. Elle était suspendue dans l'air et l'on n'avait aucun contrôle sur ses mouvements violents. Si vous désirez participer à la recherche parapsychologique pratique, voilà une bonne occasion de tester vos capacités. En vous fondant sur les expériences de ce groupe anglais, vous pouvez peut-être réussir, dans des conditions contrôlées, ce phénomène paranormal *répétitif* longtemps recherché.

LA PK EN LABORATOIRE

Dans les laboratoires, les indices expérimentaux de la PK ne sont pas toujours aussi forts que ceux de la perception extra-sensorielle. Les tempêtes émotionnelles et l'ambiance psychologique particulière, qui sont une condition préalable à la manifestation de la PK spontanée répétée, seraient difficiles à créer en laboratoire. Même des agents de PK spontanée répétée ne réussissent pas toujours à obtenir de bons résultats en laboratoire. Anne-Marie obtint à Fribourg des résultats significatifs pour la perception extra-sensorielle, mais pas pour la PK.

On a conçu une foule d'appareils pour étudier la PK en laboratoire. Au début, on se contentait simplement de jeter un dé, en essayant qu'il tombe en montrant un côté choisi, plus souvent que le sixième des fois présumé. Ensuite on construisit des machines à lancer les dés automatiquement. Une variante d'une de ces machines laisse tomber des petits cubes polis au milieu d'une plaque horizontale. A l'aide de la PK, on essaye d'amener les cubes à tomber du côté voulu par rapport à l'axe de la plaque. La distance entre les cubes et l'axe est mesurée, ce qui permet de juger de la réussite de l'essai. A l'aide de ces ingénieux appareils, le Suédois Hàkon Forvald a réalisé un travail important et publié des résultats significatifs.

La PK peut maintenant être étudiée avec des dispositifs électroniques assurant un enregistrement entièrement automatique. Schmidt a modifié sa machine, construite en vue d'essais de précognition, pour comprendre la clairvoyance et la PK. Il a obtenu des résultats significatifs.

[Une série d'appareils à PK a été imaginée par les chercheurs. Pendant longtemps, on a cru que les objets déplacés pouvaient être de n'importe quel poids, la puissance *psi* en jeu étant capable d'agir sur les plus gros comme sur les plus légers. D'autres chercheurs se sont opposés ensuite à cette conception. Actuellement, le problème n'est pas tranché mais des appareils ont été conçus dans le but de déceler une énergie *psi* agissant à faible intensité. Le système le plus ingénieux dans ce sens est sans doute dû à Aimé Michel. La masse à déplacer est la plus petite particule connue, l'électron. Le schéma de principe est le suivant. Une source continue d'électrons, fractionnée en tops (par exemple 400 000 tops par seconde), est dirigée vers un point A. Celui-ci représente un carrefour. Chaque top qui y arrive se dirigera soit vers un point B à droite, soit vers un point C à gauche. Ces deux points sont en même temps des compteurs d'impulsions (ou de passages). Il y a indétermination en A vers la direction à prendre. Si cette indétermination est réelle, la moitié des tops ira d'un côté, et l'autre moitié du côté opposé, ceci se produisant 400 000 fois par seconde. On est loin de la lenteur des séances de lancers de dés... L'individu qui se concentre pour manifester l'énergie psychocinétique essaye d'orienter les impulsions vers le point B ou le point C. Par ce système, des forces *psi* très ténues pourraient être enregistrées, mais aussi les écarts prendraient une éloquence étonnante, une étude continue de l'énergie PK serait faite et, au-delà, celle-ci pourrait être convertie en signal dans d'autres machines cybernétiques. Les prolongements seraient incalculables.

Cette expérience électronique a été proposée en 1956. Pour des raisons financières et techniques (difficultés concernnant l'équilibre au point A), une équipe entourant René Pérot a modifié le schéma d'Aimé Michel en remplaçant la source d'électrons par des photons. Le carrefour A a été remplacé également par un « déflecteur psychique » situé à la sortie du rayon de photons, afin que l'énergie *psi* exerce une action au départ et non en cours de trajet. Deux cellules photoélectriques ont été substituées par conséquent aux compteurs d'impulsions B et C, à soixante centimètres de la source. Les photons ont été choisis dans l'infrarouge et ce rayon infrarouge est fractionné par un disque tournant. Les recherches en sont à leur début. Elles visent à mettre en évidence moins l'énergie PK que ses modalités.

Simultanément, les chercheurs ont développé les investigations sur des sujets comme l'Anglais Matthew Manning produisant autour de lui différents

« poltergeists » : déplacements de meubles, torsions d'objets métalliques, etc. En 1974, des analyses électro-encéphalographiques montrèrent chez lui un type d'onde du cerveau inconnu. Il fut nommé « la fonction rampe ». Cette sorte d'onde semble provenir d'une région du cerveau que l'on croyait inactive ou dégénérée. Elle apparaît pendant les essais d'action psychocinétique. A ces analyses assistait le professeur Brian Josephson, prix Nobel de physique en 1973, qui déclara au *Daily Mail :* « Nous sommes à la veille de découvertes importantes pour la physique... Les méthodes courantes d'investigation scientifique nous en apprendront énormément sur les phénomènes psychiques. Ils sont mystérieux, mais pas plus que ne le sont déjà pas mal de choses en physique. »

Ces travaux, qui nécessitent évidemment confirmation et approfondissement, complètent ceux effectués sur Uri Geller ou le Français Jean-Pierre Girard. Le directeur scientifique de la société Péchiney-Ugine-Kuhlmann, Charles Crussard, spécialiste des métaux, a étudié ces deux derniers et obtenu des résultats probants. Plus de deux cents échantillons métalliques ont été, en sa présence, déformés ou modifiés dans leur structure (sans déformation apparente) par J. P. Girard, ces objets étant parfois dans des tubes bouchés.]

GUÉRISON ET PK

Est-ce qu'une relation existe entre le PK et la guérison paranormale? B. Grad laissa une personne, qui prétendait posséder la faculté de guérir, pratiquer « l'imposition des mains » sur des souris auxquelles on avait pratiqué des blessures d'une importance déterminée. On constata une cicatrisation plus rapide chez les souris traitées, mais aussi dans un groupe semblable que le guérisseur n'avait pas traité. Au cours d'un autre essai, on avait planté des graines d'orge dans des pots, et demandé à un individu en bonne santé psychique de les arroser. En même temps, on demanda à deux personnes, soignées dans un hôpital psychiatrique, d'arroser d'autres pots de graines, dans les mêmes conditions. Avant l'arrosage, les sujets tenaient entre leurs mains pendant trente minutes le flacon contenant le liquide d'arrosage. On constata une croissance plus rapide de l'orge arrosée par le sujet bien portant, mais les différences étaient faibles. D'autres personnes rapportent que la PK arrêta de façon significative la croissance de tumeurs chez des souris.

Le phénomène de la guérison est difficile à étudier. Des personnes vous ont sans doute déclaré qu'elles ont la faculté de guérir, qu'elles l'ont constaté chez d'autres personnes. Mais la reconstitution postérieure de tous les facteurs qui permettent de juger si une telle guérison a vraiment eu lieu est souvent impossible. Le diagnostic de la personne à soigner était-il exact? Cette guérison n'avait-elle pas déjà commencé avant que le malade ait consulté le guérisseur? La guérison fut-elle permanente? S'agissait-il seulement d'une modification accidentelle de l'évolution de la maladie? S'agissait-il d'une maladie susceptible de guérison spontanée? Voilà les questions primordiales que vous devez vous poser chaque fois que l'on vous parle de l'étude des effets d'une méthode de traitement, qu'il s'agisse de pénicilline ou d'une « imposition des mains ». Les essais de Grad semblent bien contrôlés, et ses résultats sont remarquables, mais voir d'autres chercheurs réussir à les répéter, obtenir les mêmes résultats, serait d'un plus grand intérêt encore.

Il existe toutefois des cas de guérison immédiate,

en apparence inexplicables. H. Bender, qui en a examiné quelques-uns, considère que la suggestion seule n'est pas une explication. La suggestion n'agit que si une « ambiance affective » est créée à la fois par le malade et le thérapeute. Ce dernier devrait donc ressentir un vif désir d'aider le malade et une grande sympathie pour lui. C'est seulement sous l'influence d'un tel champ affectif que les mécanismes inconscients chez le malade pourraient « capter » la suggestion et produire les modifications nécessaires à la guérison. Elle se produirait donc sur le plan psycho-dynamique et n'aurait pas nécessairement un rapport avec la PK. Même pour la PK spontanée répétée, un tel champ affectif paraît être nécessaire, mais probablement d'une autre nature.

[Les guérisons ne concernent pas toutes des maladies psychosomatiques. Elles vont des cancers aux poliomyélites, des méningites aux maladies cardiaques. Elles peuvent se manifester directement sur les os. Discutées de tout temps (les Grecs de l'Antiquité obtenaient au sanctuaire d'Epidaure, selon des stèles anciennes, parfois des miracles comme dans les sanctuaires religieux modernes), les guérisons doivent comporter, pour être reconnues authentiques par l'Église catholique, des caractères que le parapsychologue ne peut qu'approuver : la maladie doit être incurable ou très grave, la guérison instantanée et parfaite, sans récidive.]

CHIRURGIE PSYCHIQUE ET MAGIE

Au Brésil, José Arigo opérait ses malades avec des ciseaux et des couteaux ordinaires, sans stérilisation, sans anesthésie, sans antibiotiques et à une vitesse incroyable. Pourtant les malades ne sentaient aucune douleur et ne saignaient presque pas. Les plaies se cicatrisaient rapidement, sans complications. On le constate d'après des rapports de plusieurs médecins, surtout celui d'un médecin américain, qui fut opéré par Arigo. Tout risque de mystification est donc écarté.

Si les rapports sur Arigo relatent des faits réels, ils indiquent l'existence de mécanismes psychosomatiques d'une nature jusqu'ici entièrement inconnue. Arigo est décédé à la suite d'un accident d'automobile en février 1971.

L'activité des chirurgiens « psychiques » s'apparente à un phénomène appelé *magie*. Les encyclopédies définissent ce mot comme : « Des actions conditionnées par la croyance de l'homme primitif en la possibilité d'influencer les pouvoirs surnaturels. » Mais ceux qui ont vraiment étudié de près les phénomènes magiques ont souvent douté que la superstition soit une explication suffisante des phénomènes en apparence paranormaux. La magie peut être soit « blanche », lorsqu'elle protège contre des puissances nocives, soit « noire », quand elle nuit ou cause la mort.

Une variante de la magie noire est le « vaudou ». On connaît de nombreux rapports au sujet de ce que j'appellerai la « mort psychique » ou « mort vaudou », qui, prédite par un mage ou quelqu'un d'autre, se produit à un moment défini à l'avance. Quand un membre d'une tribu primitive a été hospitalisé, victime de sorcellerie ou de malédiction d'un magicien, il a été parfois possible d'étudier ce processus de plus près. L'individu dépérit et meurt sans que l'on décèle les symptômes d'une maladie. On a voulu l'expliquer comme le résultat d'une forte autosuggestion, mais les mécanismes psychosomatiques exacts ne sont pas encore connus. On a souvent exprimé des doutes sur l'existence de ce phénomène.

[Confondu avec la magie blanche, le rite de la

danse sur le feu se trouve chez de nombreux peuples. Des foyers sont allumés pendant des heures ou des jours, puis, sur les braises, des individus s'avancent pieds nus, au cours de cérémonies religieuses, qui tendent aujourd'hui à devenir folkloriques pour les touristes. Les documents ethnographiques de ces récits abondent. Les ethnologues ignorent généralement que les parapsychologues ont fait des études déjà approfondies sur l'immunité au feu, sans compter l'immense réservoir de faits de ce genre accumulés en Occident dans les *Acta sanctorum,* recueil des Vies des saints. Le professeur Annette Beaumanoir, de l'Université de Genève, a présenté, en 1973, au Congrès international d'électroencéphalographie tenu à Marseille, ses enregistrements de l'état du cerveau de « danseurs du feu ». Ils sont extraordinaires. Les sujets attendaient d'avoir un rythme d'onde particulier pour entrer dans la fournaise sans s'y brûler. En dehors de ce rythme, ils n'étaient plus immunisés.]

PHOTOGRAPHIE PSYCHIQUE
ET PHOTOGRAPHIE D'ESPRITS

Je dois enfin mentionner un phénomene qui pourrait avoir une relation avec la PK, mais qui, jusqu'ici, est resté entièrement mystérieux. Ce sont les « photographies psychiques » prises par l'Américain Ted Serios. Avec un appareil de photo polaroïd qu'il tenait pendant la prise de vues ou qu'il donnait à une autre personne près de lui, de nombreuses images ont été réalisées. Elles ne ressemblent pas du tout à ce que l'on avait photographié et représentent des motifs différents. Quelques centaines de ces photos ont été prises, certaines dans des conditions dûment contrôlées. On a pris des images anormales même avec des caméras de télévision, en présence de Serios. Aucune mystification n'a pu être décelée et l'on a obtenu des images étranges même quand l'appareil était tenu par des investigateurs neutres à l'expérience.

VII

LA PARAPSYCHOLOGIE :
MYSTIFICATION OU SCIENCE?

CRITIQUE DE LA PARAPSYCHOLOGIE

LES premiers rapports des essais réalisés par J. B. Rhine à Durham provoquerent des controverses de savants américains. En 1935 et 1936, les adversaires de la parapsychologie publièrent cinq articles dans les journaux critiquant la parapsychologie, et au cours des années 1937 et 1938, quarante-deux autres. Les mathématiciens condamnaient les analyses statistiques des essais. Toutefois, dès 1937, un Congrès de statisticiens américains avait adopté une résolution établissant qu'il fallait utiliser des méthodes non mathématiques pour justifier les attaques contre les recherches de Rhine.

La critique visait également les essais eux-mêmes. Les points faibles de ces essais étaient, selon les articles : 1) un mauvais contrôle des expédients sensoriels; 2) des cartes mal battues; 3) des erreurs inconscientes dans la rédaction des comptes rendus; 4) des rapports incomplets, qui relataient seulement les parties réussies des séries d'essais. Plusieurs des attaques étaient motivées. Mais la technique avança à grands pas dans tous les domaines de la parapsychologie.

Au cours des dix à quinze années suivantes, on ne publia pas beaucoup d'ouvrages critiquant la parapsychologie. Elle remportait enfin sa première victoire. Mais, en 1955, le docteur Price donna au très sérieux périodique américain *Science* un long article dont voici les points principaux : 1) Si la perception extra-sensorielle existait, son importance serait énorme; en la mettant en pratique, on pourrait par exemple réaliser un système d'avertissements permettant d'éviter certaines catastrophes. 2) Mais, comme l'existence de la perception extra-sensorielle est incompatible avec les sciences physiques et naturelles, ce phénomène ne peut exister. La parapsychologie est à peine « camouflée » par quelques attributs de la science et reste marquée par « les signes de la magie ». 3) « A mon avis, déclare le docteur Price, les découvertes des parapsychologues résultent de fautes commises dans la rédaction des comptes rendus et dans les statistiques, ou encore d'un usage involontaire d'expédients sensoriels. Tous les résultats qu'on n'explique pas ainsi dépendent soit d'une mystification intentionnelle, soit d'un état sensoriel légèrement anormal chez les personnes qui prétendent avoir assisté à des phénomènes. » 4) Comme une partie des recherches de Rhine et la plupart de celles de Soal indiquent que la perception extra-sensorielle existerait dans des conditions contrôlées, et comme les résultats obtenus par ces deux hommes ne peuvent être expliqués par des erreurs de méthode ou de statistique, Soal s'est donc livré à des mystifications et ses résultats relèvent de la supercherie consciente. Price ajoute une description de méthodes compliquées, dont il se servirait s'il se trouvait à la place de Soal et avait l'intention d'abuser de la confiance des autres.

Des parapsychologues et d'autres personnes se sont opposés à l'article de Price. Il n'avait, d'après eux, aucune preuve pour justifier ses accusations contre Soal qui, bien entendu, se sentit offensé : « Je pense, déclara-t-il, qu'aucun périodique scientifique anglais n'aurait publié un pamphlet de conjectures aussi peu fondées. » Price avait proposé d'entreprendre une « expérience définitive » qui, dans des conditions absolument « sûres » et devant un important jury, devrait établir l'existence ou l'inexistence de la perception extra-sensorielle. Mais il est évident que le jury pouvait intervenir seulement si la perception extra-sensorielle se manifestait au moment de l'essai en question, et non d'une façon générale. Soal proposa que plusieurs chercheurs trouvent individuellement des sujets exceptionnels et entreprennent les expériences proposées par Price. Une expérience « définitive », même avec un jury et de fortes preuves, tomberait pourtant bientôt dans l'oubli. Ce jour-là il se trouverait d'autres personnes pour critiquer cette « expérience définitive », et accuser son jury de mystification délibérée.

Après la critique parue dans *Science,* dix ans devaient passer avant que l'on attaque à nouveau la parapsychologie. En 1966 parut *ESP - A Scientific Evaluation* de C.E.M. Hansel, œuvre destinée à des profanes et sous-titrée « scientifique », afin de donner une certaine « respectabilité » à l'ouvrage. Cette œuvre constitue une critique d'essais qu'Hansel considéra comme décisifs pour l'existence même de la parapsychologie. De larges extraits de cette étude avaient déjà été publiés et contestés dans des publications parapsychologiques. Le livre fut accueilli avec épouvante par les parapsychologues et avec enthousiasme par leurs adversaires, qui se réjouissaient que l'on portât enfin un coup mortel à la parapsychologie. Des comptes rendus du livre, publiés par certains périodiques scientifiques, louèrent sans réserve Hansel. D'autres études, plus sensées, dévoilèrent la façon de procéder de Hansel. En analysant les rapports, il s'efforçait surtout de découvrir des possibilités de mystification délibérée de la part des sujets et des expérimentateurs. Il s'embarrassait assez peu du caractère fantaisiste de ces supposés canulars. Il en conclut que, la mystification ne pouvant être exclue, elle demeurait la meilleure explication des résultats obtenus avec les essais cités dans le livre.

Le livre de Hansel est, en outre, bourré de fautes fondamentales. Je doute que l'auteur se soit donné la peine de lire toutes les œuvres auxquelles il porte « le coup de grâce ». Son ouvrage a cependant été utile, car il a obligé les parapsychologues à exécuter leurs essais dans des conditions bien plus strictes. En revanche, l'exposé très tendancieux, parfois même inexact, de Hansel a malheureusement pu donner aux profanes intéressés une idée tout à fait erronée de ce qu'est vraiment la parapsychologie.

LES PARAPSYCHOLOGUES ET LA MYSTIFICATION

Comment la parapsychologie s'est-elle tirée d'affaire? Des indices de la perception extra-sensorielle existent-ils encore?

L'argument principal de Price et Hansel se résumait en une accusation de mystification délibérée. Mais un grand nombre d'ouvrages postérieurs au livre de Hansel permettent de douter de telles accusations. Les tests de précognition effectués par H. Schmidt donnèrent des résultats hautement significatifs, qui furent enregistrés de façon entièrement automatique, tout comme Hansel l'avait exigé dans son livre. On peut réaliser des essais de clairvoyance dans des conditions tout aussi rassurantes. Au cours d'expériences tentées sur Stepanek, on se servit d'une vérification automatique des comptes rendus. Elle permit la découverte de toute erreur, avec une estimation finale sur ordinateur. Dans ce cas les expérimentateurs ignorent la nature des modifications à apporter aux comptes rendus s'ils voulaient bien en modifier délibérément les résultats. Moi-même, j'ai personnellement assisté à quelques expériences tentées sur Stepanek, grâce auxquelles on a obtenu des résultats significatifs. Je peux vous affirmer qu'au cours de ces expériences, toute intention de mystification était exclue.

Comme elle est exclue d'ailleurs des essais entrepris par Moss et de ceux réalisés par le laboratoire d'étude des rêves, à Maimonides. Les résultats ne sont obtenus qu'après l'attribution de points d'estimation par des juges impartiaux, et les percipients se trouvent souvent éloignés des objets qu'ils doivent décrire. S'il y avait mystification, les juges devraient y participer eux-mêmes. Pour quelle raison pensez-vous que toutes ces personnes deviendraient complices d'une supercherie? Pour quel motif assez fort une douzaine de savants accepteraient-ils de participer à une « blague » facile à dénoncer? Quelle occasion rêvée pour un adversaire de la parapsychologie que d'être membre d'un tel jury, et de pouvoir tout dévoiler après le complot!

Je vous accorde que s'occuper de parapsychologie n'implique pas systématiquement une pureté d'intentions et qu'un savant pourrait succomber à la tentation de retoucher ses résultats pour obtenir une subvention ou un avancement. Hansel prétendit bien que Soal avait décroché son grade de docteur grâce aux résultats significatifs de ses expériences sur Shackleton, dignité qu'il n'aurait pas obtenue pour des résultats négatifs.

Même si vous pouviez prouver qu'une mystification a eu lieu au cours d'une expérience chez un parapsychologue, il resterait des centaines d'autres expériences à expliquer. De plus en plus nombreux sont les indifférents aux accusations portées par Hansel et ceux de son espèce. Il s'agit de savants qui, eux-mêmes, ont obtenu des résultats significatifs au cours de leurs essais parapsychologiques, et qui, contrairement à Hansel, *savent* que leurs résultats sont véridiques.

A vrai dire, la discussion à propos des mystifications est sans intérêt. Des savants venant de tous les domaines de la science peuvent « tricher » s'ils ont une raison suffisante pour le faire. Mais, curieusement, seule la parapsychologie doit affronter de telles accusations obstinées, sans doute parce que ses résultats sont une menace contre la conception du monde de ceux qui la critiquent. Ils doivent, par conséquent, réfuter les résultats obtenus, coûte que coûte. Il n'existe que peu de personnes pour admettre ouvertement qu'il en est ainsi.

PERCEPTION EXTRA-SENSORIELLE
ET PERSONNALITÉ

Les critiques ont à maintes reprises attaqué les phénomènes *psi* pour leur caractère « anarchique », car ils n'obéissent pas aux lois naturelles connues, mais font « bande à part ». Vous ne pouvez les mettre en relation avec d'autres faits connus, si bien qu'une étude de ces phénomènes ne présenterait aucune valeur scientifique. Ce que l'on appelle la perception extra-sensorielle ne serait donc, selon ces critiques, rien d'autre qu'un nombre de coïncidences accidentelles, dues au hasard, parfois dans les laboratoires, parfois au cours de la vie quotidienne.

Mais, en réalité, les choses ne se passent pas ainsi. D'après de nombreuses études, le succès ou l'échec des essais liés à la perception extra-sensorielle dépend, comme c'est le cas pour des tas d'expériences, de son propre désir d'y participer. Gertrude Schmeidler constata, au cours d'expériences de groupe, que les sujets acceptant à l'avance la possibilité de la perception extra-sensorielle, les « moutons », donnaient de meilleurs résultats que les sceptiques, les « chèvres », qui trouvaient les essais inutiles. Les résultats obtenus au cours d'essais postérieurs ont légèrement varié. Mais ils dégagent, dans leur ensemble, des tendances identiques. Beaucoup d'études déterminent le rapport existant entre les résultats obtenus et les opinions et attitudes des sujets à propos des méthodes pratiquées et des expérimentateurs. Si vous présentez une attitude trop réservée, ou même anxieuse, à l'égard de la perception extra-sensorielle, vous « bloquez » le mécanisme de ce phénomène. Par contre si vous avez une attitude confiante et ouverte, vous en faciliterez plutôt les manifestations. Toutefois, des savants qui « travaillèrent sur des médiums, ont parfois noté des résultats contraires. Les médiums s'adaptèrent mal à la réalité et montrèrent l'influence de leurs moyens de défense psychologique. Leur inconscient psychique se manifestait trop facilement. L'accès de l'individu à l'inconscient est-il d'une importance décisive? Si vous permettez à vos impulsions inconscientes de s'exprimer d'une façon consciente, par des mots, par des actes, vous pourrez peut-être avoir accès à la perception extra-sensorielle. Plus aisément que celui chez qui les mécanismes de défense ne permettent pas à ces impulsions de s'exprimer. La relation entre la perception extra-sensorielle et la personnalité a surtout été étudiée par H.J. Eysenck. Il considère que les personnes qui s'extériorisent facilement atteignent de meilleurs résultats que les personnes repliées sur elles-mêmes.

J'ai remarqué que certains individus fournissent d'une façon significative des résultats inférieurs à la probabilité. Preuve qu'ils saisissent vraiment les signaux envoyés par la voie de la perception extra-sensorielle, mais que des mécanismes inconscients les empêchent d'atteindre leur conscience.

Ces études indiquent que le don de perception extra-sensorielle n'est pas un phénomène « indépendant », mais qu'il est en relation avec d'autres facteurs de la personnalité. Cette relation n'a pas encore été exactement définie.

RÉACTIONS PSYCHOSOMATIQUES A LA PERCEPTION EXTRA-SENSORIELLE

Un des facteurs déterminant de la perception extra-sensorielle serait donc la faculté de permettre aux signaux, inconscients, à des impulsions télépathiques par exemple, de passer à l'état conscient. Tous les individus reçoivent-ils les signaux? Ceux qui ont la faculté de les exprimer d'une façon consciente sont-ils peu nombreux? Ne pourrait-on donc pas déterminer les signaux inconscients en étudiant des troubles psychosomatiques?

Le précurseur dans ce domaine, l'Américain E.D. Dean, a étudié ce problème à l'aide d'un curieux appareil, le plétysmographe, qui mesure l'irrigation par le sang d'un doigt de la main. Les modifications du volume sanguin sont certainement conditionnées par des impulsions du système sympathique et ne sont généralement pas contrôlées par la volonté humaine.

Au cours d'un de ces essais, le percipient devait se détendre dans une pièce, tandis que l'agent, dans une autre pièce ou dans un autre bâtiment, se concentrait sur une série de cartes. Sur quelques-unes des cartes,

on avait marqué des noms de personnes que le percipient connaissait bien. D'autres cartes étaient
vierges, ou bien on y avait écrit des noms choisis au
hasard dans un annuaire de téléphone. On releva
chez le percipient des variations significatives dans
l'irrigation des vaisseaux sanguins quand un nom
connu était « émis » par l'agent. Ainsi il a été possible d'enregistrer la perception extra-sensorielle au
cours d'une expérience de genre physiologique, où
les réactions du sujet étaient indépendantes de sa
volonté.

Même dans des cas spontanés, la perception
extra-sensorielle se manifeste par des symptômes
corporels. J.C. Barker décrit comment sept personnes pressentirent la catastrophe d'Aberfan, dont je
vous ai parlé au chapitre V. Elles éprouvaient des
malaises psychiques et corporels qui semblaient diminuer au moment où la catastrophe éclatait, ou,
dans certains cas, au moment où les personnes en
recevaient la nouvelle. J'ai retrouvé une Anglaise qui
m'a raconté les pressentiments de la catastrophe d'Aberfan :

« Le jour de la catastrophe, je me suis réveillée
vers 4 heures du matin. Je n'arrivais pas à respirer et
j'avais l'atroce impression que les murs de ma chambre s'écroulaient. J'ai eu les mêmes pressentiments,
avant deux autres désastres, mais le jour de la catastrophe d'Aberfan, ce fut encore plus horrible. »

Dans de tels cas, les signaux de la perception
extra-sensorielle n'atteignent apparemment jamais
la conscience d'une façon directe. Le percipient ne
perçoit peut-être même pas les symptômes comme
venant de facteurs extérieurs.

Un détail cité dans les statistiques indique que les
résultats positifs obtenus au cours des expériences
psi ne sont pas que des coïncidences accidentelles.
Ces résultats sont meilleurs et les réponses justes

plus nombreuses, au début d'une série de cinq essais, par exemple. Ceci est surtout frappant dans les essais psychokinétiques. L'explication en serait le phénomène de déclin. Ces essais provoquent naturellement une certaine tension nerveuse et une perte d'énergie. Les ressources d'énergie d'un individu sont plus importantes après un moment de repos, et diminuent quand le sujet se fatigue, ce qui influence les résultats. Une telle répartition des résultats ne serait pas possible dans le cas d'une mystification, ni dans celui de coïncidences.

On nomme une forme de perception extra-sensorielle « extériorisation de la sensibilité », phénomène décrit par J. Fahler, et qui se produit ainsi : un sujet, tenant à la main un verre d'eau, est plongé dans une hypnose profonde. A l'aide de suggestions, l'hypnotiseur « transfère » la sensibilité du bras et de la main du sujet vers l'eau, et vérifie, à l'aide de piqûres d'aiguilles, que la main du sujet est devenue insensible. Le sujet peut avoir les yeux bandés. Puis on prend le verre de la main du sujet, et l'hypnotiseur le place à plusieurs mètres derrière celui-ci. Si l'hypnotiseur approche une aiguille de la surface de l'eau, le sujet réagit, lors d'un essai réussi, comme s'il avait senti une piqûre à la main. Plus l'hypnotiseur enfonce l'aiguille dans l'eau, plus le sujet réagit à la douleur. Personne n'a encore osé renverser l'eau, pour voir ce qui se passerait.

Le rapport de Falher a été très discuté. Personne n'a encore prétendu avoir réussi à nouveau l'expérience. Fahler lui-même ne la réussissait apparemment qu'avec un seul de ses sujets. D'autres personnes affirment toutefois qu'elles entreprirent des essais semblables, et le phénomène a déjà été décrit au XIXe siècle.

Les attaques contre la parapsychologie ont souvent porté sur l'inexistence d'expérience répétitives. Des critiques entendent par là que n'importe quel savant compétent peut effectuer une expérience, et qu'on devrait aussi pouvoir démontrer « sur demande » l'existence de la perception extra-sensorielle. Cependant, on oublie facilement qu'il s'agit là d'une expérience plus compliquée que prouver la loi de la pesanteur. Une loi que vous pouvez démontrer simplement en faisant tomber une pierre sur votre pied.

Vous avez la plus grande chance de répéter une expérience avec le même résultat que la première fois en physique et en chimie. Mais plus les procédés biologiques de l'expérience sont complexes, plus il est difficile d'arriver aux mêmes résultats au cours de chaque expérience. Les difficultés sont grandes lorsque l'activité humaine consciente constitue l'objet de l'expérience. Lorsque vous désirez, en psychopharmacologie, étudier l'effet d'un nouveau remède, il ne suffit pas de tenir uniquement compte de la substance chimique examinée. Les opinions des médecins et des malades au sujet du remède, la personnalité et les dispositions du malade, doivent aussi être pris en considération. Chez les psychopharmacologues, c'est un fait connu et accepté. En répétant des essais, en s'obligeant à garder les conditions inchangées, on ne parvient peut-être pas au même résultat. Mais personne n'aurait eu pour autant l'idée d'accuser la psychopharmacologie de n'être pas une science respectable, et jamais on n'a exigé d'elle des expériences parfaitement répétitives.

Les conditions sont les mêmes en parapsychologie. Les études entreprises par Schmeidler dépendant largement des relations entre le sujet et l'expérimentateur. Si ce dernier est convaincu que la perception extra-sensorielle ne peut exister, il obtient des résultats négatifs, donc une confirmation de ses convictions. En revanche, s'il est « ouvert » à toutes les possibilités, ses chances de réussite apparaissent meilleures.

N'existe-t-il donc pas d'expériences répétitives dans le domaine de la parapsychologie? Pas dans le sens où l'entendent certains critiques. Un sujet éminent n'est pas en activité d'une façon permanente. Son intérêt pour les essais peut diminuer. Il peut tomber malade, mourir. Diverses circonstances peuvent l'empêcher de continuer les expériences. Des sujets comme Shackleton et surtout Stepanek ont été disponibles pendant plusieurs années. Le phénomène de focalisation a pu se caractériser comme une expérience répétitive, même si je ne peux vous garantir que Stepanek prouvera encore cette faculté dans l'avenir.

Il est évident que des essais peuvent être répétés. On renouvelle les essais concernant les rêves dans d'autres laboratoires, les essais de Moss sont effectués de nouveau. Mais la perception extra-sensorielle dépend manifestement de plusieurs facteurs subtils, encore peu connus. Jusqu'à ce que les savants possèdent une connaissance plus précise, un contrôle plus complet de ces facteurs, l'essai qui démontrerait la perception extra-sensorielle sur demande demeurera leur but à atteindre. On peut en revanche varier systématiquement les conditions des essais. Le mieux serait de rassembler, au cours d'un essai, tous les facteurs connus favorables à la perception extra-sensorielle, et au cours d'une autre expérience de regrouper tous les facteurs négatifs. En se fondant sur des faits actuellement connus, obtenir de meilleurs résultats au cours du premier des deux essais deviendrait dès lors prévisible.

La difficulté de répéter des essais débouchant sur d'identiques résultats dépend de la perception extra-sensorielle, qui, chez la plupart des individus, ne se démontre qu'après de longues séries d'expériences de laboratoire. Il faut un très grand nombre de réponses pour obtenir des résultats significatifs, sauf avec des sujets exceptionnels.

Un médecin qui désire étudier une maladie rare ne peut pas tout simplement prendre un patient au hasard dans sa salle d'attente. Il doit soit découvrir une personne atteinte de cette maladie, soit attendre qu'elle se présente chez lui. Il en est de même pour la perception extra-sensorielle. Si vous voulez l'étudier, vous devez soit varier les conditions au cours des essais afin de les rendre aussi favorable que possible pour des sujets sans grande capacité intellectuelle, soit attendre la rencontre d'un sujet exceptionnel. Les sujets de valeur sont rares, l'on commence de plus en plus à s'intéresser à la possibilité d' « apprendre » et de développer le don de la perception extra-sensorielle. J'aborderai plus en détail cette question au chapitre XV.

VIII

EXPÉRIENCES INVRAISEMBLABLES

DANS LE MONDE DU RÊVE ET AU-DEHORS DU CORPS
HALLUCINATIONS ET RÉALITÉ

VOTRE aptitude à vivre en communauté dans le monde réel dépend de votre capacité à percevoir ce monde à peu près de la même façon. Ainsi vous êtes tous d'accord sur un ciel bleu, un jour clair. Si quelqu'un prétendait qu'il est quadrillé de rouge et vert, vous le croiriez pas sans preuves. Il vous mène dans la cour pour vous prouver qu'il a raison. Vous ne voyez rien d'autre que le ciel bleu, mais il insiste : il le voit quadrillé de rouge et vert. Vous appelez un médecin qui constate qu'il est victime d'une illusion d'optique, dans ce cas d'une hallucination visuelle. Une *hallucination* est une perception sensorielle qui n'a, pour un individu « normal », aucun équivalent perceptible dans le monde extérieur et qui se reproduit donc depuis « l'intérieur », sans excitation du sens qui l'aurait normalement produite. Les hallucinations peuvent se ressentir comme perceptions de tous les sens : vue, ouïe, odorat, goût et toucher. Elles se manifestent surtout chez certains malades, mais parfois aussi chez des personnes en bonne santé.

Quelques citadins se promènent dans la campagne. Supposez qu'ils n'ont jamais entendu un grillon chanter et qu'ils ignorent même l'existence de cet insecte. A part un adolescent, toutes les personnes du groupe sont d'un certain âge et ne peuvent plus différencier les sons à haute fréquence du chant des grillons. L'adolescent s'arrête, écoute, et dit aux autres qu'il entend un bruit aigu et irritant. Les autres, inconscients de leur début de surdité, ne peuvent comprendre. Ils en concluent que l'adolescent a des hallucinations.

L'exemple montre qu'il est souvent difficile de juger qui a « raison » dans sa description de la réalité, « l'halluciné » ou les autres. Parfois, il est possible que « l'halluciné » ressente une chose qui existe en réalité, mais que vous, vous ne pouvez percevoir. Dans ce cas, on pourrait enregistrer le bruit des grillons et convaincre les sceptiques qu'il y avait vraiment « un bruit » qu'ils n'entendaient pas. Mais c'est très rare dans la plupart des cas d'hallucinations. Si le contenu des hallucinations diffère de ce qui vous paraît raisonnable et possible, alors vous concluez volontiers aux symptômes d'une maladie. Mais, dans certains cas, il est possible que les hallucinations soient des expériences d'une mystérieuse sensibilité à des éléments du monde extérieur que vous ne pouvez percevoir. Ce qui ne prouve pas pour autant qu'il en soit ainsi dans tous les cas ou presque.

Je vous ai montré des exemples d'hallucinations, expressions de sensations paranormales spontanées, aux exemples 1 et 12. Une hallucination peut aussi être « collective », c'est-à-dire éprouvée par plusieurs personnes en même temps :

Exemple 15 :

« Ma femme et moi, nous avions appris que ma belle-mère était très souffrante. Nous venions juste de nous coucher et notre appartement était silencieux. Alors j'entendis nettement la porte d'entrée s'ouvrir et se refermer, puis des pas traînants : la démarche de ma belle-mère. Ils se dirigeaient vers la cuisine. Peu à peu ils s'éloignèrent et tout redevint calme. Ma femme ne se souvient plus si elle entendit la porte s'ouvrir, mais, comme moi, elle perçut les pas très nettement. Il était impossible de se tromper, c'était bien le bruit des vieilles pantoufles de ma belle-mère. Le plus étonnant est que ceci se passa quelques jours avant sa mort. »

C.J. Jung cite dans ses mémoires une hallucination collective assez remarquable :

Avec une amie, Jung visita une église de Ravenne et trouva dans le baptistère quatre grandes mosaïques d'une immense beauté. Jung, qui avait visité cette église auparavant, s'étonnait d'avoir pu les oublier. Les deux amis admirèrent les mosaïques pendant plus de vingt minutes et en discutèrent le motif d'inspiration biblique. Jung désirait acheter des photos de ces mosaïques, mais ils ne disposaient pas d'assez de temps pour les chercher. De retour chez lui, Jung demanda à l'un de ses amis, qui se rendait prochainement à Ravenne de lui procurer ces fameuses photographies. Cet ami parcourut Ravenne, visita toutes ses églises. En vain. Il n'existait nulle part de mosaïques semblables à celles que Jung et son amie avaient vues!

Je vous laisse méditer les commentaires de Jung : « L'expérience que j'ai vécue dans le baptistère de Ravenne m'a laissé une très forte impression. Les vrais murs du baptistère, que mes yeux auraient dû voir, étaient transformés par cette vision, qui semblait parfaitement réelle, aussi réelle que les fonts baptismaux qui n'étaient pas transformés par cette vision. Mais qu'y avait-il donc de réel à ce moment-là?

« Ce qui m'est arrivé est, bien sûr, loin d'être le seul phénomène de ce genre, mais quand il vous arrive personnellement, vous ne pouvez vous empêcher de le prendre plus au sérieux que si vous en aviez entendu parler ou si vous l'aviez lu. »

LE RÊVE LUCIDE

Un *rêve* se définit comme une hallucination qui couvre le champ complet des sensations, l'ensemble de toutes les impressions sensorielles d'un individu. Le rêve nocturne ordinaire en est l'exemple type et ne nécessite aucune description. Notez cependant que le rêve n'est pas limité aux impressions visuelles et auditives. Des sensations intenses olfactives, gustatives et tactiles se produisent aussi, mais moins souvent. Un événement vécu dans un rêve paraît donc tout aussi « réel », tant que le rêve dure, qu'un événement vécu en état de veille.

Une catégorie particulière de rêves a attiré ces dernières années l'attention des parapsychologues. Ce sont les rêves dits *lucides*. On désigne ainsi un rêve, non parce qu'il est d'une clarté spéciale pour les impressions visuelles, mais parce que le *rêveur, dans ce genre de rêves, est conscient de rêver*. Les rêves lucides sont fascinants, parce que le rêveur a, dès qu'il est conscient qu'il rêve, un certain *contrôle* sur l'évolution de son rêve. Vous vous souvenez en général plus des rêves lucides que des rêves ordinaires.

En voici quelques exemples :

Exemple 16 :

1. « Je dois me rendre à la gare pour un long voyage. Je suis pressé, la gare est loin, mais je peux à peine remuer les jambes. Mes membres sont raides, mes muscles sans réaction. Ou bien le vent souffle si fort que je n'arrive pas à avancer. Ou bien je tombe rapidement de très haut. Ou encore quelqu'un me poursuit dans une forêt immense. Je ne sais pas ce qu'il me veut. Je sais seulement qu'il est mal intentionné.

« Au moment où la peur me pénètre, une voix résonne au plus profond de moi et me dit : « Pourquoi as-tu peur? Ce n'est qu'un rêve. » Je souris, soulagé. Mes jambes bougent normalement, le vent tombe et j'arrive à l'heure du train. Ou je tombe de plus en plus lentement et j'atterris en douceur. Ou je cours très vite et échappe facilement à mes persécuteurs. Ou bien le rêve s'estompe lentement et disparaît. D'habitude, ces rêves ne me réveillent pas, mais le matin je m'en souviens très bien. »

2. « Je reçois une lettre très attendue. Je l'ouvre : elle est longue. J'ai l'intention de la lire lorsque j'entends une voix qui dit : « Ne lis donc pas cette lettre. Ce n'est qu'un rêve. » Déçu, en colère, je pose la lettre sur la table. Je n'ai même plus envie de la lire. »

Le rêveur de cet autre exemple est aussi parvenu à contrôler certains moments de son rêve :

Exemple 17 :

« Je fus conscient de rêver pendant que le rêve se déroulait. Je rêvais que je jouais dans du sable avec des enfants. J'étais tout à fait conscient que mon rêve ne s'accomplissait pas sur le plan physique. J'ai voulu savoir s'il était vraiment possible de changer l'évolution d'un rêve à son gré. Le temps était très chaud et je m'imaginai une piscine. Aussitôt je me retrouvai assis au bord d'une piscine, les pieds dans une eau agréablement rafraîchissante. J'étais convaincu d'avoir pu adapter mon rêve à mes propres désirs. »

L'exemple suivant montre que le rêve lucide peut aussi vous servir à des fins thérapeutiques :

« Quand j'avais neuf ans, il m'arrivait parfois d'avoir des cauchemars, comme beaucoup d'enfants de cet âge. Il s'agissait de cauchemars dans la plus pure tradition, avec un monstre ou un dragon qui me poursuivait. Après un tel rêve, je me réveillais toujours en sueur, effrayé et pendant quelques secondes comme paralysé par la peur. Un jour je décidai que j'en avais assez de ces cauchemars et qu'il fallait qu'ils cessent. Je pris une résolution : à chaque fois que j'avais eu un cauchemar et que j'étais suffisamment réveillé pour me rendre compte que ce n'avait été qu'un rêve, je m'efforçais de me rendormir immédiatement. J'obtins rapidement de continuer le cauchemar là où il s'était arrêté quand je m'étais réveillé. J'avais alors deux possibilités pour me débarrasser du monstre : soit lui dire qu'il était bête et inutile de lutter encore, que le mieux serait de faire la paix : soit, si le résultat n'était pas satisfaisant, de jouer au héros, sortir mon épée et décapiter le monstre! Après avoir répété cela huit ou dix fois, les cauchemars cessèrent. J'étais convaincu d'avoir prouvé aux monstres que c'était moi qui décidais et non eux. J'avais trouvé une thérapeutique très simple et très efficace. Je n'ai pour ainsi dire plus jamais souffert de cauchemars.

« Ces rêves et beaucoup d'autres ont suscité mon intérêt professionnel pour les rêves. Les rêves ont toujours été pour moi une grande source de joie. Je n'ai jamais apprécié cette littérature psychologique qui traite des rêves, car elle ne tient pas assez compte de la beauté et de la richesse du monde des rêves. »

RÉVEIL IMAGINAIRE

Un réveil imaginaire peut se produire dans les rêves ordinaires et dans les rêves lucides : on rêve que l'on se réveille, mais en réalité on continue à dormir et à rêver. En voici un court exemple :

Exemple 18 :

« Le réveil sonne, je me lève, me prépare et pars en vélo pour mon travail. Peu après je me réveille. Cette fois, c'est le réveil réel, et je suis tout étonné d'être encore au lit. Peu à peu, je comprends que le premier réveil se passait dans un rêve. Je me lève péniblement et arrive à mon travail avec deux heures de retard. J'avais bien entendu le réveil dans mon rêve, car il avait sonné! »

L'EXTÉRIORISATION DE LA CONSCIENCE

Une autre variante du réveil imaginaire se manifeste si le rêveur, en se levant, se retourne par hasard et voir son propre corps couché sur le lit. La première fois, ceci provoque une telle surprise que l'on se réveille réellement aussitôt. Ce phénomène est un cas limite du rêve lucide et d'une autre expérience, la *séparation* ou *extériorisation de la conscience :* le centre de la conscience est séparé du corps et se trouve ailleurs. La séparation de la conscience et du corps physique peut débuter pendant le sommeil, pendant un rêve lucide ou par un réveil imaginaire, mais aussi se manifester en état de veille complète. En voici deux cas typiques :

Exemple 19 :

« J'avais pris deux cachets de calmant et étais allée me coucher. Soudain je me réveillai. Je suis sûre que je ne rêvais pas. Il était entre 8 et 9 heures du soir. Réveillée, je voulus me lever, mais ne le pus pas. Mon corps était trop las, peut-être à cause des cachets. Je voulais absolument me lever, mais n'y arrivais pas. J'étais comme paralysée. Alors le phénomène se produisit : je vis mon corps allongé sur le lit, les yeux fermés, tandis que mon « esprit » était en l'air, dans la même position que lorsque j'étais couchée dans mon lit, à un mètre de hauteur et à deux ou trois mètres à côté du lit. Une autre femme se trouvait dans la même chambre. Elle se reposait sur un lit. J'ai voulu l'avertir de ce qui m'arrivait, mais au même moment mon corps, sur le lit, s'est réveillée et je me suis retrouvée dans mon lit.

« L'événement n'avait duré qu'une minute, peut-être moins. Il est difficile d'estimer sa durée. Peut-être une demi-minute seulement. »

Exemple 20 :

« C'était un soir comme les autres. J'avais posé mon livre, éteint la lampe. J'attendais le sommeil. Tout à coup j'eus la sensation de sortir doucement de mon corps. Mon corps éthéré, translucide, dégagea une lumière éclatante. Ce corps était beaucoup plus petit que le mien. Je me sentais très heureuse, apaisée. Je n'avais pas peur. Comme bercée, j'avançai doucement vers la porte. Sur le seuil, je jetai un regard derrière moi, sur le lit, et vis mon corps. « Je ne peux pas disparaître ainsi, pensai-je. Que diraient ma fille et mon mari ? » Doucement, comme hypnotisée, je me sentais attirée vers mon lit. Je rallumai la lampe et restai longtemps à réfléchir à ce qui m'était arrivé. Jamais je n'avais ressenti un tel bonheur qu'en quittant mon corps. »

Dans la littérature psychiatrique, un symptôme appelé *autoscopie* se définit comme « une perception hallucinatoire psycho-sensorielle » complexe qui donne l'impression que le corps est projeté vers un « champ visuel extérieur ». L'autoscopie se manifeste pendant certains états de maladie et consiste en une vision du « double » et de son propre corps, vu depuis le corps physique. La séparation en est le contraire : voir son corps physique à partir d'un point situé à l'extérieur du corps. Il existe cependant des rapports à propos de séparations, où des éléments d'autoscopie jouent un rôle, et des cas, peu nombreux, d'oscillation évidente de la conscience entre le corps physique et son « double ». Je déplore que les psychologues et les psychiatres aient montré trop peu d'intérêt pour les séparations et les rêves lucides. Les parapsychologues sont presque les seuls à avoir étudié ces phénomènes. Je voudrais encore vous dire qu'une expérience de séparation ou de rêve lucide n'est pas un symptôme de maladie. Ce phénomène se manifeste en général chez des personnes psychiquement équilibrées.

[Le chamanisme, qui est une religion de Sibérie, d'Asie centrale et de quelques autres régions du monde, est caractérisé par ses prêtres-sorciers qui agissent en état de transe ou d'extase. Une des épreuves imposées au chaman est de « voir » sa propre structure organique, son squelette, parfois des processus cellulaires. Ce phénomène de clair-voyance ou de divination se retrouve à l'état spontané chez des Occidentaux étudiés en particulier par le docteur Paul Sollier. Des malades sans instruction décrivent (ou dessinent) avec précision leur cœur,

leur cerveau, leurs intestins, leur estomac, etc., et
parfois les objets étrangers qui s'y trouvent ainsi que
leur emplacement (épingles).]

QUELLE IMPRESSION A-T-ON
AU COURS D'UNE SÉPARATION?

Plusieurs descriptions de séparations ont été publiées. Certains auteurs considèrent qu'il est possible de produire le phénomène par un acte de volonté,
à l'aide d'une « détente concentrée ». Je vais examiner quelques traits essentiels de ce phénomène,
d'après plusieurs sources, mais surtout d'après
Ceclia E. Green.
Une séparation commence pendant le sommeil et
souvent après un réveil imaginaire. Mais le plus souvent elle se présente soit pendant un état de surmenage ou de maladie, en état de veille, soit en état
d'inconscience après un accident. Cependant, je
connais plusieurs expériences où celui qui vécut
l'expérience a continué ses activités de façon normale, même quand il s'agissait de la conduite d'une
voiture, d'une visite chez le dentiste, etc. Pendant la
durée de la séparation, tout ce qui entoure la personne est, en général, comme en état de veille normale. Mais tout est perçu depuis un point qui se
trouve plus élevé que la normale. Le « double » du
corps physique est légèrement de côté. Le cas 19 en
est l'exemple le plus frappant. La personne voit souvent, mais pas toujours, son corps physique. La séparation peut aussi s'éprouver comme la sensation
d'avoir un « autre corps »; souvent de la même taille
que le corps physique, comme à l'exemple 19, mais
parfois plus petit, tel à l'exemple 20. Le « séparé »
peut aussi éprouver la sensation d'être un « simple
spectateur ». Les descriptions parlent parfois d'une

« corde d'argent », sorte de « cordon ombilical » qui réunit le corps physique au corps séparé. Cette « corde d'argent » n'est cependant pas de toutes les séparations et ne figure dans aucun des rapports qui m'ont été confiés. Peut-être est-elle visible seulement dans certaines circonstances? Vous la trouverez pourtant décrite par des personnes dignes de foi, qui déclarent n'en avoir jamais entendu parler auparavant.

Le corps séparé éprouve une étrange liberté de mouvement. Les descriptions parlent d'une sensation de bonheur, de légèreté et de liberté, comme l'homme invisible, le corps séparé peut passer à travers les portes fermées et à travers les murs, être suspendu dans l'air. Souvent l'expérience ne dure que quelques secondes, parfois plus. Mais la notion du temps est incertaine. Vous l'avez vu à l'exemple 19. La séparation se termine souvent d'une façon spontanée. Si jamais vous vivez pour la première fois une séparation, ce phénomène ne dure que quelques secondes car dès que vous comprendrez ce qui vous arrive, vous serez si bouleversé que le corps séparé reviendra aussitôt au corps physique. Toute émotion vive mène au même résultat, ainsi que de toucher au corps physique.

Pendant les premières séparations, la liberté de mouvement est limitée à la proximité immédiate du corps, mais après plusieurs expériences il devient possible de se déplacer plus loin. Pendant un état de séparation, vous pouvez aussi rencontrer d'autres personnes et il est alors souvent difficile de déterminer si elles font partie du monde physique ou du « monde des rêves ». Le corps séparé ne peut toucher ou influencer des objets ou corps du monde physique. En tout cas le contraire n'a pas été prouvé. Dans quelques cas particuliers, un corps séparé s'est déplacé de la proximité du corps jusqu'à des sphères qui n'appartiennent pas au monde physique. Là, il est difficile de se rendre compte si le phénomène est une séparation ou un rêve lucide. Avant et après la séparation, vous pouvez éprouver des symptômes physiques comme une sensation de raideur et de froid qui commence dans les jambes et se répand dans tout le corps, allant parfois jusqu'à une sensation de paralysie totale, comme à l'exemple 19, ou bien des lourdeurs juste avant la séparation.

Voici la description d'une séparation où une femme a « visité » un monde inconnu :

Exemple 21 :

« La première fois que j'ai éprouvé la sensation que mon âme se séparait de mon corps physique, c'est un jour où je m'étais blessée pendant mon travail, dans un restaurant. Je me suis évanouie et, inconsciente, je vis mon corps allongé par terre, tandis que mon âme traversait d'autres sphères, puis entrait dans une maison blanche, où régnait une atmosphère radieuse de bonheur. Des êtres de lumière, très beaux, très doux, venaient à ma rencontre. Parmi eux, ma mère, récemment décédée. Ils me souhaitaient la bienvenue et me priaient d'entrer pour partager leur bonheur. Alors j'entendis une voix sévère me dire : « Pas encore, c'est trop tôt ! » Je me suis sentie « expulsée » de ce monde merveilleux, pour revenir dans mon corps physique. Je me suis réveillée avec une sensation de déception, tant le monde que je venais de quitter m'avait paru heureux, comparé à ma triste vie sur terre. »

Le rêve lucide, d'autre part, commence comme un rêve ordinaire. La personne qui rêve n'a pas l'impression de quitter son corps physique. Les rêves lucides, chez certains individus, proviennent d'un acte de volonté et il semblerait que l'on puisse apprendre peu à peu à contrôler ses rêves. Pourtant, même des personnes qui ont fait et décrit plusieurs rêves lucides, sont extrêmement prudentes et craignent de se lancer dans des expériences. Bien qu'elles soient parfaitement conscientes qu'il s'agit d'un rêve, elles gardent toujours au fond d'elles-mêmes un doute : « Dans mon rêve, affirment-elles, j'ai voulu sauter d'un balcon, mais je n'ai pas osé. Au dernier moment, j'ai quand même eu des doutes. Et si ce n'était pas vraiment un rêve? » Il n'existe pas de rapports de rêves lucides où une personne serait arrivée à traverser un mur, sans doute parce que personne n'a encore eu l'idée d'essayer. Si vous tentiez l'expérience en y croyant fortement, vous réussiriez sans doute. Les expériences vécues au cours d'un rêve lucide diffèrent davantage du monde physique que les expériences vécues au cours d'une séparation. Les premières contiennent plus souvent des éléments symboliques et fantastiques. Ceux qui ont éprouvé des rêves lucides et aussi des séparations attachent plus de prix à celles-ci. Elles permettent un contrôle plus rigoureux de la situation et de plus grandes possibilités de déterminer soi-même l'évolution de l'expérience. Lors d'une séparation, vous pouvez aussi vous déplacer à votre gré. De plus, je l'ai souligné déjà, une sensation profonde de bonheur, de légèreté et de liberté. Je n'affirme pas pour autant qu'une séparation soit toujours accompagnée de sensations bénéfiques.

Exemple 22 :

« Je m'étais occupé d'exercices de méditation et de contemplation pendant toute la soirée. Je me couchai, fourbu. Après avoir lu un moment, j'éteignis la lampe et m'endormis calmement. Tout à coup, vers minuit, je me réveillai. Lucide, je me sentis soulevé vers le plafond, avec la sensation de n'être pas plus lourd que du duvet. Étonné, je regardai mon propre corps couché sur le lit. Aussitôt, je fus effrayé de ce qui se passait. C'était si étrange. Avant même de m'en rendre compte, je fus de retour dans mon corps et couché sur le lit. Malgré mes connaissances des phénomènes paranormaux, j'avais très peur dans l'obscurité. Je décidai de me lever pour essayer de chasser cette frayeur, mais en vain. J'avais l'étrange sentiment de sentir la pression d'un bras me collant au lit. Je luttais de toutes mes forces, mais ne pouvais rien contre cette force inconnue. Les secondes de cette lutte me parurent une éternité. Enfin, je réussis à me dégager, à me détendre et à m'endormir. »

Il est vraisemblable que cette « pression d'un bras me collant au lit » était en effet l'impression de paralysie qui se produit parfois après un phénomène de séparation.

La première expérience de séparation laisse en général une sensation très marquée chez le percipient. Plusieurs de ceux-ci déclarent que cette expérience leur a permis de comprendre le vrai sens de la vie. On ne peut expliquer ce phénomène comme créé par l'imagination des percipients, mais peut-on vraiment s'imaginer un centre de la conscience audehors du corps? Est-il vraiment possible qu'un individu, allongé sur la table d'opération, en état évident d'inconscience, éprouve des sensations quelconques? Une personne inconsciente éprouverait alors des sensations à l'aide de sa conscience, même si elle ne peut les raconter aussitôt. En voici un exemple :

Exemple 23 :

« Quand j'avais vingt-cinq ans, j'ai eu mal à la gorge et j'ai été hospitalisée. On devait m'opérer. On me fit asseoir dans un fauteuil. Deux infirmières me passèrent une sorte de tablier. Maman m'avait dit que c'était le docteur W. qui devait m'opérer, et j'avais fait sa connaissance. On m'a donné à respirer de l'éther, ce qui était très désagréable. Après j'ai perdu connaissance.

« Tout à coup, je vis la pièce baignée d'une lumière étrange, sans ombres. J'aperçus d'abord mes mains, attachées aux bas du fauteuil à l'aide de larges bandes. Mes mains ne m'obéissaient plus. Elles étaient comme mortes. Étonnée, je me laissai glisser par terre et me contemplai, petite, misérable et pâle, assise dans le fauteuil, avec un appareil dans la bouche et portant un tablier en toile cirée avec une poche sur le devant. J'avais les mains et les pieds liés au fauteuil. Je saignais. C'était répugnant, un filet de sang coulait sur la toile cirée. Un jeune docteur brun se trouvait debout devant moi. Les deux infirmières portaient des masques sur le visage. A ma gauche, sur une table basse, je vis, posés sur une plaque de tôle, des instruments dont l'éclat métallique m'effraya. En me tournant, je regardai une grande armoire blanche sur laquelle se trouvait un flacon de couleur brune, à l'étiquette blanche. Le docteur manipulait l'appareil que j'avais dans la bouche. Que je paraissais insignifiante et misérable! Je me plaçai derrière le docteur, mais les instruments me firent peur et je replongeai sous le grand drap blanc qui pendait du fauteuil.

« En me réveillant, je vis ma mère assise à mon chevet. Je lui dis que je n'avais pas aperçu le docteur W. pendant l'opération. « Comment le sais-tu? me demanda-t-elle. Tu étais endormie. — Non, je t'assure, répondis-je. J'étais debout à côté, en train de regarder. — Ce n'est pas possible, dit-elle, j'avais demandé au docteur W. de t'opérer. »

« Quand les médecins passèrent, je leur reprochai que le docteur W. ne m'ait pas opérée. Le grand docteur blond fronça les sourcils et dit : « Qu'en sais-tu, tu dormais. — Mais non, murmurai-je. J'étais debout à côté et j'ai tout vu. — Ne dis pas de bêtises », dit-il. En s'éloignant, il me lança par-dessus l'épaule : « Il y a beaucoup de choses ici-bas que l'on ne comprend pas ! »

J'ai consulté le rapport médical. Il indique que la malade avait été opérée par un docteur A. But de l'opération : amygdalectomie et abrasion sous éthérisation.

Les bonzes et les bonzesses du Viêt-nam, qui se sont brûlés vifs pour des raisons politiques, constituent une énigme en ce qui concerne leur façon de mourir : immobiles, ils restent assis dans les flammes et meurent apparemment sans douleur. De jeunes Européens, qui ont choisi la même forme désespérée de suicide, sont apparemment morts dans d'atroces souffrances. Une explication plausible serait que les bonzes « quittent leur corps » consciemment, avant de mettre le feu à l'essence. On peut supposer que la domination absolue de son corps par sa volonté, recherchée par les bonzes et atteinte à force d'entraînement, contribue à une séparation par la force de la volonté.

PROJECTION ASTRALE

Dans la littérature occultiste, on appelle souvent la séparation *projection astrale*. Ce terme obéit à l'idée que, en dehors du plan physique, il existe d'autres plans où la « substance » est d'une autre nature. Un de ces plans est, dans certaines doctrines, appelé *plan astral*. De même, on considère que l'individu, en plus du corps physique visible, a des « corps spirituels » qui ne sont normalement pas visibles. Parmi ces corps spirituels se trouve le *corps astral*. Certains l'appellent *corps éthéré*. Mais il a aussi d'autres désignations.

Pendant le rêve, et dans certaines autres circonstances, le corps astral se séparerait du corps physique et se déplacerait librement au sein du plan astral. Il est alors le foyer de la conscience, dont le centre est donc séparé du corps physique. Ce corps, qui est séparé du corps physique, perçoit l'ambiance physique, ainsi que certains aspects de « l'ambiance astrale ». Si vous possédez une certaine technique, une pénétration plus profonde du plan astral devient possible, ce qui vous ôte momentanément tout contact avec le monde physique. La mort n'est, selon cette doctrine, qu'une séparation définitive entre le corps physique et les corps spirituels et, parmi eux, le corps astral. La « corde d'argent » se rompt et celui qui vient de mourir « renaît » sur le plan spirituel.

Je reviendrai plus tard sur ce sujet. Contentez-vous de constater ici que, du point de vue du percipient, le rêve lucide, comme la séparation, se déroulent dans « un autre monde », nettement séparé du monde physique quotidien, qui obéit à d'autres lois que les siennes. Vous verrez plus tard, aux chapitres XVII et XVIII, dans quelle mesure cet « autre monde » a une existence objective. Il est cependant frappant que des rapports de séparations, de différentes époques et civilisations, aient tant de traits communs, et que l'on puisse considérer le phénomène de séparation comme réel et non pas comme illusoire.

Les séparations et les rêves lucides font l'objet

d'études expérimentales suivies. On tâche d'établir une corrélation entre l'aspect de l'électro-encéphalogramme et les rapports d'expériences vécues. Mais il est difficile de produire des phénomènes sur commande dans un laboratoire. Seuls quelques individus prétendent qu'ils ont la faculté de provoquer des séparations de par leur propre volonté. Si vous éprouvez un jour le phénomène de séparation, vous ne le vivrez qu'une ou deux fois dans votre vie. Voilà pourquoi l'on essaie maintenant de plus en plus de provoquer des séparations dans d'autres conditions, par exemple sous hypnose. J'en reparlerai au cours de cet ouvrage.

Le chapitre suivant traite de deux phénomènes liés à la séparation : les apparitions et les bilocations.

IX

FANTÔMES ET APPARITIONS

APPARITIONS ET BILOCATIONS

UNE hallucination visuelle est souvent si détaillée, palpable et vivante que le percipient, tout en conservant sa perception habituelle de ce qui l'environne, ressent l'individu ou l'objet de sa vision comme s'il était là, près de lui. Une telle hallucination s'appelle *apparition*. La vision peut s'accompagner d'autres perceptions sensorielles, auditives, tactiles, olfactives. On appelle le phénomène de séparation *bilocation*, ou clairvoyance à distance, s'il satisfait à ces deux conditions : 1º La personne qui éprouve la sensation, le projecteur, a l'impression d'être projetée, déplacée hors de son corps vers un endroit qu'elle pourra décrire en détail. 2º Une personne qui séjourne à l'endroit où le projecteur se trouve déplacé, le *percipient,* peut avoir une apparition du projecteur, percevoir des impressions sensorielles émanant de celui-ci et décrire son apparence. On dit qu'une bilocation est *complète* si elle satisfait aux deux conditions, *incomplète* si elle n'en satisfait qu'une. Avec seulement la première condition, on l'appelle parfois *clairvoyance ambulatoire*. Dans ce cas, le projecteur n'éprouve pas toujours la séparation du corps physique, mais bien « comme dans un rêve » un déplacement vers un endroit plus éloigné que le voisinage immédiat de son corps. Puis qu'il puisse le décrire d'une façon qui coïncide avec des faits et conditions dont il n'était pas au courant à l'avance.

Savez-vous que même les animaux peuvent percevoir des apparitions?

Exemple 24 :

« Un soir, à la campagne, j'étais dans la cuisine avec mon père, ma mère et mon frère. Notre chien Kille, mauvais chien de garde, était dans sa niche. Il ne grognait jamais. Il sympathisait avec tout le monde, bons ou méchants. « Quelqu'un vient dans l'allée de sable », dit mon frère, tendant l'oreille. Nous avions tous entendu des pas. Ils tournèrent le coin de la maison et arrivèrent à la porte de la cuisine. Kille commença à pousser un grognement sourd. On frappa à la porte. A la campagne, la coutume veut que l'on frappe à la porte extérieure d'abord. Ensuite on ouvre soi-même, on entre et l'on frappe à la porte intérieure. Personne ne se soucia donc d'aller ouvrir. Les coups redoublèrent. « Va ouvrir », dit mon pèreè. Kille avait le dos rond, les poils hérissés. Ma mère alla ouvrir la porte intérieure. Kille se leva, vigilant, dressé sur ses pattes. Au moment où ma mère ouvrit la porte extérieure, il s'élança de sa niche pour se cacher dans le coffre de bois sous le fourneau. Dehors, il n'y avait *rien*. Je me souviens parfaitement de la porte ouverte, du noir de la nuit, et de cette « présence invisible ». Mon père et mon frère sortirent voir si ce n'était pas un vagabond, mais il n'y avait personne. Le lendemain un parent de ma mère vint nous raconter la mort d'un proche. Quand, plus tard, je rappelai à ma mère ce mystérieux événement et lui demandai si elle s'en souvenait, elle me répondit seulement : « Oui, c'est le soir où Mans Nilson est mort. »

Les bilocations se manifestent spontanément ou à la suite d'essais du projecteur, voire du percipient. Voici d'abord une expérience spontanée :

Exemple 25 :

Madame L. : « Nous construisions notre petite maison de campagne. Lorsque Olle, un garçon du voisinage, partit en vacances, les fondations venaient d'être posées. La maison fut achevée en son absence. Un soir, au crépuscule, mon mari et moi observions la venue d'un voisin sur le chemin. Vêtu d'un costume gris clair, il disparut entre les arbres du terrain voisin. Je plaisantai avec mon mari, et lui dis en riant : « C'était un fantôme! »

« Il faisait encore jour lorsque, plus tard, le même soir, je vis un autre homme traverser à grandes enjambées le terrain en bas de notre maison, vêtu d'un pyjama bleu clair. Il ressemblait à Olle. Il passa droit à travers les sapins, s'arrêta devant la maison et la regarda, les mains sur les hanches. Puis il disparut dans le crépuscule.

« Une semaine plus tard, Olle arriva à grandes enjambées exactement comme « l'homme au pyjama », mais il évita les sapins. Il regarda la maison avec stupeur et s'écria : « J'ai déjà vu cela! »

Olle : « La famille L. avait commencé à niveler l'emplacement de la maison quand je partis en vacances. Je n'avais donc pu me faire aucune idée de l'extérieur de la maison une fois terminée. Une nuit, je rêvai que je marchais le long du sentier qui mène au terrain de la famille L. Arrivé à la maison, je la vis distinctement, sans m'étonner de la voir achevée, avec la véranda devant moi. Je vis Mme L. arrêtée sur l'escalier, comme pour me souhaiter le bonjour. Je ne me souviens pas si nous nous sommes parlés.

« De retour de voyage, je me rendis chez les L. pour bavarder. Je m'étonnai de voir la maison comme dans mon rêve. Même Mme L. était assise sur l'escalier. Elle me demanda si j'avais porté un pyjama bleu la nuit de mon rêve. C'était vrai. Le temps aussi était le même. »

Voici une bilocation demeurée incomplète :

Exemple 26 :

Tora : « Ce que je vais vous raconter s'est passé le jour de Pâques 1970. Je me trouvais dans notre maison d'été. Le cœur fatigué par un long surmenage, je me jetai sur le lit afin de me calmer. J'étais fâchée contre mon amie Britta. Ma dernière pensée avant de m'endormir, vers 23 heures, fut d'aller jouer le fantôme chez elle, rien que pour l'effrayer. Je rêvai que je quittai la maison. Après, tout devint trouble. Dans un état de demi-rêve, j'eus l'impression d'assister à quelque chose, à un événement indéfini dont je n'ai plus aucun souvenir. »

Britta : « Vers 23 heures, le jour de Pâques, alors que j'allais me coucher, je vis Tora assise sur une chaise. Elle avait l'air malade, plus morte que vive. Il m'est déjà arrivé de la « voir » ainsi, au cours d'expériences que nous avons tentées ensemble, mais seulement trouble et évanescente. Maintenant, elle était tout à fait réelle et « physique ». Son corps cachait le dossier de la chaise comme un corps ordinaire. Elle portait une chemise de nuit aux manches très courtes, au col haut orné de dentelle. Je la regardai, mais cela dura si peu de temps que je ne pus lui parler. »

Tora confirme : « Ma chemise était bien comme Britta l'a décrite. Cette chemise de nuit se trouvait dans la maison d'été, et Britta ne l'avait jamais vue. »

Voici encore un exemple de bilocation :

Exemple 27 :

Jakob : « J'avais convenu avec Eva de noter le temps et tous les autres détails à propos des phénomènes télépathiques qui se produiraient entre nous.

« Le lendemain, je conduisis ma fille à son travail, vers 18 heures. Tout à coup, je me souvins de notre promesse avec Eva. Alors mon corps astral se transporta chez elle. Je la trouvai assise sur un sofa. Elle lisait un roman policier. J'attirai son attention sur ma présence en prononçant son nom. Elle leva la tête et me vit. Ensuite, je la quittai. Je fus de retour dans la voiture que j'avais conduite tout le temps sans me souvenir de l'avoir fait. Le lendemain, nous nous confirmions par téléphone le phénomène de la veille. »

Eva : « J'étais seule, assise dans un fauteuil. J'attendais un coup de téléphone. Pour une raison dont je ne me souviens plus, Jakob devait me téléphoner. Tout à coup, je le « vis » assis dans une voiture et j'eus l'impression d'y être aussi. Il conduisait. Je ne voyais que son buste. Je vis aussi la montre de la voiture, qui indiquait six heures moins quelques minutes. La voiture ne roulait pas vers mon domicile. Je pensai : « Il a des commissions à faire ailleurs. Voilà pourquoi il ne vient pas chez moi. »

Voici un autre exemple vécu par le même « couple » :

Exemple 28 :

Jakob : « J'étais assis sur mon lit. Je lisais un journal. J'entendis alors quelqu'un crier : « Personne ne peut m'aider? » La voix était faible, comme un gémissement. J'écoutai et reconnus la voix d'Eva. Je me « transportai » chez elle, et restai dans le hall du rez-de-chaussée, où je la vis descendre précipitamment du premier étage de la maison et entrer dans la cuisine. Je la suivis et m'arrêtai devant la fenêtre. Eva était debout devant l'évier. Je répétai son nom plusieurs fois, doucement. Enfin, elle m'aperçut près de la fenêtre. Elle laissa sa besogne, se tourna vers moi et s'écria : « Jakob ! » Je lui murmurai : « Lars et les enfants ont besoin de toi, mais d'autres personnes aussi t'aiment. » J'ignore pourquoi je devais jouer ce rôle, pourquoi je devais prononcer ces mots devant elle. »

Eva : « Je descendis dans la cuisine pour faire la vaisselle. J'étais seule à la maison. A l'époque, je souffrais souvent de dépression et j'étais très fatiguée. Ce jour-là, je me sentis particulièrement abandonnée, lasse de vivre, et je pleurais en lavant la vaisselle. J'en avais assez. Je pensais au suicide. Je me trouvais bonne à rien et ne voyais aucune raison de continuer ma vie. Soudain j'entendis des voix « transparentes » venant d'en haut et je vis une sorte d'auréole de lumière. Plusieurs voix me criaient : « Mais tu as des amis. Nous pensons à toi et nous t'aimons. Tu n'es pas seule, nous sommes ici. » J'essayai de deviner qui parlait ainsi, et je pensai aussi à Jakob, mais ne pouvais comprendre qui ce pouvait être réellement. Je n'arrivais pas à identifier les voix. J'avais plutôt l'impression qu'un groupe de personnes avait pensé à moi, et que Jakob était parmi elles. Je me réjouis vivement quand Jakob me raconta qu'il avait ressenti mon drame, qu'il avait désiré m'influencer. Il décrivit exactement la manière dont j'étais descendue, j'étais passée à la cuisine et ce que j'y avais fait. Le temps était bien le même. »

Vous vous posez sans doute, à la lecture de tels cas, de nombreuses questions. Une apparition est-elle toujours uniquement une hallucination créée de toutes pièces par le percipient pour satisfaire son besoin psychologique inconscient? Ou l'apparition peut-elle avoir une existence en soi? Tous les cas de bilocation complète vérifiés peuvent-ils être expliqués comme des coïncidences accidentelles? Ou, peut-être, comme des contacts télépathiques? Ou bien, serait-il pensable que le centre de conscience du projecteur se trouve momentanément « projeté » pour s'intégrer au phénomène que le percipient conçoit comme une apparition?

RECHERCHES EFFECTUÉES PAR HORNELL HART

Les apparitions constituaient le but des recherches des enquêteurs qui fondèrent la Society for Psychical Research, et G.N.M. Tyrrell en résuma les résultats dans un de ses livres. Mais ce fut Hornell Hart qui étudia en profondeur les apparitions et la bilocation. Je me contenterai de vous donner ici un bref exposé de ses nombreux ouvrages.

Hart a puisé dans la littérature quatre-vingt-dix neuf cas de bilocation qui remplissent une condition : l'expérience doit être rapportée à une autre personnne *avant* que l'on en obtienne confirmation de la part du projecteur ou du percipient. Suivant la manière dont les phénomènes se produisent, il groupa les cas en cinq types, trois expérimentaux et deux spontanés :

Type 1 : 20 cas où l'expérience a été induite en état d'hypnose.

Type 2 : 15 cas où le projecteur provoqua l'expérience par « concentration ».

Type 3 : 12 cas où la bilocation fut produite par des procédés plus compliqués.

Type 4 : 30 cas spontanés complets.

Type 5 : 22 cas spontanés incomplets, la plupart ne remplissant pas la condition n° 2.

Hart trouva huit caractéristiques d'une bilocation complète. J'ai déjà mentionné les deux premières : observations du projecteur et du percipient. Ensuite le projecteur affirmait fréquemment : « J'ai été conscient d'être observé comme apparition et j'ai tenté de répondre aux réactions du percipient » (3); il voyait son corps physique à partir d'un endroit situé en dehors de celui-ci (4); il était conscient d'être incorporé dans un corps « projeté » (5); ce corps pouvait planer librement dans l'air (6); il pouvait en outre pénétrer la matière physique librement, les murs par exemple (7); il se déplaçait très vite dans l'air (8).

Les projecteurs du type 1 manifestèrent surtout la première caractéristique. Les autres étaient chez eux moins marquées ou inexistantes. Les projecteurs du type 2 manifestèrent le plus souvent la seconde caractéristique, mais moins souvent les autres, ceux du type 3 en manifestèrent plusieurs.

Je vous donnerai l'exemple d'un cas de bilocation réussie, pris dans le groupe 2 :

Un homme décida d'essayer une bilocation chez sa mère qui habitait loin de chez lui. Il concentra ses pensées sur elle pendant cinq minutes à partir de 23 h 15, et décida que la bilocation aurait lieu à 0 h 30. Couché sur son lit, il vit alors sa mère dans sa chambre, assise sur son lit, vêtue d'une chemise de nuit rose, décolletée dans le dos jusqu'à la taille. Il interrompit l'expérience et la nota. Sa mère raconta le lendemain, avant de l'avoir rencontré, qu'elle avait été réveillée à 0 h 30 par quelqu'un qui se penchait sur elle, approchant son visage du sien. L'apparition ressemblait à un jeune homme, pas forcément son fils. Elle certifia que la description de sa chemise de nuit était exacte. C'était un cadeau et elle était trop petite pour elle.

Hart considère que ni le hasard, ni la fraude, ni la télépathie n'expliquent ces cas. Les contacts télépathiques n'impliquent pas de déplacement du centre de la conscience. La vision ou l'impression viennent quand le percipient est complètement conscient de son corps physique et de son milieu normal. Mais une bilocation se manifeste à partir d'un endroit de l'espace situé en dehors du corps et le milieu est perçu dans une perspective tout à fait naturelle vue sous cet angle.

Hart recommande d'abord des suggestions sous hypnose pour produire expérimentalement des bilocations.

Hart a étudié 164 cas d'apparitions, qui furent tous publiés. Ils remplissaient les conditions suivantes : 1° Ils avaient été prouvés; une description de l'expérience avait été donnée à un non-initié *avant* que le percipient ne soit informé des actes du projecteur au moment du phénomène. 2° Les apparitions ont été, en général, éprouvées comme des impressions visuelles. 3° Les apparitions ont été vues par le percipient en état de veille ou de transe. Les rêves ne sont pas entrés en ligne de compte.

Les apparitions ont été classées en cinq groupes, qui tiennent compte de l'état du projecteur au moment de la bilocation :

A. Apparitions de personnes mortes depuis au moins douze heures : 38 cas.

B. Apparitions de personnes mortes depuis moins de 12 heures : 22 cas.

C. Apparitions éprouvées au moment de la mort du projecteur ou aux environs : 44 cas.

D. Apparitions de projecteurs vivants qui paraissaient n'avoir aucun souvenir de leurs projections et qui ne cherchaient pas à en avoir — bilocation incomplète ne remplissant pas la condition 1 — : 36 cas.

E. Apparitions de projecteurs vivants qui rapportaient un souvenir relativement précis de leurs actions et observations pendant la bilocation — bilocation complète — : 25 cas.

Voici les caractéristiques propres aux apparitions :

1° Les apparitions sont « matérielles ». Elles sont décrites comme d'un aspect très réel et tangible. Elles cachent des objets se trouvant derrière elles comme le ferait un corps solide. Elles peuvent s'éprouver à l'aide de l'ouïe et du toucher, aussi bien qu'avec la vue. Les impressions éprouvées à l'aide de ces trois sens s'accordent normalement. Les apparitions sont donc identiques aux corps matériels. Elles s'adaptent au milieu physique comme les êtres humains. On les voit dans une perspective normale, soit qu'elles bougent, soit qu'elles restent fixes. Elles peuvent être reflétées dans des miroirs et cachées par d'autres objets. Leurs « accessoires » vêtements, cannes, animaux domestiques, charrettes, ou autres, paraissent tout aussi réels qu'elles. Les détails observés sont souvent inconnus des percipients, mais se révèlent exacts par la suite, et correspondent à la situation dans laquelle le projecteur se trouvait au moment de l'apparition. Plusieurs personnes peuvent voir une apparition simultanément.

2° Mais les apparitions ne sont qu'à demi matérielles si elles présentent, en outre, une vision indistincte, ou si elles disparaissent et réapparaissent de façon inattendue. Elles peuvent traverser les murs et les portes fermées, glisser ou « flotter » au lieu de marcher et également transmettre des idées sans paroles ou gestes, par télépathie.

Hart a comparé les cinq groupes d'apparitions avec ces caractéristiques et avec d'autres nettement définies, 23 au total. Il a constaté d'abord que les apparitions de défunts étaient presque identiques à celles des vivants, à ces quelques détails près :

Le groupe A comprenait surtout les apparitions dites « fantômes » ou « revenants des maisons hantées », liés à un certain lieu plutôt qu'à une personne. L'événement suivant en est un exemple.

Exemple 29, a) :

« Un jour d'automne, vers 14 h 30, je revenais à la maison après un tour dans la forêt. Je roulais à bicyclette. Le soleil brillait, il faisait très chaud. Pas très loin devant moi, je vis un paysan sur sa charrette, qui se dirigeait dans la même direction que moi. Son cheval marchait lentement. Je ne vis que la nuque du paysan assis. Il tenait les guides dans ses mains. Je m'approchai de l'équipage, si près que je pouvais presque le toucher. Je vis clairement les fissures des planches de la charrette.

« La charrette ne roulait pas vite. J'ai voulu la dépasser. Je regardai une seconde la route pour m'assurer qu'il n'y avait pas de gros cailloux en perspective. En levant les yeux, je vis que tout l'équipage avait disparu! Je descendis de vélo pour chercher les traces des roues de la charrette. Je n'en trouvai aucune. »

Jadis, ces apparitions se produisaient assez fréquemment dans les campagnes. Louisa Rhine pense qu'il y a aujourd'hui moins d'apparition à cause des progrès du matérialisme. Mais on peut toujours en rencontrer inopinément.

Exemple 29, b) :

« Un soir d'août 1967, vers 22 heures, je conduisais en voiture sur une route nationale, dans le sud de la Suède. La soirée était étoilée, tout à fait calme. J'avais l'esprit reposé. Je roulai à environ 90 km/h et écoutais la radio. Tout à coup j'entrevis quelque chose à deux cents mètres environ devant moi, au milieu de la route. D'abord je crus qu'il s'agissait d'un animal, mais en m'approchant, je m'aperçus qu'un homme marchait, complètement inconscient, sans voir ma voiture. Je multipliai les appels de phares, en vain. J'avais doublé un jour un ivrogne qui marchait au milieu de la route et, à ce souvenir, je freinai brusquement.

« Imaginez mon étonnement lorsque je m'approchai de l'homme. Je n'ai jamais vu un homme vivant vêtu de la sorte. J'étais déjà tout près de lui, roulant très lentement et serrant à gauche le plus possible.

« Il était vêtu d'un large veston sans col, semblable à une blouse, d'une étoffe rude et retenu à la taille par une ceinture. Le veston faisait des plis des deux côtés de la ceinture. Son pantalon était gris, du même tissu que le veston, attaché sous les genoux par les lanières qui s'entrelaçaient autour des mollets, et il était fixé à ses mocassins. Il portait un chapeau de couleur sombre à coiffe ronde. Pendue à l'épaule gauche, une gibecière se balançait sur son flanc. Une poire à poudre suspendue au côté, dans la main gauche, il tenait un long fusil à silex à crosse étroite.

« Je vis que l'homme avait les cheveux longs et une grande barbe. Je pensais qu'il se tournerait vers moi et que je verrais ainsi son visage. Mais il ne fit pas attention à moi et continua sa marche d'un pas léger et souple. Le regard fixé sur sa tête, je roulai tout près de lui. Au moment où je le doublai, je constatai qu'il avait disparu!

« Je freinai brusquement, sortis de la voiture, pensant qu'il était tombé, mais la route était déserte. La forêt obscure et silencieuse m'effrayait. Terrifié, je repartis à une vitesse folle. Je ne dormis pas de la nuit.

« A la fin de novembre de la même année, je roulai sur la même route. A la même heure de la nuit, au même endroit, je revis l'homme. Mais cette fois la route était mouillée et très sombre. Aussi pouvais-je voir l'homme encore plus nettement à la lumière de mes phares. La circulation à droite avait été introduite en Suède entre-temps. Je pus encore mieux observer l'homme en le doublant sur sa droite. Je notai qu'il portait le fusil dans la main gauche comme la première fois.

« Je pensai : « Il n'a pas l'air mal intentionné », et me sentis rassuré. Je décidai d'examiner ce phénomène à fond. Je mis au point mort, ouvris la portière et sortis ma lampe de poche au moment où je me trouvais à la hauteur du mystérieux fantôme. Alors je vis qu'il était accompagné d'une ombre, que je n'avais pas aperçue la première fois.

« Comme je l'avais supposé, il disparut exactement comme l'autre fois. Je me retrouvai seul sur la route, et tout redevint calme. Pas le moindre bruit de pas ni de bruissement dans la forêt. Personne de caché dans le fossé et aucune trace de pas...

« J'ai examiné les circonstances de ce deuxième événement : la nuit était calme, le ciel étoilé et sans lune. La route n'était pas éclairée. Il n'y avait aucune demeure dans le voisinage, ni aucune autre voiture susceptible d'éclairer les alentours et de projeter une ombre, ni aucun autre objet que j'aurais confondu avec une présence humaine. De plus, mon pare-brise était très propre.

« Après ce second mystère, je m'arrêtai à une ferme, frappai à la porte et demandai la permission de téléphoner. Ce n'était qu'un prétexte pour demander si les fermiers avaient entendu parler d'un « individu bizarre », qui avait l'habitude de se promener dans les environs avec un fusil. Les fermiers réagirent visiblement à la question, mais je n'obtins pas de réponse précise. Une vieille femme sourde ne m'avait pas entendu. Quand je lui répétai ma question, elle s'écria : « Mon Dieu, il a vu le vieux ! » Ensuite ils me dirent qu'il était tard et que je devais partir. J'eus l'impression qu'ils ne voulaient surtout pas en parler, qu'ils désiraient se débarrasser de moi le plus vite possible. J'ai repris depuis la même route plusieurs fois. Jamais je n'ai revu l'homme. »

Le percipient de ce cas est amateur de folklore, ce qui explique sa description précise des vêtements du fantôme, qui ont pu être en usage dans cette région à partir du XVIIe siècle et encore une partie du XIXe. Les habitants y sont très conservateurs. Ils chassaient encore avec des fusils à silex au début du XXe siècle. A l'endroit où l'homme apparaissait, la route existe depuis très longtemps.

Les groupes B et C dont je viens de vous parler représentent ce que l'on nomme les « apparitions de détresse », en rapport avec la mort du projecteur. On a jusqu'ici limité la durée où les apparitions de ces groupes peuvent se produire : douze heures après la mort d'un individu, tandis qu'une limite du temps avant la mort est plus difficile à préciser. Plus souvent que celles des autres groupes, les apparitions des groupes B et C informent le percipient de la mort prochaine du projecteur. Même si sa mort n'est pas indiquée par l'apparition en soi, le percipient conclut souvent que le projecteur est mort. Voici un exemple :

Un soir, vers minuit, un habitant de Dallas s'est

assis sur son lit avant d'aller se coucher. Quand il leva les yeux, il aperçut étonné son père devant lui, vêtu de ses habits de travail, une lunette de tir dans la poche. Le fils se leva pour lui dire bonjour, mais l'apparition disparut. Un peu plus tard, un télégramme arrivait, lui annonçant la mort de son père survenue le soir même en Californie. Il était mort en vêtements de travail, une lunette de tir dans la poche!

Les apparitions du groupe D ont souvent un rapport avec la dernière maladie du projecteur. Hart a constaté que le projecteur avait vraisemblablement son attention fixée sur le percipient. C'est encore plus valable pour les cas du groupe E.

Hart a comparé les cas bien établis à ceux qui l'étaient moins. Il n'a constaté aucune différence essentielle, rien qui indiquât que les cas moins bien vérifiés se trouvaient « amplifiés » ou « enjolivés ». Aucune différence significative n'existait non plus entre les cas récents et les plus anciens. Il s'avéra que 56 % des observateurs, placés de façon à voir l'apparition, si elle était physique, l'avaient effectivement vue.

Hart résume ainsi ses recherches :

Les apparitions de personnes vivantes, mourantes et mortes, sont si souvent perçues avec une telle ressemblance qu'on doit accepter le phénomène comme une partie de notre réalité. Elles sont vêtues d'habits ordinaires, accompagnées d'animaux domestiques ou d'objets familiers à une personne vivante. Dans plusieurs cas, elle ressemblent exactement à des personnes physiques, en présentant aussi des caractéristiques qui les distinguent de ces dernières, comme la faculté de disparaître subitement. Quand les apparitions parlent, elles choisissent en général un sujet facile à comprendre. Elles peuvent être vues par des étrangers présents par hasard et par des personnes qui, affectivement, leur sont étrangères. Plusieurs personnes à la fois peuvent les voir. De plus, on les voit dans une perspective tout à fait normale, comme si elles étaient présentes physiquement. Elles peuvent se cacher derrière des objets ou en cacher.

Des étrangers peuvent même voir des apparitions de personnes mortes depuis longtemps, aux endroits où des événements tragiques se sont déroulés dans le passé. Ces apparitions ressemblent souvent à des marionnettes. La vue d'une apparition donne souvent des informations de faits que le percipient ne peut connaître normalement, comme la mort du projecteur.

Pendant une bilocation, une personne peut voir son propre corps « de l'extérieur » et aussi être consciente de se trouver dans un corps projeté, susceptible d'être perçu par autrui comme une apparition. Ce corps projeté est le centre d'action et d'observation du projecteur. Mais les apparitions se manifestent aussi quand le projecteur en est totalement inconscient, voire préoccupé par d'autres activités. Une personne peut voir sa propre apparition d'un endroit situé à l'extérieur de son corps. Pendant une bilocation, le corps physique peut poursuivre ses activités normales.

LE DOUBLE ÉTHÉRÉ

Après avoir passé en revue tous ces faits, Hart formule une hypothèse très voisine de la conception d'un monde « astral », tel que je l'ai décrit au chapitre précédent. Plutôt que de qualifier ce monde d' « astral », il préfère parler d'un « éther », et son hypothèse se résume ainsi :

Supposez que tout corps physique possède une contrepartie « éthérée » qui lui ressemble fidèlement. On doit considérer ces corps éthérés comme plutôt potentiels : ils existent en tant que dispositions qui se manifestent par une activité psychique. Ils ont, comme les objets physiques, trois dimensions d'espace et une de temps, mais ces dimensions ne coïncident pas avec celles du monde physique. Les corps éthérés ne se trouvent pas dans l'espace physique, mais plutôt dans un espace « psychique ». Pourtant, ces deux espaces arrivent à se confondre dans l'espace et à s'interpénétrer. Les rapports des sujets éthérés entre eux et leurs rapports avec les sujets physiques sont déterminés par la force des sentiments et idées communs, plutôt que par des rapports purement physiques. Les vêtements d'une apparition sont ceux que le projecteur porte d'habitude. L'intensité d'observation d'un sujet éthéré est déterminée par l'intensité et la fréquence qui unit le sujet éthéré à une conscience. Si le « double éthéré » du corps humain est particulièrement distinct, c'est qu'il est pendant longtemps lié à une conscience. La personne qui agit et observe se sert du double éthéré de son corps physique comme moyen d'action et d'observation. La position du corps éthéré dans l'espace physique coïncide en général avec celle du corps physique, mais dans certaines circonstances, rêve ou bilocation, elle peut en différer. La personne qui agit ou « moi » peut alors se servir alternativement du corps physique et du corps éthéré comme instrument d'action et d'observation. Le corps éthéré peut résulter de l'imagination purement subjective, comme d'une matérialisation presque complète. Plus un corps éthéré est matérialisé, plus le percipient l'observe facilement.

Ce qu'un percipient voit du projecteur lors d'une bilocation serait donc son corps éthéré qui a provisoirement quitté le corps physique. La pensée de Hart est souvent difficile à comprendre. Il croit vraisemblablement à une séparation définitive entre le corps éthéré et le corps physique au moment de la mort. Le corps éthéré continuerait, selon lui, à exister dans l' « espace psychique », où il servirait d'instrument d'observation et d'action du « moi ». Il considère aussi que ces corps éthérés supposés constituent la matière de notre « monde intérieur », le monde de nos rêves. On pourrait donc expliquer les apparitions et les phénomènes télépathiques comme une prise de contact entre le percipient et le corps éthéré du projecteur — ou de l'agent, s'il s'agit de phénomènes télépathiques — au niveau du « monde intérieur ». Les phénomènes dus à la clairvoyance s'expliqueraient de la même façon : le percipient aurait perçu la contrepartie éthérée d'un objet ou d'un groupe d'objets.

Le temps n'a pas la même signification dans « le monde intérieur » que dans le monde physique. La vision éthérée peut être perçue même à un moment où sa contrepartie physique, comme le corps humain, n'existe plus dans le monde physique.

Mais comment cette théorie définit-elle l'importance des apparitions à propos de la vie après la mort?

Voici le résumé de Hart : supposez que la fonction de votre cerveau soit indispensable à l'existence de la conscience. C'est une opinion très répandue, vous l'avez vu au chapitre XVI. Les phénomènes de bilocation montrent qu'une grande partie des apparitions représentant des personnes vivantes est l'instrument d'une conscience, et que les actes de ces apparitions sont liés à des aspects de la personnalité consciente, par exemple à la mémoire, à des intentions ou des sentiments. Supposez ensuite que vous classiez tous les cas vérifiés d'apparitions par ordre chronologique, en commençant par ceux qui se sont manifestés le plus longtemps avant la mort du projecteur, et en finissant par ceux qui se sont produits le plus longtemps après sa mort. Supposez que la conscience dépende de la fonction du cerveau. Vous devriez voir une modification soudaine du caractère et du comportement de l'apparition au moment de la mort du corps physique. Mais dans les cas étudiés, on ne relève pas de telles modifications, sauf des modifications naturelles que la mort est censée provoquer chez le projecteur. La parole est maintenant à ceux qui *refusent* de considérer les apparitions comme des preuves d'une existence après la mort. A eux de fournir la preuve du contraire.

DIVERSES OPINIONS AU SUJET DES APPARITIONS

Vous vous doutez bien que les interprétations de Hart à propos des apparitions ne sont pas restées incontestées. Louisa Rhine a étudié des milliers de rapports d'expériences paranormales, reçus au cours des années par le laboratoire de Durham. Elle a retenu 825 cas d'« hallucinations *psi* », soit environ 10 % de l'ensemble des expériences. Parmi les apparitions rapportées, 440 venaient de projecteurs vivants, correspondants aux groupes D et E de Hart, 88 projecteurs étaient morts, groupes A et B. Les 297 autres cas étaient produits par des projecteurs mourants, groupe C. Mais pas un seul des 440 projecteurs vivants n'avait prévu la projection et aucun n'en était conscient. Tous appartenaient au groupe D. Hart avait fondé l'essentiel de son argumentation sur les 25 cas du groupe E où les projecteurs avaient désiré la projection et en étaient conscients.

D'après Louisa Rhine, l'expérience de l'apparition d'un projecteur vivant était exclusivement créée par le percipient lui-même, selon ses propres besoins psychiques inconscients. Les apparitions créées par un projecteur décédé n'offrent, pour elle, aucune preuve de l'importance capitale des apparitions et n'accrédite pas l'hypothèse d'une existence après la mort.

Notez bien que les cas de Rhine n'étaient pas vérifiés comme ceux de Hart, et que plusieurs de ses rapports venaient d'intermédiaires. Hart s'éleva contre un tel procédé. Hart et Rhine divergeaient d'opinion au sujet de la valeur des cas spontanés. Rhine considérait qu'un cas spontané ne fournissait que l'ébauche d'une étude de laboratoire et non une preuve. Hart, lui, déclarait que les études approfondies de cas spontanés vérifiés donnaient des informations fondamentales et permettaient certaines conclusions.

D'autres jugent les bilocations complètes comme des expériences télépathiques ordinaires. Que le projecteur « A » et le percipient « B » se perçoivent simultanément serait simplement un « renvoi » télépathique. « B » perçoit d'une façon inattendue une expérience hallucinatoire produite par « A ». Elle est un tel choc pour « B » qu'il émet une impulsion télépathique en direction de « A », qui reçoit alors l'information des actes et des réactions de « B » en percevant l'apparition. Cette interprétation, qu'étaye la description faite par « A » concernant les actes de « B », n'est pas toujours tout à fait exacte. Elle l'est dans son ensemble, mais peut être inexacte dans le détail, par exemple si « B » était couché ou debout. D'autre part, cette interprétation me paraît peu satisfaisante dans les cas où « A » et « B » ont eu un contact de longue durée. Les contacts télépathiques ordinaires sont en général de courte durée.

Voici un cas connu de ce genre d'apparition. Mme Garrett, assise devant son bureau à San Diego, aux États-Unis, dictait à sa secrétaire ce qu'elle percevait simultanément, en état de bilocation, à Reykjavik, en Islande. Il était convenu que le percipient de Reykjavik devait, chez lui, créer, à un moment précis, une situation difficile à deviner pour Mme Garrett. Elle la décrivit cependant, ainsi que les objets posés sur le bureau du percipient, ses mouvements dans la pièce et même le nom d'un livre qu'il avait pris sur une étagère et qu'il consultait. Il fut tout le temps conscient de la présence de Mme Garrett et sa description de l'événement s'accordait avec celle qu'elle donna. Mme Garrett éprouva un contact télépathique avec le percipient quand il lisait le livre, et elle souligne que le « double » de son corps se trouvait vraiment chez lui. Si une telle expérience appartient au domaine de la télépathie, il s'agit d'une forme de contact télépathique qui, en intensité et en qualité, est bien supérieur à ce que l'on connaît jusqu'ici.

Dans une discussion postérieure, Louisa Rhine devait expliquer son opinion sur les cas spontanés et les apparitions. Voisi ses arguments principaux : 1° Au début des études de cas spontanés de télépathie, on s'intéressait avant tout au rôle de l'agent « émetteur d'une chose » captée par le percipient. 2° Les chercheurs s'intéressaient à l'éventualité d'une existence après la mort, et préféraient les cas liés à cette existence. 3° Ils choisissaient donc des apparitions due à un projecteur mort, car il provoquait une apparition, et cela témoignerait de la probabilité de son existence après la mort. 4° Rhine étudia un grand recueil de cas spontanés non vérifiés, en se préoccupant surtout du rôle de l'agent. Elle trouva plusieurs cas de télépathie, où une pensée consciente n'aurait pu être émise par l'agent et où le percipient avait pourtant capté une expérience télépathique. Ils ressemblaient aux autres cas télépathiques, sauf pour le rôle de l'agent. Donc « l'émission » de l'agent n'était pas indispensable au processus. Les expériences télépathiques pouvaient se manifester sans « émission ». Une activité consciente de l'agent n'était pas forcément à l'origine de l'expérience du percipient. Le percipient pourrait être considéré comme la partie active de l'expérience, comme dans le cas de la clairvoyance et de la précognition. 5° Puisque les apparitions sont une forme d'expérience télépathique, l'agent, ou le projecteur, n'est pas nécessairement actif dans l'expérience. L'expérience vécue vient donc vraisemblablement du percipient lui-même, et les apparitions n'ont par conséquent *aucune signification particulière pour la question de* vie après la mort. 6° Rhine reconnaît que ses conclusions ne viennent que d'études de cas spontanés non vérifiés. Les recherches destinées à expliquer le rôle de l'agent dans les phénomènes télépathiques restent encore à effectuer. Rhine souligne cependant que considérer l'agent comme partie active de l'expérience n'est absolument pas réaliste.

Les études de Hart consacrées aux apparitions n'ont pas eu le succès qu'il en espérait. Pourtant les cas des projecteurs vivants et conscients indiquent la possibilité d'un contact télépathique différent des contacts télépathiques « ordinaires ». Cas assez rares, dont, pour pouvoir en tirer les conclusions définitives, il faudra trouver la façon de les produire et de les étudier expérimentalement.

VISIONS SUR LE LIT DE MORT

Karlis Osis distribua un questionnaire à cinq mille infirmières et à autant de médecins, pour qu'ils y notent leurs observations sur des agonisants. Mais l'intérêt pour ce problème était faible : seuls 355 infirmières et 285 médecins répondirent aux questions. Il entreprit alors des enquêtes au téléphone avec eux. 640 personnes lui répondirent. Elles dirent qu'elles avaient vu environ 35 000 agonisants et que seulement 10 % environ d'entre eux étaient conscients pendant la dernière heure de leur vie. Ces 3 500 personnes étaient aussi conscientes au moment de leur mort.

Parmi eux, on retint 753 cas de gaieté exubérante et d'exaltation. La peur n'était pas le sentiment dominant. La douleur, un calme neutre étaient plus souvent éprouvés.

On rapporta des visions de « l'autre monde » dans 884 cas. Il s'agissait d'images religieuses traditionnelles : ciel, cité céleste ou images d'une grande beauté avec des couleurs lumineuses, semblables à celles que l'on voit sous l'effet de certaines drogues. Deux malades seulement décrivirent des expériences évoquant une sorte « d'enfer ». Aucune relation entre la vision et la religion du malade ne fut constatée.

La plupart des mourants, 1 370 cas, voyaient des êtres humains au cours de leurs hallucinations. Les patients ne se trouvaient pas sous influence hallucinatoire due à la maladie ou aux médicaments, mais en plein état de conscience. Les hallucinations revêtaient un caractère d'apparitions. Le mourant était conscient de tout ce qui se passait autour de lui. Ces résultats confirmèrent des observations antérieures : la tendance des agonisants à décrire surtout des apparitions de parents défunts, qui promettent de les aider à entrer dans « l'autre monde ». Les malades croyants semblaient voir des apparitions plus souvent que les autres. L'âge, le sexe, la formation scolaire et le type de maladie n'avaient aucun rôle significatif.

Peu de personnes répondirent aux questions par manque de temps, absence d'intérêt pour le problème, mais surtout à cause du secret professionnel, car les questionnaires venaient de personnes non affiliées au corps médical. Néanmoins, l'enquête n'est pas dénuée d'intérêt. Elle est digne d'être reprise dans d'autres pays.

FANTÔMES, MAISONS HANTÉES

Les apparitions qu'on nomme « fantômes » se manifestent parfois dans les « maisons hantées ». Moss et Schmeidler ont décrit une expérience destinée à étudier ces phénomènes :

Dans une « maison hantée » de Los Angeles, quatre témoins déclaraient séparément avoir vu un « fantôme ». Ils furent interrogés soigneusement, et l'on établit trois listes avec les descriptions des actes et caractéristiques physiques du « fantôme ». Les témoins durent ensuite choisir sur les listes les mots qui expliquaient le mieux leur vision de l'apparition. Un groupe expérimental de huit personnes médiumniques visitèrent ensuite la maison et notèrent de la même façon leurs impressions sur les listes. Pour différentes raisons on ne peut utiliser les rapports de deux des médiums, tandis que trois des six autres du même groupe avaient choisi des mots qui coïncidaient d'une façon significative avec les descriptions des témoins : $p = 0,03$, $0,0004$ et $0,00008$. Un seul des huit rapports du groupe témoin ressemblait aux descriptions : $p = 0,05$. Les résultats furent jugés sur trois hypothèses différentes : 1° Il existait « quelque chose » dans la maison, qui avait été perçu et décrit par les quatre témoins et les trois médiums. 2° Ces personnes avaient simplement décrit un modèle stéréotypé de fantôme. 3° Les trois médiums réagirent aux questionnaires grâce à la perception extra-sensorielle. Les différences entre les réactions des membres du groupe témoin et celles des médiums étaient considérées comme des preuves de l'hypothèse n° 1.

Les résultats prouveraient donc que les « fantômes » ont des caractéristiques individuelles, qui permettent de les distinguer les uns des autres. Il me paraît intéressant de poursuivre dans l'avenir les enquêtes au sujet des « maisons hantées » en appliquant surtout cette méthode.

LE CORPS ÉTHÉRÉ ET L'AURA

Les phénomènes de séparation et d'apparition indiquent l'existence d'un « corps éthéré ». Mais ne pourrait-il pas alors être enregistré objectivement?

Les médiums clairvoyants disent parfois qu'ils peuvent voir et décrire l'*aura* d'une personne, comme un champ de rayonnement censé entourer le corps. Selon ces médiums, une aura peut changer de couleur suivant l'état d'âme de la personne et son état de santé. Les médiums expérimentés décèleraient une maladie latente en observant certains changements de l'aura avant que la maladie ne se manifeste. Le médecin anglais Kilner décrit une méthode pour augmenter la sensibilité de l'œil au rayonnement de l'aura en regardant à travers un verre coloré. Mais ses résultats sont très controversés. La méthode exige beaucoup d'entraînement et de patience, et c'est pourquoi personne n'aurait pu en vérifier les résultats d'une façon absolue. D'autre part, l'aura de Kilner serait quelque chose de bien différent du champ de rayonnement physique que d'autres ont cru pouvoir mesurer. Si Kilner éprouvait l'aura à l'aide de clairvoyance, s'il s'agissait de ses propres hallucinations, vous vous doutez bien que d'autres n'auraient pas réussi à la voir à travers des verres colorés.

Des recherches ultérieures prouvent que la supposition de Kilner est valable. Dès que Burr et Northrop démontrèrent l'existence de champs électromagnétiques au sein des organismes vivants, d'autres savants rapportèrent l'existence d'un champ de rayonnement autour du corps de l'individu vivant, champ qui disparaît à la mort. Il ne serait pas autre que le rayonnement thermique et serait analogue à l'aura.

On a aussi noté que l'amputation d'un membre n'influence pas ce champ de rayonnement. Les modifications de tension caractéristiques d'un corps physique se manifestaient donc également à l'endroit où se trouvait le membre avant l'amputation. Ce qui indiquerait en effet l'existence d'un corps éthéré. Selon certains rapports, ce champ de tension à la place d'un membre amputé aurait été rendu visible.

Mais alors, si le corps éthéré existe, ne pourrait-il pas, d'une façon ou d'une autre, être perçu comme quittant le corps physique au moment de la mort?

Un brillant chercheur du début du siècle, Duncan MacDougall, pensait que ce foyer de la conscience après la mort occupait une place dans l'espace et possédait des propriétés physiques, de pesanteur, par exemple. Il posait le lit où reposait l'agonisant sur une balance sensible. Comme prévu, aux dernières heures avant la mort, une diminution lente du poids du patient était enregistrée. Elle provenait de la déshydratation par transpiration et du rejet de l'air contenu dans les poumons. Il mesura cette perte de poids. Elle était de l'ordre de 28 grammes par heure. Mais au moment de la mort, il nota une diminution soudaine de 21 grammes, ce qui ne s'explique pas. Il obtint 92 fois les mêmes résultats. Pour lui, l'âme pèse donc 21 grammes.

L'Américain Watters a construit une variante de la

chambre de Wilson, appareil qui permet l'observation de particules atomiques. Il est rempli de vapeur saturée, qui se condense et forme des lignes visibles le long des trajectoires des particules, pour étudier ce qui se passe lorsque des animaux y sont tués. Dans de rares cas, Watters a photographié au-dessus du corps de l'animal une structure d'une ressemblance frappante avec son corps physique. Mais au cours d'essais ultérieurs, il n'a plus réussi à prendre d'aussi extraordinaires photos. Ses réussites antérieures pourraient résulter de l'imperfection des appareils, provenir d'une coïncidence accidentelle. Je pense plutôt que Watters n'a pas su retrouver les conditions favorables qui lui avaient permis de photographier le corps éthéré.

Le Français Hyppolite Baraduc photographia d'abord son fils et, six mois plus tard, sa femme, sur leur lit de mort. Les photos montraient une structure nébuleuse blanchâtre qui se formait juste au-dessus du corps du mourant.

Watters n'a donc pas réussi à répéter ses propres résultats. Apparemment, personne n'a réussi à refaire l'étonnante expérience de la perte de poids découverte par MacDougall, avec des résultats identiques. Toutes ses expériences sont tombées dans l'oubli. L'expérience photographique de Baraduc n'a pas, elle non plus, pu être répétée. Je n'ai en tout cas pas trouvé de nouveau rapport à ce sujet. Ses résultats sont cependant compatibles avec les observations de personnes clairvoyantes qui se trouvaient auprès d'un malade au moment de sa mort. Des descriptions parlent d'une structure mystérieuse qui se forme au-dessus du mourant. Ce corps inconnu est attaché au corps physique par ce que l'on appelle une « corde d'argent », qui se brise au moment de la mort. Cette structure est très diffuse, ou perçue comme une copie exacte du corps physique, jusqu'à ce qu'elle disparaisse peu de temps après la mort. Il est sans doute possible qu'on ne puisse la photographier que complètement matérialisée, et que cette opération nécessite des conditions qui nous sont encore inconnues.

Bien que remarquables, ces résultats sont complètement oubliés. Seuls les historiens de la parapsychologie les connaissent. Une révision des rapports antérieurs, de nouvelles expériences exécutées à l'aide de techniques modernes détermineraient probablement s'il existe vraiment un champ de rayonnement autre que le champ thermique autour du corps humain. En comparant les observations effectuées sur des personnes qui ont été amputées, à celles faites sur des personnes auxquelles il manque un membre dès la naissance, on devrait pouvoir enregistrer des traces d'un corps éthéré, s'il existe vraiment. Si un adulte perd un bras dans un accident, on pourrait s'attendre à ce que son corps éthéré reste entier, même après l'accident. Si, au contraire, le bras lui manque dès la naissance, il n'a pas l'impression que ce membre appartient à son corps, et l'on pourrait sans doute constater que le corps éthéré ne possède pas non plus ce bras.

Les séparations et les bilocations peuvent être considérées comme de brèves visites de personnes vivant dans « l'autre monde ». Dans le chapitre suivant, j'examinerai de plus près ce que le spiritisme peut nous apporter au sujet de cet autre monde.

X

LE SPIRITISME ET LES ESPRITS

PROBLÈME « tabou » par excellence, la mort
s'impose souvent à vous lorsque vous perdez un ami,
un parent, un proche. Le problème de la mort devient
plus aigu, plus vif en vous. En voici un exemple :

Exemple 30, a) :

   « Ma femme mourut en 1966. Je l'avais aimée à la
passion. Jusqu'à sa mort, j'étais un homme comme
les autres. Je m'intéressais à beaucoup de choses. Je
refusais de penser à la mort, comme tous les hommes
heureux.
   « Mais quand ma femme m'eut quitté mon désespoir fut si grand que je pensais à me suicider. Pour
mon amour j'avais vécu et lutté. La religion ne m'offrit aucune consolation, car je la considérais comme
presque d'un autre siècle. Les attitudes pleines de
vanité de ses représentants finirent par m'éloigner de
l'Église. Seul, comme un ermite dans le désert,
j'avais perdu toute raison de vivre. Je ne voyais plus
personne et personne ne répondait à la question qui
me tourmentait : « Ma femme existe-t-elle encore ou
n'existe-t-elle pas? » Les médecins n'avaient rien
trouvé de mieux pour me soulager que de me donner

des congés de maladie et des somnifères. Toutes les religions du monde parlent d'un monde dans l'au-delà, mais je n'en connaissais rien.

« J'ai alors téléphoné à un médium, une dame charmante de soixante-dix ans environ, à qui je demandai audience. Méfiant, je me réservai le droit de rester anonyme. J'apportai un magnétophone. En état de transe, la vieille dame me raconta une histoire avec une trentaine de détails qu'elle ne pouvait pas connaître, puisque j'avais gardé l'anonymat et qu'elle ne savait pas d'où je venais. A la fin, elle prononça le nom de ma femme et me dit qu'elle m'envoyait le message suivant : « Si tu veux me rendre heureuse, tu dois continuer à vivre, à avoir des amis. » La vieille dame ajouta qu'elle voyait ma femme compulser des pages de cahier. J'ai aussitôt compris qu'il s'agissait de mes poèmes. Confus, je m'en allai, convaincu que je devais vivre, même si cela me paraissait difficile, car mon seul désir était de la rendre heureuse. Où la religion n'avait rien pu pour moi, un médium m'avait aidé. »

Cet homme au chagrin immense avait donc été « sauvé » par un médium, un spirite. Je vais examiner de plus près le rôle de ce mouvement face au problème de la mort.

Le mouvement spirite moderne débuta vers les années 1850, dans un petit village des États-Unis. Dans une famille bourgeoise, on entendit, un soir, des coups singuliers frappés dans les murs, qui semblaient provenir d'un être intelligent, car le nombre de coups frappés répondait à une question posée. Un « esprit » signalait sa présence. Chez les spirites, on appelle « esprit » une personnalité censée avoir survécu à la mort. Ce phénomène eut un énorme retentissement, et une vague de « coups mystérieux » s'empara des États-Unis, souvent sous forme de jeux de société. Un nombre grandissant de cercles spirites chercha à établir des contacts avec les morts, et de nouveaux phénomènes se produisirent. A la fin du siècle, l'intérêt pour ce sujet atteignit son apogée, puis diminua jusqu'à ce que la Première Guerre mondiale, avec ses victimes innombrables, déclenchât une nouvelle vague spirite. Le nombre d'adeptes dans le monde entier atteint aujourd'hui plusieurs millions.

Selon une déclaration du mouvement spirite suédois, « le spiritisme est un mouvement idéaliste, sans engagement religieux ou politique, fondé sur l'idée que l'homme survit à la mort physique. Ses activités comprennent des discussions, des séances, ainsi que des conférences dans des cercles de progrès et de méditation ».

PHÉNOMÈNES OBSERVÉS
AU COURS DE SÉANCES SPIRITES

Parmi les activités du mouvement spirite, les séances sont les plus connues. Cependant, de nombreux malentendus existent sur ce qui s'y passe vraiment. Beaucoup croient qu'une séance est une chose effrayante et dangereuse, ce qu'elle n'est pas du tout pour des personnes psychiquement équilibrées.

Une séance est une réunion autour d'un médium. Le nombre d'assistants peut varier : un ou deux, jusqu'à des centaines. Au début et à la fin de la séance, les participants se consacrent volontiers aux méditations, à la musique ou à la prière, selon leur conviction religieuse. Le médium peut être en état de veille, mais généralement il entre en *transe*, état considéré comme de l'autohypnose. La séance proprement dite débute par un discours, qui serait prononcé par le *guide* du médium, esprit de « l'au-delà », qui doit assister et diriger ce dernier dans son évolution. Ce guide, ou un autre esprit, peut exercer une fonction de contrôle en présentant d'autres esprits, qui, au cours de la séance, désirent entrer en rapport avec des personnes vivantes.

On m'a souvent posé la question : « Puis-je être assuré de pouvoir me mettre en rapport avec un parent, si je vais à une séance? » Un médium répond : « Il est impossible de prévoir avec qui un contact sera établi. Ce sont des êtres chers, dans l'autre monde, qui cherchent à entrer en contact avec nous, et non pas le contraire. »

Les discours prononcés en état de transe sont généralement beaux, mais parfois on y décèle des sources plutôt « terrestres ». Au cours d'une séance à laquelle j'ai assisté, je remarquai avec stupéfaction que le discours du médium ne m'était pas inconnu... En effet, ce discours ressemblait à s'y méprendre à celui de l'un de mes amis écrivain. Il s'avéra par la suite que le médium avait lui aussi entendu le discours de cet écrivain.

Après le discours initial, le médium reste assis ou circule parmi les participants. Il décrit des impressions visuelles et auditives, que lui fournissent les esprits. Un exemple : « A côté d'Erik, je vois une vieille dame, vêtue d'une robe rouge. Elle a les cheveux blancs et elle sourit. Elle s'appelle Anna. Elle vous envoie ses amitiés et dit qu'elle se porte bien. » Le participant nommé Erik reconnaît avec bonheur sa vieille tante Anna.

Parfois le message est plus personnel, avec des détails connus seulement du défunt et d'un ou deux survivants : la tante Anna de notre exemple peut décrire, par l'intermédiaire du médium, un petit cadeau qu'elle avait reçu d'Erik et qu'il avait presque oublié. Une conversation peut aussi s'engager entre Erik et sa tante, toujours grâce au médium. La personne vivante reçoit ainsi des conseils, de l'aide.

Parfois le médium change de voix et se sert d'une voix *directe,* semblable à celle du défunt. A l' « âge d'or » du spiritime, des phénomènes dits physiques se manifestèrent souvent. Surtout des *matérialisations,* des formes blanches qui ressemblaient aux défunts et qu'on pouvait même photographier. Ces phénomènes remarquables me semblent malheureusement avoir disparu, ce qui est regrettable, car maintenant les chercheurs pourraient les enregistrer et les étudier grâce aux procédés modernes. Je ne crois pas qu'il existe encore, en tout cas en Europe, de médiums capables de produire des phénomènes de matérialisation. Il n'est donc plus possible d'étudier le phénomène. Plusieurs médiums fraudeurs ont été démasqués, surtout lorsqu'ils se sont occupés de prétendues « matérialisations ». D'autres médiums ont été observés par des experts critiques pendant des dizaines d'années, sans qu'aucune mystification ne soit constatée. Il est difficile désormais de savoir si, dans certains cas, il s'agissait vraiment de phénomènes paranormaux authentiques, ou même si jamais une vraie matérialisation a eu lieu. Un observateur aussi critique que le philosophe Ducasse est cependant parvenu à photographier une matérialisation.

Au cours d'une séance, il arrive parfois, mais très rarement, que les voix des esprits ne passent pas par le médium, mais qu'on les entende sortir d'une petite trompette tenue par celui-ci. Ces trompettes flotteraient aussi, dans certains cas, librement dans l'air. Elles sont peintes de couleur phosphorescente pour qu'on les distingue. En effet, toutes les séances supposées produire des phénomènes physiques se déroulent dans une pièce sombre, ou éclairée seulement d'une petite lampe rouge. J'ai vu pourtant des séances ordinaires se dérouler à la lumière du jour.

A Columbus, dans l'Ohio, se trouve l'une des usines les plus extraordinaires du monde. On y produit à la chaîne des accessoires pour séances spiritistes : trompettes « volantes » et parlantes, fantômes très « réels », grandeur nature; l'ectoplasme en boîte de conserve et toutes sortes de modèles de corps astraux. Dans cette usine, un faux médium trouve donc tout ce qu'il lui faut pour réaliser une « séance ». Les mystificateurs du monde entier en sont devenus d'excellents clients. Ces fraudeurs spéculent sur le chagrin et continuent à duper des milliers de gens en leur affirmant qu'ils peuvent entrer en contact avec leurs « chers disparus ». Le « phénomène » arrive en réalité directement par la poste de cette fameuse usine de Columbus !

Si cela vous tente, vous pouvez vous-même en commander... J'ai personnellement réalisé une séance d'une heure, et je peux vous garantir que l'effet produit était très réel. Les non-initiés pensent qu'ils sont en présence d'un véritable miracle. Certains participants ont été si terrifiés que leurs cheveux se dressaient sur leur tête. J'ai été obligé d'allumer la lumière et d'expliquer que ce n'était pas une vraie séance, mais un « coup monté ».

Pouvoir ainsi acheter « des esprits en boîtes de conserves » prouve seulement que la mystification existe, ce qui est connu depuis la naissance du spiritisme. Mais cela ne veut pas dire que tous les phénomènes paranormaux rapportés au cours de l'existence du spiritisme sont forcément des mystifications.

Même si l'on reprenait l'étude et vérifiait l'exactitude des matérialisations, je ne crois pas que l'on prouverait qu'elles sont toujours ce qu'elles ont prétendu être, des manifestations de personnes défuntes. Alexandra David-Neel, qui vécut des dizaines d'années parmi les bonzes du Tibet pour étudier leurs méthodes d'évolution mentale, a décrit comment elle a réussi, par concentration, à créer un « fantôme » ressemblant à un bonze. C'était, d'après elle, une matérialisation permanente et complète. La présence continuelle de ce fantôme avait fini cependant par l'irriter et elle avait décidé de s'en débarrasser. Mais il était plus vivace qu'elle n'avait cru. Il lui a fallu six mois pour le faire disparaître complètement. Ce phénomène s'expliquerait comme un effet d'autosuggestion mais comment expliquer que d'autres personnes auraient pu voir ce bonze fantôme?

Des *apports* figurent aussi parmi les phénomènes physiques : au cours d'une séance, des objets s'introduiraient dans la pièce, « venant de nulle part ». Il existe des descriptions d' « apports » de plantes exotiques avec des mottes de terre suspendues à leurs racines, et même des « apports » de personnes. Des phénomènes d'apport ont été décrits au cours de recherches sur la psychokinésie spontanée répétée. Si ces phénomènes sont authentiques, ils ne proviennent pas nécessairement d'esprits. Même les coups frappés et les tables tournantes seraient des phénomènes psychokinétiques, produits par des personnes vivantes.

Un médium peut, en manipulant une montre, donner au sujet du défunt qui l'a portée, des renseignements précis et détaillés. Pour les vérifier, une enquête chez un parent du défunt est nécessaire. Il ne doit jamais avoir eu la montre en sa possession et ne doit rien savoir sur la séance.

Le médium peut percevoir les assistants comme objets psychométriques, et décrire les associations émanant de ces assistants, comme le médium, qui a eu la montre entre les mains, sait évoquer des événements en rapport avec cette dernière.

L'ambiance de la pièce où se déroule une séance semble propice aux phénomènes télépathiques et à

d'autres phénomènes paranormaux, car les participants créent une atmosphère très dense autour du
médium. Cependant, dans des groupes où le médium
les connaît tous personnellement, il est étonnant de
constater avec quelle naïveté, quel enthousiasme les
messages les plus vagues et les plus diffus sont ac-
ceptés comme « preuves » d'une vie après la mort.
   On confond souvent parapsychologie et spiritisme. La différence est simple et capitale : les
parapsychologues cherchent à savoir et posent des
questions, tandis que les spiritistes ont la foi et donnent des réponses. La majeure partie d'une séance
intéresse les parapsychologues, mais les messages
les plus couramment reçus ne fournissent aucune
preuve d'une existence après la mort.

EXERCICES AUTOMATIQUES

   Assister à des séances n'est pas le seul moyen
d'établir le contact avec le monde des esprits. J'ai
déjà mentionné les « coups frappés ». Les *tables*
tournantes ont été longtemps « à la mode » : les
assistants assis autour d'une table à trois pieds posent les mains sur la table. On lance des questions, et
la table répond en levant un pied pour dire « oui », un
autre pour dire « non » et le troisième pour « je ne
sais pas ». On consulte aussi le *psychographe*, dont il
existe plusieurs variantes. La plus simple est décrire
l'alphabet sur une grande plaque de carton et de
placer un verre renversé sur la plaque. Les assistants
sont assis autour de la plaque, chacun un doigt sur le
verre. On pose des questions, dont les réponses sont
données par les mouvements du verre, qui va d'une
lettre à l'autre sur la plaque. Cette « écriture » se
réalise à une vitesse incroyable. On est parfois obligé
de lire le message à l'envers pour arriver à le déchif-

frer. Cela donne l'impression que les mouvements du verre sont provoqués par une intelligence inconnue, qui semble très bien informée des soucis des assistants, comme dans le cas suivant :

Exemple 30, b) :

« Mon fiancé, Nils, avait passé quelques jours à Gothenbourg. Nous étions plusieurs amis assis autour d'une table, et nous avons soudain eu l'idée de demander au verre ce que Nils avait fait à Gothenbourg. Le verre a répondu qu'il était sorti avec une infirmière. Nils a rougi. Nos amis partis, il m'avoua que c'était vrai. Aucun de nous ne pouvait le savoir. »

Dans ce cas, l'explication paraît simple : Nils avait lui-même dirigé les mouvements du verre, consciemment ou inconsciemment.

Si l'on veut chercher seul le contact avec le monde des esprits, il serait préférable de pratiquer l'écriture automatique : il suffit de s'asseoir à une table, d'être détendu, de tenir un crayon dans la main et poser une grande feuille de papier sur la table. Après quelques essais pour rien, la main commence à « remuer » d'elle-même. D'abord le résultat n'est qu'un griffonnage illisible, mais ensuite des mots, des phrases prennent forme sur le papier. Souvent la personne n'est pas consciente de ce qu'elle écrit. Elle pense même à autre chose en écrivant. L'interprétation de cette écriture, qui dure assez longtemps, car les mots se tiennent tous, révèle parfois des messages intelligents de parents défunts ou d'esprits connus ou inconnus. Les messages donnent des conseils, consolent, sont des allusions amusantes, ou même réprimandent. La langue et le style diffèrent souvent totalement de ceux dont la personne use habituellement.

Des mots empruntés à des langues inconnues de lui apparaissent. La personnalité qui se manifeste à l'aide de l'écriture automatique témoigne parfois de capacités littéraires et artistiques bien supérieures à celles de la personne qui écrit.

Dans le cas suivant, il n'est pas question d'écriture automatique « pure », mais d'une inspiration d'une puissance rare, que la personne a éprouvée comme venant du monde des esprits.

Exemple 31, a) :

« Après la mort de ma femme, j'ai ressenti à la fois un immense chagrin et une puissante inspiration qui n'était pas de ce monde. En dix mois, j'écrivis environ huit cents poèmes. Je les écrivais en rentrant chez moi, après mon travail. J'avais l'habitude de m'asseoir devant mon bureau et de pleurer en pensant à notre maison vide sans elle. A ce moment-là, l'inspiration s'emparait de moi et j'écrivais très longtemps, à une grande vitesse. Je n'étais pas en transe, mais je ne savais pas ce que j'écrivais. J'allais si vite parfois que mon écriture devenait presque illisible. Aucun des poèmes ne m'a pris plus de trois ou quatre minutes. Je n'en changeais presque jamais une seule syllabe.

« Le plus étonnant, à part la vitesse de l'écriture, c'est qu'aucun des poèmes ne se ressemblait. Ils abordaient tous un sujet différent. Ce n'était donc pas de l'automatisme. Je ne me considère pourtant pas comme le véritable auteur de ces poèmes. »

Dans cet autre cas, l'inspiration atteignit l'automatisme pur :

Une Américaine pas très instruite, Mme Curran, dicta automatiquement une série de romans, de spectacles et de poèmes, considérés par la critique comme d'une haute qualité littéraire. Mais le plus stupéfiant, c'est que ces œuvres étaient écrites en anglais de différentes époques, de l'anglais ancien jusqu'à l'anglais moderne, et toujours d'une façon méthodique. Un poème épique du Moyen Age, de plus de soixante mille mots, ne contenait, selon les philologues, que des mots adoptés par la langue avant le début du XVIIe siècle. Le personnage dont Mme Curran était l'interprète se présentait sous le nom de « Patience Worth ». D'après ses œuvres littéraires, elle avait un niveau intellectuel bien plus élevé que celui de Mme Curran.

Pour les spiritistes, la table tournante, le verre et l'écriture automatique ne sont que les moyens choisis par les esprits pour prouver leur présence et pour communiquer avec les vivants. On nomme cette supposition *l'hypothèse spirite*. Pour l'étayer, je dirai que les phénomènes paranormaux ne sont pas rares au cours des expériences citées plus haut. Elles prennent parfois des formes effrayantes, comme dans ce cas :

Exemple 31, b) :

« Je m'appelle Kerstein. A l'époque je fréquentais un jeune aviateur, Rolf, qui étudiait à Stockholm. Six mois auparavant, il m'avait promis qu'il me rendrait visite peut-être en avion chez moi, à Angelholm, mais il n'avait jamais pu tenir son engagement. Depuis, je n'avais pas eu de ses nouvelles. Je ne savais pas s'il pensait encore à ce voyage.

« Avec des amis, nous avons décidé de consulter le psychographe. L'un d'eux demanda au verre : « Quand Rolf épousera-t-il Kerstin? » Le verre répondit : « Non. » Il continua : « Pourquoi dis-tu non? Ils ne se marieront pas? » Le verre n'émit plus de vraies phrases, mais seulement des mots sans suite. Il dit : « Mort » et puis, sans que nous posions aucune question : « Écrasé », « Stockholm » et « Angelholm ». C'était affreux. Nous avons aussitôt arrêté cette expérience.

« Le lendemain, seule au travail, je me suis endormie un court instant. Ce qui ne m'était encore jamais arrivé. Le soir j'ai appris que Rolf était venu par avion de Stockholm à Angelholm et qu'il s'était écrasé dans une forêt. L'accident s'était passé exactement au moment même où je m'étais endormie au bureau. »

L'INCONSCIENT

C'est maintenant un fait connu. Une personne, à un moment précis, n'est pas consciente de toute sa personnalité. Sa conscience, à l'état de veille, n'envisage qu'une petite partie du contenu psychique total. Elle a beaucoup de souvenirs dont elle n'est pas consciente, si elle ne fait pas un effort pour se les rappeler. Mais certains de ces souvenirs inconscients ne viennent toutefois pas facilement : les souvenirs d'enfance douloureux, qu'on ne peut pas évoquer sans procédés spéciaux, psychanalyse ou hypnose, entre autres. Ces souvenirs représentent la matière psychique appelée *l'inconscient*. Il ne comprend pas seulement des souvenirs, mais aussi des instincts, des désirs, des souhaits et des tendances *refoulés* par la conscience. La raison de ce refoulement est souvent que ces envies ne s'accordent pas à la conception morale de la personne, et lui donne de l'angoisse. Cependant les refouler de sa conscience ne signifie pas les rendre passives pour toujours. Sous une forme symbolique, elles apparaissent dans des rêves, ou bien se présentent comme des symptômes névrotiques. Je n'étudierai pas ici les théories sur l'inconscient; vous trouverez une littérature abondante à propos de la psychanalyse, si cela vous intéresse. Je dois toutefois mentionner que la matière inconsciente se manifeste aussi sous forme personnifiée, comme une personnalité distincte. C.G. Jung a décrit des aspects de l'inconscient qui prennent la forme de personnage dans des rêves.

Le livre et le film *les Trois visages d'Eve* est un exemple connu de personnalité multiple. Eve avait en effet deux personnalités : la femme « ordinaire » de tous les jours, et la femme à la personnalité plutôt contraire, qui représentait des tendances et des envies inconscientes. Sous l'influence de la psychothérapie, sa troisième personnalité prit forme. On pourrait la décrire comme une synthèse des deux autres. Quand Eve est devenue consciente d'un événement critique de son enfance, qui l'avait fortement marquée, finalement cette troisième personnalité était la sienne, et les deux autres avaient disparu.

La transe hypnotique offre un accès facile à la matière inconsciente. Si une personne veut entrer en état d'hypnose, ce qui implique surtout un déplacement de l'attention du monde extérieur vers un monde « intérieur », l'hypnotiseur donne au sujet des recommandations pour lui permettre de se défendre. Vous pouvez aussi vous-même atteindre l'état hypnotique. La transe des médiums est certainement un tel état autohypnotique.

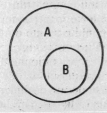

Figure 2A

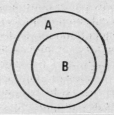

Figure 2B

Le cercle A de la figure 2 A représente la personnalité totale, avec son contenu conscient et inconscient. B est un ensemble d'instincts, de désirs et de qualités. Ils existent chez A, mais sont inconscients pour lui, peut-être parce qu'ils sont « indésirables ». Il s'agit de tendances en conflit avec l'attitude morale ou religieuse de A, qu'il ne reconnaît pas comme siennes. Il ne s'agit pas d'imaginations ou de désirs oubliés. Sous hypnose, un « dédoublement de la personnalité » ou une personnalité multiple se produit : la personne A se comporterait d'une façon compatible avec les qualités B, donc comme une personne tout à fait différente. B dispose de la mémoire de A, mais l'inverse n'est pas vrai. Quand A se réveille de l'hypnose, il ne se souvient pas du comportement de B. Mais, si un autre état hypnotique le suit de près, B peut revenir, se souvenir de tout ce qui se passait dans l'hypnose antérieure.

PERSONA

Si vous pratiquez l'écriture automatique ou des exercices analogues, vous entrez dans un état de concentration et d'attente. Votre attention aux autres aspects du monde extérieur diminue. C'est aussi un état favorable aux manifestations de l'inconscient, et susceptible d'arriver jusqu'à une transe presque hypnotique. Les qualités B se manifestent facilement et se personnifient, comme pour un état hypnotique. En écrivant, A a l'impression que *quelqu'un d'autre* écrit alors que les mots viennent peut-être de la partie B de sa propre personnalité.

Hart propose le terme de *persona* pour désigner tout ce qui peut s'observer chez un individu. On dit que A éprouve B comme une *persona*, une image de tous les aspects et qualités qu'une autre personne remarque chez quelqu'un. Dans le monde physique, une *persona* comprendrait donc le corps physique d'une personne, ses vêtements, ses habitudes, son comportement, sa situation sociale, etc. Quand un acteur interprète un rôle, il pénètre une *persona* littéraire ou historique. Un imitateur reproduit la *persona* de celui qu'il imite. Quand une personne rêve, elle pénètre dans une *persona* rêvée. Une apparition peut se décrire comme une *persona* devenue visible.

LES RISQUES DES EXERCICES AUTOMATIQUES

Être médiumnique ou vivre des expériences paranormales *n'est pas* signe d'une maladie psychique, même si ces expériences comportent de prétendues relations avec des personnes disparues. Le plus important est la manière dont l'individu est influencé par ces exercices et comment ils influencent sa faculté de vivre en communauté, de s'acquitter de ses devoirs. Ce n'est pas sans risque que l'on crée en soi des capacités dont la nature ne vous a pas doté. Il est dangereux de s'occuper d'une façon suivie d'exercices ouvrant en grand les portes de l'inconscient. Surtout si vous le faites seul, sans vous rendre compte des dangers de telles expériences. A mesure que la *persona* B de la figure 2 A est renforcée par des exercices répétés, on court le risque qu'elle s'empare d'une partie de la conscience et des moyens d'expression de A, puis qu'elle finisse par dominer A complètement, comme vous l'indique schématiquement la figure 2 B. C'est un état de *dissociation de la personnalité*. La personne A est « possédée » par un « esprit » B, qui n'est pas nécessairement autre chose qu'un aspect de sa propre personnalité. Le conflit qui s'ensuit chez certaines personnes plus prédisposées que d'autres n'est pas sans danger. Les symptômes ressemblent à ceux de la schizophrénie, et cet état exige parfois un traitement psychiatrique, comme dans le cas suivant, cité par H. Bender :

« Une femme, âgée de soixante-neuf ans, perd son mari peu de temps après leur mariage. Elle cherche à se consoler dans la littérature spirite. Elle trouve, dans une publication, la description d'une méthode qui établit le contact avec les défunts grâce à un psychographe, pendule oscillant au-dessus des lettres de l'alphabet. Elle avait lu récemment la *Biographie d'un yogi* de Yogananda, qui l'avait profondément impressionnée. Au premier essai, le « gourou » de Yogananda, Yukteswar, se présente à elle. Il est décrit dans le livre comme un grand guide spirituel, qui avait réussi des miracles et avec lequel on avait établi des contacts après sa mort. La veuve émue d'entrer en contact avec lui éclate en sanglots et continue ses expériences des nuits entières pendant des mois. Elles deviennent vite pour elles un besoin irrésistible. A l'aide de la télépathie, elle reçoit de cet « esprit » des conseils et des instructions. Elle exécute des actions non motivées, entend la voix de l'esprit, puis plusieurs voix, tout un chœur. Elle souffre de plus en plus et cherche de l'aide auprès d'un psychiatre. Elle veut vraiment guérir. Aussi quelques dialogues avec le psychiatre suffisent-ils, ainsi que la lecture de quelques livres recommandés par lui, pour la convaincre qu'elle invente les « esprits » de toutes pièces. Bientôt complètement guérie et libérée de ses troubles, elle reprit sa vie normale. »

N'interprétez pas cela comme preuve du caractère dangereux du mouvement spirite pour l'hygiène mentale. « Des personnes intéressées par la vie spirituelle ne constituent pas un élément négatif dans notre civilisation », écrit John Björkhem. L'exemple 30, a) est un témoignage fréquent de la façon dont une personne en deuil retrouve la force de vivre en comprenant que l'être cher, qu'elle a perdu, existe encore après sa mort. Le danger c'est de s'occuper excessivement d'exercices de dissociation de la personnalité et d'accepter n'importe quoi comme signes et miracles du monde des esprits.

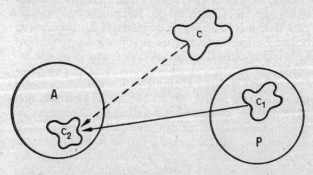

Figure 3

Même le guide d'un médium peut être une *persona* de son propre inconscient, ce qui n'exclut pas que la *persona* ait un composant paranormal.

Un homme, P, dans la figure 3, assiste à une séance dans l'espoir d'entrer en contact avec C, sa femme morte. Il pense fortement à elle et essaye de l'imaginer, de se faire une idée d'elle, la *persona* C_1. L'image qu'il en a est perçue à l'aide de télépathie ou de psychométrie par le médium A. Il les personnifie inconsciemment et décrit là *persona* C_2 selon les caractéristiques de C_1 diffusées par le mari. Le processus que je viens d'expliquer est illustré par un sondage assez virulent d'un groupe de journalistes à propos des médiums anglais. Ils inventèrent des biographies de parents inexistants, se présentèrent avec ces « souvenirs » aux séances, où les médiums, l'un après l'autre, décrivirent « les esprits » des personnages inventés avec les détails exacts de ces fausses biographies. Cette expérience a fait beaucoup parler d'elle. L'un des médiums ne comprit pas pourquoi son guide ne l'avait pas averti à l'avance du piège. Au cours d'autres séances, des médiums ont décrit comme mortes des personnes qui, en réalité, étaient encore en vie. Cela n'est pas forcément une mystification délibérée de la part du médium. Un médium de bonne foi est incapable de savoir d'où proviennent les visions dont il construit la *persona* dans son inconscient.

Comme l'indique la figure **3**, il est aussi possible que la femme morte, C, ait elle-même fourni la matière dont se compose la *persona* C_2 décrite par le médium, *si* elle a survécu à la mort. Il est très difficile de conclure si la *persona* C_2 provient de C lui-même ou de l'image que les autres s'en font. La télépathie entre des personnes vivantes est cependant plus probable qu'une télépathie entre des vivants et des morts.

Plusieurs expériences vécues par les spirites sont compatibles avec l'hypothèse de l'existence d'esprits. Mais qu'une hypothèse s'accorde à certains facteurs ne suffit pas pour qu'on la considère comme prouvée ou même corroborée. Pour que cela soit, il faut que cette hypothèse explique les phénomènes *mieux* que les autres hypothèses. Pour accorder du crédit à l'hypothèse spirite, vous devez exiger qu'un message qui proviendrait d'un défunt ne soit connu ni du médium ni des assistants, à l'aide de télépathie, de clairvoyance ou de psychométrie. Vous devez aussi tenir compte de la précognition. De plus il est très important que la personne qui cherche le contact avec un esprit ait vraiment de bonnes raisons de le faire.

Voici un exemple :

Exemple 32 :

« En 1928, un camion monté sur le trottoir renversa mon oncle. Resté dans le coma pendant trois jours, il mourut à la suite d'une fracture du crâne. Ce que nous avons tous pensé.

« En 1934, au cours d'une séance en Angleterre, mon père entra en contact avec un esprit qui prétendait être son frère défunt, et lui révéla qu'il n'était pas mort de la fracture du crâne, mais que « ça venait des jambes ». Nous avons noté cela dans notre famille avec curiosité et stupeur.

« Ce n'est qu'en 1956 que je pensais à vérifier la cause de sa mort dans le rapport établi par l'hôpital. Je constatai qu'il avait eu, au moment de l'accident, une fracture du crâne, dont on l'avait opéré. Pourtant le coma s'était prolongé et il était mort dans les trois jours. L'autopsie indiquait que sa mort n'était pas due à cette fracture, mais à une embolie des suites d'une phlébite de la jambe. Je n'avais vérifié le message du défunt que vingt-deux ans plus tard. »

Selon toute vraisemblance, le message était dans ce cas totalement inconnu du médium et également du frère du défunt. Pour expliquer de tels cas, on a construit l'hypothèse des « anneaux télépathiques ». Le frère aurait été en contact avec un membre de l'hôpital qui serait entré en relation avec le pathologue chargé d'exécuter l'autopsie et d'effectuer son compte rendu. Le médium aurait donc reçu les informations de la mort de l'individu par l'intermédiaire de ces « anneaux », soit par télépathie, soit psychométrie. Cette hypothèse ne trouve pas beaucoup de crédit dans les résultats de différentes expériences. Elle semble être construite surtout afin d'éviter l'hypothèse spirite. Dans ce cas précis, il ne faut pas non plus exclure la possibilité que le frère du défunt ait pu, à l'hôpital, saisir quelques mots, au cours des discussions des médecins, sur la cause de la mort. Il les aurait oubliés aussitôt, par phénomène de cryptomnésie.

Des médiums consciencieux reconnaissent qu'il est difficile de savoir exactement ce qu'il leur parvient de « l'au-delà », et ce qu'ils ajoutent inconsciemment eux-mêmes.

Voici des commentaires d'un médium anglais, auteur du livre *Private Dowding*. Il est entré en contact avec un soldat, Thomas Dowding, mort sur le champ de bataille :

« Pour moi, Thomas Dowding existe vraiment. Les messages qu'il m'a communiqués étaient aussi vrais que s'il avait été assis à côté de moi et tenait le crayon. Je sais que l'on a écrit beaucoup de livres à propos de messages supposés venir d'un autre monde. On ne peut douter de la possibilité d'une « communion avec les esprits », mais je pense qu'on n'en trouvera jamais la preuve. Il faut se laisser guider par la valeur des messages. Je suis fier d'avoir parlé avec ce soldat mort à la guerre il y a sept mois. J'ai noté mon expérience exactement comme elle m'est arrivée. Cependant, comment en prouver la véracité à quelqu'un d'autre ? Je n'arrive même pas à me la prouver à moi-même ! »

Il faut se laisser guider par la valeur intrinsèque des messages. L'expérience est purement subjective : on ne peut pas prouver à autrui cette valeur intrinsèque, aussi grande soit-elle. Cela devrait inciter à une plus grande tolérance. Pour ceux qui ont pratiqué des expériences différentes des miennes et ont exprimé des points de vue divergents.

Je connais pourtant des médiums qui distinguent les impressions du monde des esprits de celles reçues par psychométrie. Un médium m'a déclaré :

« Quand nous entrons en contact avec des défunts, ils nous parlent directement. Les mots se suivent à une rapidité foudroyante. Le message est pénétrant et irrésistible. On peut engager une conversation avec eux.

« Il n'en est pas de même pour la psychométrie. Au cours d'un tel phénomène, vous entendez raconter une histoire, vous voyez un événement se dérouler, mais vous ne pouvez parler avec les personnes que vous voyez. Elles s'occupent de leurs propres affaires. »

CORRESPONDANCES CROISÉES

Je désignerai désormais un médium qui exerce une activité automatique, par exemple l'écriture automatique, sous le nom d'*automatiste*. J'appellerai une personnalité, ou plutôt une *persona,* qui se manifeste par des messages médiumniques, soit oralement au cours des séances, soit par le biais de l'écriture automatique, *communicateur*. Le communicateur se présente souvent sous le nom d'un défunt, et prétend appartenir au monde des esprits. Cependant, cela ne prouve pas que les messages proviennent vraiment de ce défunt. Le communicateur serait aussi une personnification inconsciente du médium. L'identité véritable du communicateur fait l'objet de nos recherches. Mais si vous prétendez que le communicateur *ne peut pas* s'assimiler à un aspect de la personnalité du défunt, vous faites seulement preuve de préjugés et de mauvaise volonté pour l'étude des faits établis.

Les précurseurs de la Société de recherche psychique anglaise, Myers et Sidgwick moururent vers 1900. L'écriture automatique était une forme courante d'expression des médiums anglais. Mme Verrall, qu'inspirait l'enthousiasme de Myers pour les recherches psychiques, débuta comme automatiste à sa mort en 1901. Elle voulait lui fournir une occasion de communiquer avec elle, si cela lui était possible. Après trois mois d'essais, un communicateur se manifesta, déclara qu'il était Myers. Puis soudain, chez d'autres automatistes en Angleterre, aux Indes et aux États-Unis, dans le monde entier, des allusions se manifestèrent à propos des sujets qui figuraient dans l'écriture automatique de Mme Verrall. Il y avait des allusions fragmentaires au sujet de la poésie classique grecque et latine, incompréhensibles pour les automatistes. Mme Verrall était seule à avoir reçu une éducation classique. Ce ne fut qu'en rassemblant des messages de plusieurs automatistes, que l'on arriva à les interpréter plus clairement. Quelqu'un voulait prouver son identité en parlant par « énigmes classiques », ce qui donnait à penser à Myers et à ses collègues. Les messages comprenaient aussi des allusions à des événements de leur vie. Ces correspondances croisées durèrent des dizaines d'années, toujours de plus en plus compliquées.

Pour une personne sans formation classique, qui n'a pas accès aux milliers de documents originaux, ni le temps de les étudier, comment se faire une idée définitive de tous ces phénomènes? L'histoire complète des correspondances croisées reste à écrire. Plusieurs des messages sont d'une nature si personnelle qu'on n'a pu les publier, par égard pour les personnages connus qui y figurent. Des experts critiques, qui connaissent personnellement Myers, Verrall et leurs collègues, et étudièrent les correspondances croisées avec minutie, sont convaincus qu'elles étaient l'expression d'une activité intelligente et coordonnée. D'une manière qui ne s'explique pas, par la suite, comme uniquement de la télépathie inconsciente entre les automatistes.

Ces correspondances croisées ont donc, avec quelques variations, continué pendant soixante ans. Plusieurs grands savants voient en elles des preuves tangibles d'une existence après la mort.

« COMMUNICATEURS INCONNUS »

J'appellerai une expérience survenue au cours des séances et qui étaye l'hypothèse spirite « phénomène des communicateurs inconnus ». Un esprit inconnu et inattendu se présente au cours d'une séance en se nommant. Il donne des détails de sa vie, mais aucune personne présente ne le connaît. On effectue des recherches et l'on trouve que les détails correspondent à des moments de la vie d'un homme mort récemment. De tels phénomènes sont assez faciles à inventer et l'on doit aussi écarter la possibilité de cryptomnésie. Mais si, après de patientes recherches, on conclut que le phénomène est authentique, et qu'aucune des personnes présentes n'a jamais rien lu ni rien entendu à propos de ce défunt, l'expérience renforce l'hypothèse spirite. Elle se vérifie si l'information donnée durant la séance n'existe nulle part sous forme imprimée ou écrite, et s'il faut la vérifier parmi plusieurs sources, dont aucune n'a été accessible ni au médium ni aux assistants. Dans les meilleurs cas, les faits révélés au cours d'une séance sont seulement connus des proches du défunt, inconnus des participants. De plus, le communicateur donne souvent une bonne raison qu'a le défunt de délivrer son message : on doit aussi l'expliquer en même temps que l'information même. Afin d'éviter l'hypothèse spirite, on a choisi celle de la « super-perception extra-sensorielle ». La perception extra-sensorielle du médium se répandrait, comme la lumière d'un projecteur dans la nuit, jusqu'à ce que le médium entre en contact avec l'information recherchée. Mais peu d'expériences appuient cette hypothèse.

Dans le cas suivant, un « communicateur inconnu » s'est manifesté :

Exemple 33 :

Mme L. raconte : « Tous les premier et troisième jeudis du mois, le cercle d'Erik et de Barbro se réunissait pour une séance. Les esprits ignorant leur propre mort se manifestaient. Erik entrait en transe; Barbro, médiumnique elle aussi, essayait d'aider les esprits égarés.

« Le jeudi 1er février 1968, à la fin du discours initial d'Erik, en état de transe, j'éprouvai un sentiment étrange. Dans la pénombre, il y avait comme une force inconnue. Des mots bizarres vinrent à mon esprit : « Je suis mort. Je ne veux pas rester coucher ici. Je veux être retrouvé à Hägersten. (Hägersten est un quartier de Stockholm.) Je suis caché sous des oreillers. »

« Tout était étrange, inhabituel. Je pensai : « Je ne peux t'aider. Consulte Erik et Barbro. Ils aident les morts. » Le sentiment étrange s'estompa. Au bout d'un moment, Erik porta la main à sa gorge et cria : « Il m'a étranglé, le diable! Je l'aurai, je me vengerai! Il est parti avec ma voiture. Ma vengeance sera terrible. »

« Je pris peur pour Erik qui a le cœur faible et souffre d'hypertension. Je pensais que cela finirait mal. Barbro ne s'inquiétait pas et dit à l'esprit : « Ne sois pas si assoiffé de vengeance. Implore l'aide de Dieu, car tu es mort. — Implore l'aide de Dieu! répondit l'esprit avec dédain, Il ne peut plus m'aider. Je veux me venger! »

« Erik bouleversé prit un calmant. Il ne se souvint

de rien. Il ne se souvint jamais de ce qui s'est passé pendant son état de transe.

« En rentrant le soir, je demandai à mon mari s'il avait écouté les informations à la radio. Il les avait écoutée. On n'y avait pas parlé d'assassinat. Je lui racontai la séance. Je pensais que je m'étais trompée.

« Le lendemain, vendredi, je lus tous les quotidiens sans rien trouver à propos du « meurtre ». Puis nous avons passé le samedi à la campagne sans lire les journaux. Bien plus tard, je lus dans *Dagens Nyheter* du samedi 3 février 1968 : N. fleuriste, âgé de ... ans, soldat dans l'Armée du Salut, rue ... à Hägersten, a été trouvé assassiné dans son appartement vendredi soir. A demi-nu, couché sur son lit, il avait été étranglé avec un fil électrique. Son corps et son visage étaient recouverts d'une couverture et de deux oreillers. L'assassin avait volé la Volvo grise de sa victime. On suppose que l'assassinat a été commis dans la nuit de lundi à mardi. »

« Je m'écriai en brandissant le journal : « Le voilà ! c'est celui qui s'est manifesté. » Le jeudi soir, pendant la séance, personne ne connaissait encore sa mort, sauf l'assassin bien sûr, qui devait déjà être loin... »

Ce récit appelle quelques questions :

1º La séance se déroule-t-elle vraiment avant que le meurtre ne soit connu ? Mme L. est, pour plusieurs raisons, certaine que c'était bien le premier jeudi du mois. Elle lit toujours les journaux très attentivement. Elle aurait certainement été suffisamment au courant du meurtre pour le reconnaître pendant la séance, si les journaux en avaient parlé avant.

2º Le rapport de Mme L. à propos de la séance est-il exact ? Il n'en existe ni enregistrement ni rapport écrit. Erik était en état de transe et ne se souvint de rien. Barbro non plus, car deux ans et demi s'écoulèrent entre la séance et la vérification. Au moment de la séance, les participants ne savaient rien du meurtre et au cours de la suivante, deux semaines plus tard, personne ne songea plus à noter ce qui s'était déroulé au cours de l'autre. Et puis, il se produisait des choses bizarres à chaque séance...

3° Raconta-t-elle vraiment à son mari l'expérience *avant* que l'assassinat ne soit connu? Maintenant il se souvient seulement que sa femme avait posé des questions sur un meurtre, et regardé les journaux. Elle garda longtemps la coupure du journal et, un an plus tard, voulu qu'un spécialiste en parapsychologie étudie ce phénomène. Comme il ne la prit pas au sérieux, elle se fâcha et détruisit la coupure. Quand elle me conta l'événement pour la première fois, en 1970, elle ne possédait donc plus cet article. Après avoir cherché longtemps avec son mari, ils retrouvèrent le numéro du journal et reconnurent aussitôt la nouvelle de l'assassinat.

Hélas! Ce cas ne remplit pas les conditions nécessaires pour considérer la vérification comme satisfaisante. Il faudrait que les médiums notent ou enregistrent leurs expériences alors qu'elles sont encore récentes puis qu'ils demandent à quelqu'un d'autre de les certifier, avec la date et l'heure exactes.

Si vous supposez que Mme L. relate l'essentiel de son expérience, quatre possibilités se présentent à vous :

1° Elle se trompe sur le jour de l'événement. Elle en a d'abord entendu parler dans un journal ou à la radio et s'est imaginé le reste, plaçant dans sa mémoire l'événement à un moment inexact.

Vous ne pouvez réfuter cette interprétation catégoriquement, puisque Mme L. n'a pas noté ses expériences et que personne d'autre ne les a certifiées. Les circonstances semblent pourtant contredire cette interprétation.

2° Les points communs entre l'expérience vécue

par cette femme et les faits réels seraient une pure coïncidence. Combien de fois Mme L. s'imagine-t-elle des choses qui n'arrivent pas en réalité? Cette explication que vous ne pouvez pas non plus réfuter immédiatement me paraît assez peu plausible.

3° L'expérience était une précognition : la dame éprouve à l'avance ce que le journal indiquera deux jours plus tard. Vous ne pouvez écarter cette possibilité. Notez pourtant que les expériences de précognition sont peu communes chez Mme L. Elle a rapporté des centaines d'expériences vraisemblablement paranormales, la plupart de nature télépathique ou d'un type que j'étudierai au chapitre XIII.

4° L'expérience était télépathique. L'agent était mort. Ce qui est valable, si toutefois vous n'affirmez pas que l'assassin était l'agent. Mais cette hypothèse compatible avec tous les aspects du cas, implique que la personne assassinée ait pu communiquer après sa mort. Il est difficile de lui accorder crédit.

Ce cas illustre bien la situation de l'individu médiumnique. Voici quelques commentaires de Mme L. :

« Être médiumnique signifie que l'on est deux personnes à la fois, mais, hélas, ces « doubles » ne coopèrent pas toujours. Ce que l'on éprouve, l'autre le rejette, car son cerveau logique et réfléchi le considère comme une « idiotie ». On vit dans deux mondes séparés. Il est difficile d'effectuer dans deux mondes ou d'écrire pour expliquer exactement ce qui se passe.

On a « deux cerveaux ». Recevoir des impulsions avec l'un et avec l'autre, penser à la vérification de l'expérience est impossible. Si tout est correct, la science déclare souvent que c'est trop correct pour être vrai. »

Le médium éprouve, comme vous tous, le monde quotidien qui obéit aux lois physiques connues, que vous connaissez à travers vos sens. Il éprouve aussi, comme vous, *un monde psychique* de rêves, d'images et d'impressions, de dispositions, de pensées et de sentiments. Mais, pour le médium, le monde psychique a une qualité particulière, un rapport avec le monde physique qu'il n'a pas pour vous. Parfois, le médium établit un contact avec le monde psychique, en entrant en transe. Mais le plus souvent, ce phénomène apparaît spontanément et inopinément. Le médium ne sait pas pourquoi il se manifeste à ce moment-là : il vit un phénomène sans en connaître la signification. Il entend la voix d'un homme assassiné qui crie vengeance, mais ignore s'il s'agit d'une imagination ou d'un message. Dans le monde psychique, le temps ne se décompose pas en passé, présent et avenir, car tout se produit dans le présent.

Peu à peu, le médium apprend à distinguer les impressions et images venant de lui-même, de celles venant d'autres êtres vivants, du monde psychique. Mais il ne peut vous prouver ses expériences si vous n'avez pas vécu de tels événements. Sa seule chance de vous prouver la véracité des expériences est d'obtenir, depuis le monde psychique, des informations à propos d'événements du monde physique qu'il n'aurait pu connaître par d'autres moyens. Dans le monde psychique, il entre en relation avec des personnes qui ont quitté le monde physique à jamais. Mais comment le prouver à ceux qui n'ont pas réalisé cette expérience?

Je peux résumer mon jugement du spiritisme ainsi : les messages les plus courants envoyés par des défunts n'offrent aucune preuve d'une vie après la mort. Les phénomènes survenus au cours des séances s'expliquent souvent comme des personnifications inconscientes. Des informations, qui indiqueraient une perception extra-sensorielle sont souvent transmises par des médiums, mais les mêmes médiums obtiennent de mauvais résultats au cours d'expériences formelles de perception extra-sensorielle. C'est pourquoi on a développé des méthodes qui permettent de soumettre aussi les expériences spontanées à des études statistiques. Une grande partie de ce que l'on sait des séances spirites est compatible avec l'hypothèse spirite, mais les vraies preuves solides sont peu nombreuses et se trouvent surtout parmi les cas de « communicateurs inconnus », qu'on n'a pu vérifier. Il serait souhaitable que les spiritistes accordent plus d'attention à de tels cas, en les rapportant aux examinateurs intéressés, au lieu de recourir à des messages vagues et médiocres, vraies preuves pour eux de la vie après la mort. Enregistrer toujours les séances, en garder les enregistrements pendant un temps raisonnable, ce serait une façon plus simple de réunir une précieuse documentation.

Les spirites pensent qu'ils entrent en relation avec des esprits ignorants de leur propre mort. Il s'agit souvent de personnes mortes récemment dans un accident ou assassinées, comme dans l'exemple 33. Le médium considère que sa mission est d'aider ces esprits égarés en leur apprenant qu'ils sont morts. Les parapsychologues souhaiteraient que les médiums jouent un peu plus au « détective » et interrogent le communicateur sur les détails de sa vie et de sa mort, susceptibles de permettre son identification. Le communicateur dit rarement son nom en entier. Le plus souvent, il ne dit que son prénom, parfois aussi le nom d'un parent et des précisions au sujet de sa mort, si le médium se montre curieux. Avec les cas que l'on pourrait vérifier, les spirites contribueraient à fournir à l'hypothèse spirite les preuves dont elle manque encore.

XI

ÉTAT DE POSSESSION?

Au chapitre suivant, je montre comment une personne pouvait, dans certaines circonstances, et inconsciemment être possédée par des forces occultes. Mais dans certains cas de possession, je trouve cette explication insuffisante.

LE CAS LATIMER

Le prêtre et psychologue américain Walter Franklin Prince, connu pour ses recherches sur un cas de multipersonnalité, reçut un jour, au début de mai 1922, Mme Latimer, dame « hautement cultivée », qui, certaine d'être possédée par un esprit, demandait de l'aide.

Son cousin Marvin, qu'elle connaissait très bien, était mort deux ans auparavant. Un jour ou deux après sa mort, elle avait commencé à entendre une voix qui ressemblait à celle du défunt et se prétendait telle. La voix la menaçait de la torturer. Elle dit qu'elle avait de bonnes raisons pour cela. D'abord, cette voix lui avait paru « extérieure », comme si une personne invisible était dans la pièce, mais bientôt elle devint « intérieure », toujours aussi réelle et gênante. Elle continua à la tourmenter pendant deux ans, à lui rendre la vie impossible. Elle s'entendait souvent dire : « Tu m'as fait souffrir. Toi aussi, tu souffriras. » Elle ne comprenait pas cette haine et demanda une explication, que la voix lui donna enfin. Elle faisait allusion à une lettre que Mme Latimer avait écrite et que Marvin avait lue à son insu. Cette lettre contenait des propos blessants à son égard et datait d'avant la mort de Marvin. Se souvenant du moment où elle l'avait écrite, elle comprenait enfin qu'il en soit offensé. Mais elle n'aurait jamais soupçonné qu'il la trouve un jour et la lise.

La voix la menaçait et affirmait que des personnes vivantes de son entourage viendraient, par leurs attitudes et leurs gestes, l'importuner. Elle en donnait parfois une description détaillée. Ces menaces se réalisèrent. La voix la blâmait de ne pas avoir envoyé de fleurs pour les funérailles de son cousin. Elle avait pourtant envoyé des roses pour qu'on les dépose sur le cercueil. Elle croyait que son désir avait été exécuté. Vérification faite, il s'avéra que, placées comme elles l'étaient, on ne les voyait pas.

Les nuits de Mme Latimer étaient devenues un enfer. Elle réveillait la maison par ses cris. On dut même faire appel un jour à la police. Pas un jour ne se passait sans que cette voix l'assaille. « L'esprit » lui expliqua qu'il cesserait de l'importuner le jour où elle s'excuserait mentalement, ce que sa conscience lui interdisait.

Prince diagnostiqua que la dame présentait un cas grave de paranoïa, ou manie de la persécution. Par la psychothérapie, il avait pu aider des clients qui souffraient de troubles psychiques. Mais pour la manie de la persécution, associée à des hallucinations auditives, ses instructions, persuasions, examens et suggestions n'avaient servi à rien. Il décida d'appliquer un traitement radicalement différent. Il lui déclara qu'il n'était pas persuadé de l'existence d'un soi-disant esprit possesseur, mais que, pourtant, les faits incitaient à penser le contraire. D'autres parapsychologues disaient qu'ils avaient soulagé leurs patients par une communication directe avec « l'esprit », par l'intermédiaire d'un médium, et parvenaient même à lui faire abandonner sa victime. « Selon les doctrines actuelles, lui affirma-t-il, vos troubles viennent exclusivement de votre propre cerveau. Vous croyez vraiment être possédée. Je suis disposé à tenter une expérience sur cette croyance. » Mme Latimer accepta.

Ce qui va suivre, destiné, non pas à une personne visible, mais à l'esprit qui prétendûment possédait Mme Latimer, vous paraîtra si absurde et plein de superstition que j'hésite un peu à le raconter. Mais après tout, je le ferai quand même. Considérez l'expérience comme purement clinique, comme une intervention psychologique réussissant à éliminer rapidement les pires symptômes de la maladie et à établir les bases de sa guérison. Donc vous devez savoir exactement ce qui a été fait. Si l'amélioration était due à la suggestion, vous aimeriez bien savoir quelle suggestion peut entraîner une telle réussite.

En présence de la malade, Prince s'adressa, quinze minutes environ, d'une voix amicale mais grave, directement à l'esprit. Voici ses arguments : « Je désire parler avec l'homme qui a importuné Mme Latimer pendant deux ans. S'il n'est pas ici, j'espère que quelqu'un lui communiquera ce que je dis. Je crois savoir qu'il est ici.

« Je peux vous parler d'homme à homme, pour le bien de cette dame, dans votre propre intérêt. Je n'ai pas l'intention de vous réprimander. Je veux seulement discuter avec vous, et si possible vous être utile.

« Vous pensez sans doute que la façon dont vous traitez cette dame est justifiée. Je ne nierai pas qu'on ait pu vous provoquer. Vous éprouvez certainement

196

une grande satisfaction à torturer cette femme, mais soyez certain que vous vous privez ainsi d'un autre bonheur, plus vrai. Celui dont vous jouissez maintenant est troublé par l'amertume. Vous empêchez aussi votre propre évolution.

« Si vous pardonnez à cette dame le tort qu'elle vous a causé, et si vous remplacez votre haine par de la pitié et de l'amitié, vous éprouverez une satisfaction plus grande.

« Je comprends ce choc après ce qu'a fait votre cousine, juste avant votre mort. Vous y pensiez à vos derniers moments. Voilà pourquoi cela vous paraît si important après votre mort.

« Je ne pense pas que vous m'approuverez tout de suite, mais je crois qu'à la réflexion, vous estimerez ne pas être très heureux. Votre satisfaction à tourmenter cette femme est amère et passagère. Ensuite, votre amertume et votre souffrance seront plus grandes encore. Votre comportement est faussé.

« Je vous propose une expérience. Même si vous n'êtes pas convaincu, vous devez, puisque vous êtes intelligent, la tenter.

« La voici : Réfléchissez bien et essayez de rendre justice à cette femme. Mettez-vous à sa place. Souvenez-vous de ses souffrances. Aidez-la, témoignez-lui de la bonté, et vous constaterez que cela vous apportera un bonheur que vous ignorez depuis votre départ d'ici-bas. Continuez, et peu à peu votre existence changera. Vous me serez alors très reconnaissant des conseils que je vous donne.

« Si vous commencez l'expérience, mettez toutes les chances de votre côté. Il y a une Puissance dans l'Univers prête à tous nous aider. Vous devez l'invoquer. Tous vos amis, des gens intelligents, vous aideront volontiers. »

Prince ordonna à Mme Latimer de ne pas répondre à la voix et de refuser tout dialogue si elle la menaçait encore. Mais, si la voix se montrait bienveillante, elle pourrait lui accorder un peu d'attention. La nuit suivante, Mme Latimer rêva qu'elle se battait pour se dégager d'une toile d'araignée dont elle était prisonnière. La nuit d'après, elle fit un rêve différent : « Ma mère défunte vint chez moi et me dit : « Nous avons entendu ce que l'homme disait. Je prendrai soin de Marvin. Dors en paix. — Mais je dors! — Non, il y a longtemps que tu ne dors plus. Tu es très fatiguée. Écoute. » Sa mère chanta ensuite des berceuses et Mme Latimer s'endormit, dans le rêve. Elle s'éveilla vers 9 heures, apaisée comme jamais depuis des années.

Mme Latimer n'entendit plus la voix jusqu'au jour où, calmée, elle l'invita à lui parler : « Je suis prête à t'écouter maintenant, mais nous ne pourrons pas parler longtemps. — Je ne te demanderai pas de m'écouter longtemps, répondit la voix. Tu ne m'entendras plus souvent, désormais. Je partirai, mais d'abord laisse-moi t'expliquer ce qui m'est arrivé. J'étais incapable de me débarrasser des mauvaises pensées que j'avais envers toi à ma mort. Ce n'était pas seulement moi qui te tourmentais. D'autres se joignaient à moi, m'aidaient et me poussaient. Mais j'ai écouté les conseils qu'on m'a donnés. J'ai recherché l'aide des sages et des bons. Me voici libre. Maintenant, je vais partir. »

Après une autre visite à Prince, Mme Latimer n'entendit la voix que très rarement, brièvement, avant qu'elle ne s'éloigne définitivement. Elle ne se sentit plus l'objet d'inimitié personnelle et d'attaques directes. Au cours de l'automne et de l'hiver, elle se trouva souvent fatiguée, comme « l'objet d'un conflit ». Soudain, le 14 janvier 1923, ce sentiment disparut. Elle était « libre » désormais. Grâce à un traitement à base de relaxation et de suggestions, elle retrouva toute sa vitalité et fut libérée de tout symptôme de maladie psychique. Aussi longtemps que Prince resta en rapport avec elle.

LE CAS TYRRELL

Prince raconte une autre expérience presque identique. Un certain Tyrrell, qu'il avait traité avec succès pour troubles alcooliques, se présenta chez lui un jour de 1919. Il raconta horrifié que, perdu dans ses pensées, un crayon à la main, il remarqua qu'il avait écrit, sans s'en rendre compte, quelques phrases adressées à lui-même d'un ton amical et signées « Diana ». C'était le nom de sa nièce préférée, jeune femme morte quelques mois auparavant. Le soir suivant, cela se renouvela et « Diana » lui demanda de contacter Prince. Il s'exécuta, mais il avait l'impression de devenir fou. Prince insiste sur le fait que Tyrrell n'était pas du tout attiré par le spiritisme. Il en ignorait tout. Il ne se souvenait même pas avoir lu d'articles à ce sujet dans les journaux.

Au cours de l'année suivante, Tyrrell revint neuf fois chez Prince et pratiqua l'écriture automatique. « Diana » parlait d'un homme appelé Murray, qui le haïssait et voulait le tuer. Supposant que Murray vivait, Prince demanda où il se trouvait : il apprit que Murray était mort. Il affirma qu'il était l'esprit qui le poussait à boire et qui tentait de lui nuire par n'importe quel moyen. Tyrrell avait bien connu ce Murray, qui, sans raison apparente, lui avait toujours été hostile jusqu'avant sa mort. Lors d'une séance, Tyrrell crut voir un instant quelque chose d'effroyable. D'après ce qu'il écrivit, il s'agissait de Murray. Mais Tyrrell, à qui on ne montra jamais son écriture automatique faite chez Prince ne s'en souvenait pas. Jamais il ne montra consciemment qu'il savait qu'il était possédé. Il n'aimait pas pratiquer l'écriture automatique. Par peur de devenir fou, il cessa de venir.

Toutefois, en mars 1922, il revint et dit qu'à plusieurs reprises lors de son travail, lorsqu'il devait diriger un groupe, ses pensées se troublaient. Il était presque incapable de parler, pendant quelques minutes. Une éternité pour lui! Prince lui prescrivit des calmants. Quelques semaines passèrent sans qu'il lui donne de ses nouvelles. Mais, au début de l'été 1922, il revint épouvanté et raconta qu'au cours d'un rêve horrible, la veille, il s'était retrouvé couché à terre avec l'impression de sentir des mains qui l'étranglaient. Son état s'était donc peu à peu aggravé. D'abord par l'illusion d'être possédé inconsciemment, puis à cause d'une hallucination visuelle horrible. Ensuite par différentes sensations de troubles. Enfin par cette sensation d'épouvante accompagnée d'hallucinations tactiles.

Prince demanda alors seulement à Tyrrell s'il avait entendu parler du phénomène de possession, ce qu'il nia énergiquement. Prince lui parla du traitement réussi sur Mme Latimer, et Tyrrell se déclara prêt à tenter le même. Il s'assit et se prépara à une séance d'écriture automatique.

« Diana » écrivit d'abord qu'elle regrettait que la colère de Murray ait atteint son point culminant la nuit précédente. Suivirent quelques mots soi-disant de la mère de Tyrrell. Ensuite l'écriture changea de caractère et devint très ferme : « Je suis ici. Que le diable vous emporte! Que voulez-vous? » Prince répondit : « Je suis heureux que vous soyez là. Parlons d'homme à homme. » Il reçut une réponse : « Allez-y, j'écoute. » Le crayon se posa sur la table, les bras de Tyrrell se croisèrent et son visage devint dur et repoussant.

« Comme dans le cas de Mme Latimer, raconte Prince, je commençai un discours. L'homme restait les bras croisés. Les traits de son visage semblèrent s'attendrir. Au point capital de mon discours, je persuadai le persécuteur qu'il se nuisait à lui-même et qu'il pourrait atteindre un plus grand bonheur en aidant et non pas en tourmentant autrui. Je lui conseillai l'expérience pendant quelques jours. Il en verrait les résultats.

« Quand j'eus terminé, le crayon se posa de nouveau sur le papier et écrivit : « Vous avez peut-être raison. Je n'ai jamais envisagé le problème ainsi. » Puis, un peu plus tard : « J'y réfléchirai. Dites-lui que je ne le dérangerai plus cette semaine. »

Une semaine après, Tyrrell revint détendu, hardi et libéré de sensations désagréables. Murray avait encore écrit qu'il acceptait l'expérience et laisserait Tyrrell tranquille. Pendant quelques séances les dialogues avec Murray continuèrent. Il était reconnaissant, disait qu'il progressait et jouissait de l'existence. Il ne dérangea plus Tyrrell, aussi longtemps que Prince resta en rapport avec ce dernier.

S'AGIT-IL D'ESPRITS OU DE L'INCONSCIENT?

Prince décrit ainsi une nouvelle méthode de traitement, qui a réussi dans ces deux exemples. Le diagnostic indiquait paranoïa, mais de nos jours on dirait plutôt une forme paranoïaque de schizophrénie. Les hallucinations obstinées et continues de possession, remarquées chez les deux malades laissaient à Prince peu d'espoir de les guérir. Mais, dans les deux cas, la conversation directe avec les esprits avait entraîné une amélioration extraordinaire et de longue durée de l'état des malades.

Vous trouvez certainement ces deux cas différents de celui que j'ai cité au chapitre précédent. Le patient y avait pratiqué régulièrement des exercices automatiques. Les symptômes apparurent successivement et le traitement cherchait à convaincre le patient que les « esprits » venaient de son propre inconscient. Mais ni Mme Latimer ni M. Tyrrell n'avaient fait de tels exercices et ce dernier ignorait même totalement le spiritisme. Les symptômes étaient arrivés subitement après la mort de la personne qui devint par la suite un « esprit ». Le traitement de Prince était simple. Il feignait de croire que les illusions des malades étaient des réalités admissibles et c'est pourquoi il dialoguait, non pas avec les malades eux-mêmes, mais avec l'esprit invisible dont il supposait la présence. Dans deux cas de voix persécutrices qu'il traita plus tard, Prince appliqua la même méthode, mais les malades ne reconnurent pas les voix comme celles de personnes défuntes qu'ils avaient connues. Il s'agissait de plusieurs voix différentes, probablement d'esprits indéfinis. Le traitement échoua dans les deux cas.

Vous pouvez admettre les deux hypothèses suivantes comme explication des remarquables résultats obtenus par Prince. La première est que ces deux cas furent guéris par « suggestion » au cours d'une conversation où Prince paraissait admettre les illusions des malades.

Les malades ne toléraient pas certaines tendances et particularités qui leur étaient propres. Ils en étaient angoissés. Il fallait donc qu'elles soient rendues inconscientes et s'estompent peu à peu dans leur esprit. Dès qu'elles se personnifiaient comme appartenant à des esprits « extérieurs » à la personne, les malades les modelaient à leur goût. Prince conversait directement avec ce complexe personnifié dans l'inconscient du malade. Ainsi les malades se sentaient pris au sérieux. Cela était capital pour leur guérison. Pourtant, ils ne témoignaient d'aucun sentiment de culpabilité ni d'autres réactions sentimentales compliquées, envers leurs deux « esprits ». Néanmoins, la « persécution » commença d'une façon tout à fait inattendue, après la mort de ceux-ci, au moins pour Mme Latimer. Je dois ajouter à ce propos une supposition : les malades avaient des complexes de culpabilité, ou d'autres complexes, envers d'autres personnes, et ils furent transmis aux deux défunts au moment de leur mort. Vous voyez pourtant que cette hypothèse n'explique pas tous les aspects des cas décrits par Prince.

Selon l'autre hypothèse, ces deux cas sont ce qu'ils ont l'air d'être, des cas de possession. Les malades furent guéris parce que les personnages ou « esprits » invisibles, mais réels, qui les avaient « possédés », se persuadèrent, au cours de la conversation, de changer d'attitude et de comportement. Cette hypothèse expliquerait aussi pourquoi le même traitement se termina par un échec dans les deux cas ultérieurs, où l'on ne trouvait pas d'esprit possesseur, mais seulement des hallucinations.

Si vous voulez choisir entre ces deux hypothèses, il ne suffit pas de ces quatre cas, surtout parce que leur étude ne peut pas être poursuivie. Si, de nos jours, les thérapeutes tentaient le même traitement dans les mêmes cas, nos connaissances en la matière seraient renforcées. En attendant, vous pouvez juger ces cas en vous appuyant sur les deux hypothèses. Le spirite convaincu les considèrerait sûrement comme une preuve évidente de l'existence d'esprits. Le psychologue y verrait avec la même certitude une preuve de l'hypothèse des mécanismes inconscients. Pour ma part, je me permets seulement de constater qu'ils sont tous deux compatibles avec l'hypothèse de l'existence d'esprits.

De tels cas de troubles psychiques similaires ont été traités par des médecins partisans du spiritisme, avec l'aide de médiums. Une possession supposée peut aussi se présenter comme un changement brusque, profond et permanent de la personnalité du possédé. J'en étudierai quelques cas au chapitre XIII.

XII

LES VOIX DE L'ESPACE

L E célèbre artiste Friedrich Jürgenson décida soudain, un soir d'été, en 1959, d'enregistrer le chant du pinson. Il prit son vieux magnétophone, dont il se servait pour répéter. En écoutant l'enregistrement, il entendit un son étrange qu'il attribua à un oiseau nocturne. Il effectua d'autres enregistrements et révéla ainsi un phénomène inconnu, absolument inattendu. En passant les bandes, il entendait des voix étranges, inexplicables, qui semblaient s'adresser à lui. Convaincu que ces voix n'étaient pas de ce monde, il étudia, ces enregistrements pendant des années. Il a résumé ses travaux dans son livre *les Voix de l'espace,* qui fit sensation en 1964. Des experts aux techniques différentes examinèrent les bandes et assistèrent à de nouveaux enregistrements. Ils ne purent jamais se mettre d'accord sur l'origine du phénomène. A l'instar de Jürgenson plusieurs personnes, en Suède et ailleurs, tentèrent les mêmes expériences sur magnétophone. Konstantin Raudive fut le premier à présenter une recherche systématique et approfondie de ce phénomène étrange. Actuellement domicilé en Allemagne, il a publié en 1968 un épais volume, *l'Inaudible devient audible*, rapport de trois ans de travaux comprenant des milliers de phénomènes vocaux non identifiés.

Un enregistrement s'effectue en principe de trois façons différentes :

1º Des personnes assises autour d'une table où l'on place un micro, couplé à un autre, engagent une conversation à un rythme soutenu, interrompu de pauses brèves. Au cours de cette conversation on adresse des questions aux esprits dont on suppose la présence. Pendant les pauses, on entend des voix étrangères commenter la conversation et répondre aux questions.

2º Le magnétophone est branché sur un poste récepteur de radio, et l'on recherche une fréquence où l'on perçoit un bruit de fond régulier. A travers ce bruit, on distingue ensuite des voix en passant la bande.

3º Sans brancher le magnétophone sur le récepteur radio, on place le micro près du haut-parleur et l'on engage une conversation avec les voix par l'intermédiaire du micro.

Il ne faut s'attendre à aucun résultat lors de la première expérience. Le travail exige de la patience et de l'entraînement à l'écoute de sons inhabituels. Raudive entendit les premiers sons après trois mois d'expérimentations vaines. Cinq minutes d'enregistrement exigeant une heure d'écoute et de reprises.

Le sceptique se pose tout de suite des questions : ne se persuade-t-on pas soi-même de l'existence de tels phénomènes? N'est-on pas tout simplement en présence de sons naturels, de chuchotements, de variations dans le bruit de fond de la radio, de mots détachés d'émissions lointaines? Celui qui veut bien entendre des mots ne les entend-il pas? Bien que justifiées, ces remarques sont faciles à réfuter. Vous pouvez facilement contrôler et authentifier le phénomène. Les voix sont gravées sur la bande. Vous pouvez les réentendre à l'infini, les transférer sur d'autres bandes. Certaines sont à peine audibles pour des personnes sans expérience d'une telle écoute, alors que tout auditeur exercé les entendant pour la première fois les comprend. Le phénomène est objectif, puisque la bande retient des voix d'une origine dite « paranormale ».

Mais alors comment savoir d'où proviennent ces voix enregistrées? Je vous propose trois explications :

1º Une mystification.

2º Des enregistrements ordinaires et d'émissions de radio courantes mal interprétées.

3º Un phénomène paranormal.

Vous pouvez vérifier s'il s'agit d'une mystification, en munissant les participants d'un micro et en filmant la séance. Vous pouvez enregistrer les ondes sonores parvenant aux micros à l'aide d'un oscilloscope. Vous pouvez même, pour contrôler l'expérience, apporter votre propre magnétophone et vos bandes. De tels contrôles ont été rigoureusement effectués. Pourtant une explication logique des voix enregistrées n'est pas possible.

Raudive parle d'enregistrements effectués en présence de nombreux assistants dans diverses conditions. On a également contrôlé avec Jürgenson des enregistrements contenant des voix paranormales.

Au cours d'une démonstration à Londres, le 12 décembre 1969, on a utilisé un magnétophone neuf et des bandes vierges. L'expérience était dirigée par deux experts en électronique. Ils avaient indiqué deux critères pour que l'essai soit réussi : 1º Les voix devaient appeler l'une des personnes présentes par son nom. 2º Elles devaient répondre à une question. Une voix se manifesta : « Raudive est-il là? » Puis un évêque catholique appela Stephan, un ami russe défunt, et lui dit de parler russe. On entendit une voix en allemand, puis en russe. Elle disait : « Ici Stephan. Koste (un surnom) ne nous croit pas. Très difficile. Nous apprendrons à Pétrus. »

Pour juger la valeur du second critère, il est nécessaire d'étudier les voix avec précision. Elles se distinguent nettement des voix humaines ordinaires; elles utilisent une langue à part, différente de tous les dialectes connus de ce monde. Les phrases sont formées de mots empruntés à plusieurs langues. Ces mots ont subi des modifications grammaticales, ont été raccourcis. Le résultat donne un style haché, télégraphique, un rythme saccadé. Aucune émission radiophonique n'utilise une telle langue. En outre, les voix paranormales entendues à la radio s'adressent à l'expérimentateur personnellement. Elles conversent avec lui d'une façon que vous ne pouvez imaginer dans un programme ordinaire de radio.

Un magnétophone fonctionne parfois comme récepteur radio. Aussi les collaborateurs techniques de Raudive ont-ils élaboré quatre méthodes d'enregistrement différentes de celles que j'ai déjà mentionnées. Ces nouvelles méthodes écartent définitivement la possibilité d'émissions radio ordinaires.

Les voix se présentent parfois sous le nom de parents ou amis défunts de l'expérimentateur, ou aussi comme des connaissances éloignées, même des personnes inconnues. Il arrive aussi que l'on entende des noms de personnages connus, comme Hitler et Churchill, ceux de personnages morts depuis longtemps, comme Gœthe ou Descartes. Malheureusement les messages envoyés par ces personnages historiques sont trop brefs pour que l'on puisse comparer leur voix avec les enregistrements authentiques disponibles.

Les voix font allusion à des événements qui ont lieu dans le studio, à des détails concernant l'expérimentateur, ainsi qu'à des événements du monde des voix. Elles évoquent souvent la guerre, le plus souvent la Seconde Guerre mondiale, mais aussi celle du Viêtnam. Des allusions à la vie sur terre sont mêlées à d'autres, contradictoires, à la vie dans l'autre monde. Aux questions à propos de cette autre vie, les réponses données par les voix sont évasives. Les voix discutent entre elles, se querellent. Si vous admettez que ces voix sont concrétisées par l'existence d'êtres humains, il est difficile de dire si leurs messages reflètent des souvenirs d'une vie terrestre, ou si elles décrivent leur vie présente. Les voix semblent conscientes de l'importance de Raudive pour établir le contact : elles se plaignent s'il est rompu. Si Raudive s'absente, elles s'en aperçoivent, le prient de parler, de se servir davantage de la radio, qu'elles préfèrent au micro. Elles sont soucieuses de garder le contact et attendent leur tour au micro. Ce qui se passe dans l'au-delà ne paraît pas parfait. Plusieurs voix donnent l'impression d'une existence évoquant le purgatoire.

On constate que les voix se servent de langues connues des assistants. Raudive est notoirement polyglotte.

Les enregistrements ne réussissent pas chaque fois, mais assez pour qu'on qualifie le phénomène de répétitif. Mais comment l'expliquer?

PSYCHOKINÉSIE OU ESPRITS?

Si vous niez toutes les explications « normales », y compris celle de mystification, et vous avez de bonnes raisons pour cela, il ne reste que les « paranormales ». Voici deux hypothèses plausibles : 1° Les voix sont produites par une forme jusqu'alors inconnue de psychokinésie qui perturbe le champ magnétique des bandes. Elles émaneraient donc de personnes présentes, peut-être de la même façon que les photographies psychiques de Ted Serios. 2° Les voix sont ce qu'elles prétendent être, des « voix de l'espace », d'un espace psychique, habité par les esprits.

Il est trop tôt pour choisir définitivement entre ces deux hypothèses. On croit à la psychokinésie car les voix utilisent la même langue que l'expérimentateur ou celle d'un assistant et ont un rapport avec eux. On imagine que le contenu des voix, entièrement ou en partie, provient du subconscient des personnes présentes. Les voix seraient donc une forme de « persona [1] ».

Mais l'hypothèse de l'existence d'esprits est aussi considérée comme valable. Le langage y trouverait une explication naturelle : les ressources d'énergie sont peu importantes, et il s'agit donc d'exprimer le maximum de choses en peu de mots pour économiser cette énergie, d'où le style télégraphique et le rythme saccadé. Les mots ont un sens symbolique. Un seul mot donne beaucoup de renseignements à celui qui connaît les circonstances en cause. Les porteurs des voix se comportent comme des personnalités indé-

---

1. L'expérimentateur s'engage sentimentalement à fond lors de ses tentatives d'enregistrement, ce qui favorise la naissance de psychokinésie. Il m'est arrivé quelquefois une chose étrange, au cours d'essais d'enregistrement en groupe : sur la bande, on distingue nettement ma propre voix prononçant des mots et des expressions dont je ne me souviens pas d'avoir usé quelques minutes plus tôt, au cours de la conversation. Il est facile de parler de défaillance de la mémoire. Cependant, mes paroles n'avaient aucun rapport avec les propos de la réunion. Elles sont si étranges au thème de la réunion que les assistants auraient dû normalement réagir et demander ce que je voulais dire par là. Mais il n'ont rien entendu d'inhabituel, ce qui explique leur étonnement personnel lorsque nous avons écouté l'enregistrement. Il est arrivé la même aventure à d'autres personnes de notre groupe, et certains ont rapporté le phénomène. S'il s'agit d'un phénomène paranormal, cela relève de la psychokinésie.

pendantes, avec des caractéristiques individuelles. Ils donnent des informations inconnues des assistants, mais vérifiables. Ils désirent établir le contact qui a une grande valeur pour eux. On retrouve des phénomènes analogues dans d'autres domaines, notamment chez les spirites.

Comment fonctionne le processus de contact? On l'ignore, mais puisque les voix arrivent à se faire entendre par deux canaux aussi différents que la radio et le microphone, on suppose que l'effet enregistré sur la bande se produit d'une manière entièrement électromagnétique. Une forme d' « énergie psychique » provoquerait des ondes électromagnétiques que l'enregistrement retiendrait. Cette énergie se dégagerait des personnes présentes ou des « esprits ». Cependant, on n'en est jusqu'ici qu'au stade des suppositions.

On accorderait plus de crédit à l'hypothèse des esprits si les voix étaient identifiées comme celles de personnes défuntes totalement inconnues de l'expérimentateur et des assistants, avec assez de renseignements pour permettre une identification. On serait alors en présence d'un phénomène analogue à celui des « communicateurs inconnus » des séances spiritistes. Il serait souhaitable que ces voix s'expriment dans une langue inconnue de tous les assistants, que l'on identifierait ultérieurement. Mais peut-être la communication est-elle télépathique, et dépend-elle des mots qui existent dans l'esprit des assistants.

Raudive souligne une circonstance qui justifierait l'hypothèse d'esprits : aucune des voix ne s'est identifiée comme appartenant à une personne vivante, sauf une, qui s'est trouvée être celle de l'artiste letton Strunke. Raudive était convaincu qu'il était vivant et conclut que l'on pouvait aussi enregistrer des voix de personnes vivantes. Mais il s'avéra que Strunke était mort quelques jours avant la séance. Si les voix s'expliquent comme des manifestations de psychokinésie causées par des forces inconscienctes chez les assistants, il faudrait également expliquer comment ces forces « trient » des communicateurs que les assistants croient vivants mais dont ils ont appris ensuite la mort. Selon Raudive, il existe également des voix inconnues des personnes présentes et qui s'identifient elles-mêmes.

Les recherches sur les phénomènes de voix se poursuivent. A mesure que le nombre de gens intéressés augmente, on obtient plus d'éléments de comparaison. En Suède, plusieurs personnes travaillent seules ou en groupe sur des enregistrements. On peut déjà constater que les voix mises sur bande représentent un phénomène répétitif d'apparence paranormale. Si les recherches ultérieures le confirmaient, cela serait d'une importance capitale.

XIII

LA RÉINCARNATION

Vous vous considérez comme un tout, séparé des autres et du monde à l'intérieur de votre propre « écorce ». Vous aimez penser que nous ne sommes tous que des machines biologiques, même si ces machines sont plus compliquées que les autres. Bien sûr, une foule de faits corrobore votre conception. Mais, contrairement à ce que vous pensez peut-être, il n'en existe aucune preuve. Il y a le grain de sable dans l'engrenage, les « événements impossibles », censés ne jamais se produire mais qui, vous le savez, arrivent malgré tout. Je me suis occupé moi-même de manifestations qui permettent de penser que l'homme a des relations avec son entourage et son prochain autrement que par le truchement de ses cinq sens. Ce qui est en désaccord avec l'image que l'on peut avoir de l'homme. Je connais beaucoup de gens qui par peur des difficultés refusent simplement de voir ces faits. Pour eux, il n'y a ainsi plus de problème. L'existence de phénomènes paranormaux implique que l'homme est plus qu'une machine perfectionnée. Il communique aussi avec son entourage et son prochain au-delà de la limite des sens; il n'est ni isolé ni sans contacts ou relations avec l'ensemble. Dans ses rapports avec le reste du monde, il reste encore une part de mystère, ce qui ne prouve pas nécessairement l'existence d'un « surnaturel », mais seulement que nos connaissances de la nature demeurent incomplètes.

Que savez-vous maintenant à propos de la « survivance » ? J'ai étudié divers phénomènes : séparations, apparitions, visions sur le lit de mort, expériences de médiums, voix de l'espace. Aucun ne donne à lui seul la preuve d'une survivance après la mort. Ne vous attendez pas à ce qu'un problème aussi compliqué trouve sa solution dans l'étude d'un seul ordre de phénomènes. Mais si vous abordez l'ensemble du problème en partant de tous les points de vue imaginables, vous pouvez espérer entrevoir la vérité. Peut-être que le seul moyen de prouver la survivance est d'en tenter soi-même l'expérience, et de retrouver toute sa conscience après avoir revêtu un autre aspect. Il serait alors trop tard pour le faire savoir à autrui. La communication avec les êtres vivants peut être devenue irréalisable. Mais qui en est sûr ? Des expériences laissent supposer qu'un certain degré de relations serait envisageable. Les divers phénomènes et expériences que j'ai cités sont, en effet, tous compatibles avec l'hypothèse de la survivance. Certains paraissent même davantage en accord avec cette hypothèse qu'avec aucun autre. Vous n'êtes pas forcément superstitieux si vous la considérez comme digne d'être approfondie. La matière documentaire dont on dispose pour la défendre est déjà assez riche. On peut donc l'accepter en « bonne conscience scientifique », même si des preuves définitives font encore défaut.

EXPÉRIENCES RÉALISÉES

N'existe-t-il donc aucun moyen de résoudre ce problème par la voie expérimentale ? Supposez qu'un homme connaisse un secret et ne le partage avec personne. Il n'existe que dans sa conscience, n'a jamais été transcrit, mais peut se vérifier si une autre personne prétend le connaître aussi. Imaginez que tout au long de la vie de cet homme, les médecins et tous ceux qui le désirent tentent d'en percer le mystère par perception extra-sensorielle ou par un autre moyen. Personne n'y parvient. L'homme meurt. Un « esprit communicateur » apparaît alors et se sert d'un médium. Il prétend être le défunt, et dévoile le fameux secret dont on vérifiera l'exactitude. Ce serait un point de plus pour l'hypothèse de la survivance, mais non une preuve définitive. Il existerait toujours la possibilité que le médium, par la précognition, ait connu le secret. Cette possibilité diminue si des médiums ou d'autres personnes ont essayé de résoudre le problème pendant la vie de cet homme, peut-être stimulés par la promesse d'une prime à celui qui trouverait le premier.

Je peux vous révéler que des expériences de ce genre ont lieu actuellement. R.H. Thouless, célèbre parapsychologue anglais, et après lui T.E. Wood, a publié des signes cryptographiques, dont la clé, donnant un mot ou une phrase, est connue de lui seul et n'est transcrite nulle part. Après sa mort il a l'intention, s'il en a la possibilité au cours de sa « survivance » éventuelle, de donner la clé aux vivants grâce à un médium. Ces signes codés ont été publiés en 1948-1950, mais n'ont pas encore été déchiffrés. Cette méthode est très laborieuse. I. Stevenson en a proposé une plus simple : un cadenas à combinaison permet à son propriétaire de choisir une combinaison de six chiffres pour ouvrir le verrou. Un mot clé ou mieux encore une phrase entière peut se traduire en chiffres à l'aide d'un code. Le code ainsi que le cadenas sont mis en lieu sûr, mais le mot clé reste le secret du propriétaire et n'est jamais transcrit nulle part. Après sa mort, le propriétaire essayera, si possible, de communiquer le mot clé par l'intermédiaire d'un médium. Mais souvent, avant la mort du propriétaire, des médiums ou d'autres personnes intéressées doivent essayer de trouver la combinaison juste. On leur promet de grosses récompenses. Il existe trois possibilités de trouver la combinaison : essayer systématiquement les 125 000 combinaisons possibles; compter sur le hasard; ou utiliser la perception extra-sensorielle. Après sa mort, une révélation du propriétaire serait la quatrième possibilité. Si de nombreux individus possédaient de tels cadenas et si les mots clés n'étaient révélés qu'après leur mort, l'hypothèse de la survivance serait alors pratiquement prouvée.

FORMES PLAUSIBLES DE SURVIVANCE

Des divers phénomènes que j'ai étudiés jusqu'ici, il ressort une même forme de survivance : une personne A qui a vécu récemment veut absolument communiquer. Je la désignerai comme le communicateur A_1. En voici l'illustration schématique :

$$* \underline{\hspace{2cm}} A \underline{\hspace{2cm}} + \; - \; - \; - \; A_1 \; - \; - \; - \; - \; -$$

Mais vous pouvez envisager une autre forme de survivance : un être vivant A_1 peut se comporter d'une manière qui indique qu'une personne A qui a vécu récemment se manifeste à travers lui. Peut-être A_1 manifeste-t-il des connaissances paranormales de la vie de A. Peut-être se considère-t-il lui-même comme identique à A, au point de décrire des souvenirs de A comme les siens. Je l'illustrerai de la façon suivante :

L'intervalle entre la mort de A et la naissance de A₁, peut varier, avec trois possibilités :

1° ✳ _____A_____+ _ _ _ _ _ ?

✳ _____B_____ ? _____A₁_____

Une personne B apparaît. Juste au moment de la mort de A ou plus tard. Elle subit un changement soudain et radical de sa personnalité et s'identifie à A. Elle manifeste des connaissances paranormales de sa vie et agit comme A₁. Ces cas, assez rares, démontrent un état de possession plus vaste que ceux dont je me suis occupé jusqu'ici.

2° ✳ _____A_____+ _ _ _ _ _ ✳ _____A₁_____

A meurt avant la naissance de A₁. Mais avec un intervalle plus bref que les neuf mois nécessaires au développement du corps de A₁ après la conception. C'est une forme de transition peu courante. Le cas suivant est le plus fréquent :

3° ✳ _____A_____+ _ _ _ _ ✳ _____A₁_____

Ici la durée de l'intervalle varie mais dépasse nettement neuf mois, et atteint parfois plusieurs années. Ce qui indique une réincarnation.

La notion de réincarnation ou régénération du corps est très ancienne. Elle a été représentée sous diverses formes dans plusieurs civilisations et religions. En Occident, on l'ignore presque, on la ridiculise comme une croyance superstitieuse de « la transmigration des âmes ». Mais pour des millions de gens, surtout en Asie, l'idée de réincarnation constitue un des fondements de la vie. Les penseurs les plus illustres de l'Occident ont réfléchi sur cette notion. Pour eux, elle offrirait une compensation aux injustices et cruautés dont la vie est parsemée. Les malheureux d'aujourd'hui seraient récompensés dans une autre vie, d'où une égalité finale de tous les hommes. Mais une éventuelle réincarnation n'apporte pas forcément cette compensation. Penser que la vie sera plus juste au cours d'une seconde existence ne doit pas être pour vous un acte de foi. N'y croyez pas sans preuve. Il est possible après tout que l'existence soit vraiment aussi cruelle qu'elle en a parfois l'air.

Dès qu'on aborde le problème de la réincarnation, une objection vient à l'esprit : si l'on ne se souvient pas de sa vie précédente, c'est la preuve que l'on n'en a pas eu du tout.

Mais vous souvenez-vous vous-mêmes des premiers mois de votre vie? Non, et pourtant vous ne niez pas les avoir vécus. La mémoire fait aussi défaut pour des événements encore plus récents.

Il est plus courant que vous ne pourriez le croire que des personnes, tant en Europe qu'en Amérique, se souviennent de leur vie antérieure. Vous n'en entendez pas souvent parler car ces personnes doivent se taire. On les a bafouées, on s'est moqué d'elles lorsqu'elles ont essayé d'en parler. Elles ont appris à se taire depuis.

Voici des exemples de phénomènes qui se sont tous manifestés dans les pays nordiques :

Exemple 34 :

« A l'époque j'étais encore un bébé. Je savais à peine parler. Un jour de printemps, je trouvai dans la terre devant la maison de mes parents des fissures dues à la sécheresse. Un souvenir me revint : j'avais déjà vécu cela, j'avais vu la fissure s'élargir et je savais que c'était le premier signe d'un tremblement de terre. Ne sachant comment m'exprimer, je criai : « Ça tremble! », mais, hélas! personne ne me comprit. »

Exemple 35 :

« Me souvenir de tout est impossible. Il ne m'en reste que des bribes : une maison brûle, c'est la mienne. Mon mari debout sur la terrasse, entouré de flammes, chante. Est-il ivre ou fou? Je ne sais pas. Soudain, je m'enfuis et, en me retournant, je vois tout.

« La maison est à la lisière d'un bois. Je trébuche, m'écroule près d'une souche. Il y a quelques centimètres de neige. Un beau petit sapin pousse à côté de cette souche. C'est là que je meurs. Je suis vêtue à la mode du XIXe siècle ou du début du XXe. J'ai trente-cinq ans environ. Je ne me souviens d'aucun nom, même pas du mien.

« Si la mémoire ne me trahit pas, je garde le seul souvenir de quelque chose de vague, un événement qui m'est apparu lorsque j'avais un peu plus de cinquante ans. J'étais éveillée, impatiente comme à un lever de rideau de théâtre. Je savais que j'étais en cause, que c'était vraiment moi. Je ressentais la douleur, l'angoisse de cette femme et l'immense paix qu'elle a connue quand elle est tombée à côté de la souche et que tout a été fini. »

Exemple 36 :

« Quand j'étais enfant, j'avais la sensation d'être une femme entre deux âges, bourrue, difforme, ayant beaucoup d'enfants. J'étais toujours de mauvaise humeur. Je me souviens de mes vêtements, mais pas de mon nom. La sensation était douloureuse, car j'étais à la fois une petite fille et une adulte. Je ne pouvais pas parler aux adultes comme je le désirais, leur donner des conseils, leur dire : « Agissez ainsi, c'est ce que j'ai fait », comme si je conseillais mes enfants. Alors tous se moquaient de moi et disaient : « La petite parle aussi sagement qu'une grande personne, mais elle mourra bientôt. » Je me taisais donc, me maîtrisais. J'allais à ce moment-là à l'école primaire. Peu à peu, les souvenirs disparurent. Le plus vivace demeure : j'allais au puits chercher de l'eau. C'était un puits à l'ancienne mode. Je n'en ai jamais vu de semblable en réalité, pas plus que le village. J'avais un joug sur les épaules. J'étais indignée à cause d'un de mes fils.

« Mes souvenirs datent de l'époque où je commençais à parler, mais quand j'allai à l'école, ils se dissipèrent. Ils devinrent moins obsédants, puis disparurent totalement parce que je devais rentrer dans ma coquille et devenir une petite fille silencieuse. »

Exemple 37 :

« Je suis née en 1915. Le premier sentiment conscient qui me domina fut d'être sans domicile, et je le ressentais très vivement. J'étais triste. Plusieurs années passèrent avant que j'apprenne à rire et à être gaie. J'étais ainsi lorsque mon fils me manqua pour la première fois. C'était comme une partie de moi-même qui m'avait été arrachée. Comment décrire mes sentiments d'alors?

« J'étais la plus sage des enfants. Je devrais plutôt dire que ma complaisance était de la nonchalance. A l'âge de trois ans, je m'imaginais que j'avais mon fils chez moi. Je lissais mon oreiller, le caressais, rêvant que c'était la joue de mon fils. Dans mes souvenirs il a quatre ans, jamais plus. Quand quelqu'un me taquinait, me traitait de « vieillotte », je m'en allais la tête haute, raidissant mon petit cou : je me sentais adulte. Elle était si forte mon impression d'être adulte que je sentais nettement mes vêtements me serrer aux chevilles.

« Je ne saurais vous préciser quand les premières de ces images me sont apparues. Elles venaient et disparaissaient, s'estompant dans une sorte de brouillard. Seul l'amour de mon petit était là tout le temps, d'abord comme une blessure de l'âme, puis comme une certitude. Les images sont les mêmes depuis ma plus tendre enfance, mais passagères, à part celle de 1962, qui me laisse une très vive empreinte au plus profond de moi.

« L'appartement que nous habitons dans mon esprit se trouve dans une très grande maison. Les fenêtres sont hautes comme des portes, avec des embrasures solides, sans vitres. Je ne vois pas que les vitres manquent. Je le sais seulement avec certitude. Le plancher est pavée d'épaisses dalles de marbre poli, d'une couleur brun-rouge et vert-de-gris. Couchée sur mon divan, si j'étends la main, je touche une dalle aux grands dessins curieux, entrelacés. Il me semble que mon divan est à peu près au milieu de la pièce. A gauche, derrière moi, du même côté que les deux fenêtres, des marches conduisent à un jardin où se trouve une balustrade d'une couleur blanche qui m'éblouit. Il n'y a pas de porte d'entrée, mais une simple ouverture. Mon fils joue devant. Parfois il s'approche de moi et joue avec ses mains au-dessus de mon visage. Il me caresse. Ce souvenir me fait mal. Pourquoi? Le garçon est vêtu de blanc et nu-pieds. Je suis légèrement vêtue, couchée à moitié sur un côté gauche. Mon pied gauche est chaussé d'une sandale couleur crème. Je regarde ma cheville brune entourée d'étoffes vaporeuses et douces. Je ne les vois pas, mais je sais que j'ai des perles dans mes cheveux noirs. Même dans ma vie présente, j'ai souvent eu l'impression d'avoir des cheveux bruns. Pourtant ils ne l'ont jamais été. Petite fille, j'étais toujours déçue en me regardant dans un miroir. Je ne me reconnaissais jamais. Je me souviens aussi que, entourée de voiles légers, flottants, je dansais dans une pièce obscure. J'ai souvent désiré entrer dans une église, lever les mains et avancer en dansant. Pour moi, la danse possède à la fois une signification joyeuse et divine.

« Dans mon enfance, je ne connaissais pas encore la réincarnation, et pourtant je croyais déjà que mes souvenirs venaient du temps où j'étais chez le bon Dieu, avant ma naissance. Voilà pourquoi je n'ai jamais douté de l'existence du monde spirituel. Mon expérience de ce monde n'était que joie et lumière.

« En 1963, je commençais à me rendre compte que j'avais passé ma vie antérieure en Inde. Une amie me conseilla de lire des livres sur ce pays. Elle trouvait dans mes récits d'étranges ressemblances avec ce qu'elle en connaissait. En les lisant, je reconnus avec joie la fleur de lotus que je dessinais déjà avant l'âge scolaire, mais aussi le signe OM, un symbole divin. J'y avais réfléchi en vain depuis qu'à l'âge de cinq ans, j'avais vu un beau 5 stylisé sur l'étui de cigarettes de mon père. Pour moi, ce 5 était autre chose qu'un chiffre ordinaire. Les chiffres 5 et 3 représentaient des secrets que je n'ai jamais éclaircis. Je n'oublierai jamais comment, avec le bout des doigts. je suivais les contours de ce 5 dans le bois de l'étui, et le sentiment d'un souvenir très important qui me submergeait à cet instant. »

Exemple 38 :

« Dans mon enfance, j'eus souvent des souvenirs d'événements antérieurs. J'aurais voulu en parler à ma mère, mais elle me disait de me taire, me menaçait de fessées si j'osais répéter mes « bavardages ». J'avais huit ou neuf ans, la Finlande était en guerre. Nous habitions près de la frontière. Bien des choses m'échappaient, mais pas l'inquiétude, le fracas de cette guerre. Chez nous il y avait pénurie de nourriture. Je me souviens qu'une fois j'ai eu l'impression très nette que j'étais adulte et avais quatre enfants : un nouveau-né dans les bras, les trois autres pendus à la ceinture, criant et pleurant. Je me trouvais dans une église, où des tas de gens portaient de curieux vêtements gris pour la plupart. Toutes les femmes avaient des jupes très amples et très longues, descendant jusqu'à terre. J'en portais une très large, avec une blouse blanche aux manches larges, un corsage à lacets et une coiffe à larges bords retroussés. J'ai vu des coiffures semblables sur des images de Hollande. L'église, sur une colline, était toute petite. Tous s'y étaient réfugiés. C'était la guerre, on tirait de gros boulets de canon. Quelqu'un hurla : « La tour s'écroule ! » Mes enfants criaient, se cramponnaient à ma jupe. Puis on entendit un bruit effroyable et tout disparut. Je me souviens comme je tremblais, me tenais la tête entre les mains. Je voulus courir vers maman, mais me souvenant des fessées promises, je n'osais plus rentrer chez nous. On a dit que j'étais malade et l'on m'a mise au lit. Je me souviens clairement de tout, sans rien y comprendre.

« Je grandissais, sans oser jamais dire un mot à personne de mes souvenirs. J'en avais beaucoup d'autres. Je savais que j'avais vécu auparavant et je le gardais pour moi. Je ne voulais pas qu'on dise que je bavardais comme une folle. J'ai éprouvé le même sentiment à un âge plus avancé, mais je me refusais à y penser, et ces souvenirs sont maintenant flous et incomplets.

« Je ne simule pas. Je n'invente rien. Je me borne à constater ce qui m'est arrivé. Je sais avec certitude quand un ami ou un parent va mourir, bien avant d'en entendre parler. Je connais le moment, et aussitôt j'apprends qu'il est visé. Je regarde l'horloge. Je note le jour. C'est affreux, mais c'est juste. »

Ces phénomènes donnent au percipient la certitude absolue d'avoir vécu auparavant, mais, bien sûr, ils n'ont aucune valeur probante pour autrui. On doit se contenter de les expliquer par des illusions ou souvenirs flous d'images vues tant qu'on ne peut les vérifier. Les enfants ont beaucoup d'imagination. Ce qui est étonnant, c'est qu'ils fournissent des détails à propos de circonstances qu'ils ignorent, mais qu'ils reconnaissent en regardant des images d'autres pays et d'autres temps. Tous ces enfants n'avaient pas la télévision. Les sensations reflètent parfois la volonté de prendre ses désirs pour des réalités. Pourtant elles sont rarement agréables. Elles évoquent plutôt des événements violents, comme la mort. Et puis comment les vérifier, puisque les enfants ne les ont même pas racontées à quelqu'un qui les aurait écoutés? Mais souvent des adultes éprouvent ces sensations et on les vérifie alors :

Exemple 39 :

« Enfant, j'avais l'habitude de raconter à mon frère cadet comment c'était « quand j'étais grand avant ». Je parlais surtout de l'Amérique, à l'époque où l'on jetait des hommes vivants dans des puits. Je n'en avais jamais entendu parler. Plus tard, j'ai lu des récits sur les Aztèques et j'ai reconnu exactement mon histoire. Déjà quand j'étais petit, le nom Arras existait pour moi. Je me le répétais sans en connaître le sens. Puis il a disparu, mais le sentiment de mon sens particulier m'est revenu dans les années 1940 quand je l'ai entendu de nouveau.

« L'histoire que je vais vous raconter est un des nombreux événements que j'ai vécus, au cours de ces dix dernières années. Ces événements se sont toujours manifestés sporadiquement et m'ont surpris à chaque fois. Plusieurs membres de ma famille ont des facultés paranormales. Je n'avais jamais eu de telles sensations avant celle que je vais vous relater. Je n'ai jamais cherché à en avoir. Elles se sont manifestées spontanément. Elles ont toutes été précédées d'un moment d'inquiétude, d'une grande lassitude psychique, et souvent d'un sentiment d'angoisse. J'étais presque en état de transe lorsque je percevais ces événements, et même parfois je l'étais complètement. A condition que l'état de transe soit bien une perception de ce qui se passe alentour, fort diffuse ou même inexistante. Dès que la sensation s'estompait, je revenais d'ordinaire lentement à l'état normal, mais j'ai souvent continué à me « souvenir » de la suite d'une vision.

« Dans la nuit, le brouillard et le vacarme, m'apparaît la vision d'un grand hall de gare avec des quantités de trains à soldats, faisant leur plein de troupes. Les quais sont bondés de gens, de soldats, de fonctionnaires, de parents qui crient, se bousculent.

« Le bruit des locomotives, des voitures manœuvrées, poussées, secouées et les cris sont assourdissants. Par les grandes portes et les énormes fenêtres entrouvertes je vois des rangées de fiacres dans la rue. Leurs lanternes et les réverbères paraissent diffus et irréels dans le brouillard.

« Puis j'y vois enfin clair. Je suis terrifié de ce qui se passe. Comme des milliers d'autres jeunes gens, je dois m'entasser dans un des trains. J'y suis déjà, à demi penché par la fenêtre. A en juger par nos uniformes, c'est l'époque de la Première Guerre mondiale. J'ai l'impression que c'est la fin de l'automne 1914. Debout à la fenêtre, je ne suis plus qu'un homme désespéré. Je sais que le train va partir pour les Flandres, vers le front...

« Tout à coup je comprends pourquoi je me penche par la fenêtre. Je tiens les mains d'une femme dans les miennes. Elle est debout sur le quai. Elle a le même âge que moi, environ vingt à vingt-cinq ans. Ses yeux reflètent le même désespoir que les miens. Elle me serre les mains très fort. Nous chuchotons sans cesse nos prénoms, comme si cela pouvait nous sauver.

« J'entends quelqu'un crier plusieurs fois « Saint-Étienne », mais je ne réagis pas. Je suis trop préoccupé par ce sort cruel qui nous attend. Nous allons être arrachés l'un à l'autre à jamais, nous qui nous aimons à la passion. Elle chuchote toujours mon prénom : « Marcel, je t'aime. Mon Marcel. »

« Des ordres stridents déchirent le vacarme. Le train s'ébranle, glissant lentement comme un monstrueux serpent le long du quai. Les fonctionnaires, les agents de police, les officiers, les cheminots essayent en vain d'écarter du train la foule affligée qui s'y accroche obstinément. Leur seul désir : retarder l'heure de l'inexorable séparation de quelques secondes encore...

« Inutile, nous sommes séparés. Mes camarades m'appellent, je n'entends rien. Ils me tirent à l'intérieur du wagon, tandis que moi, éperdu, j'appelle : « Catherine, ma Cathy, ma Cathy! » De loin j'entends ses cris d'amour de plus en plus assourdis : « Mon Marcel! » Son ombre est absorbée par les ténèbres. Ma dernière vision est une brève lueur sur son visage, d'une paleur mortelle dans la nuit.

« On me traîne dans le wagon, me couche sur un banc. On me parle. Que puis-je entendre? Je sens un froid glacial m'envahir le cœur. Tout ce qui se passera désormais me sera égal. Je suis déjà mort, depuis le moment où la main de ma bien-aimée a glissé de la mienne.

« Peu à peu je m'éveille, couché sur mon banc. Mes camarades me parlent. Je ne réponds pas. On entend le bruit sans cesse répété des roues sur les rails.

« Enfin le train s'arrête. Dehors c'est la nuit, il pleut. Nous débarquons. Quelqu'un me donne un sac et un fusil à porter. Nous nous mettons en marche dans un champ où l'argile colle aussitôt à nos chaussures qui deviennent difformes et lourdes. Nous marchons, trébuchant, dans la nuit de temps en temps éclairée par des fusées. A l'horizon des flammes se dessinent sur le ciel obscur. Ce sont les lueurs des canons, les incendies dans les villes et les villages. Après une éternité de marche épuisante au fond d'un repli de terrain, nous arrivons sur une position qui fourmille de soldats. On a creusé un abri dans la colline. Nous y voyons des centaines de morts et de blessés. On nous dit que nous ne sommes plus très loin d'Arras.

« Je vis comme étourdi par mon malheur. Je ne sais si c'est le jour ou la nuit, si des jours ou des semaines ont passé. Mais plus tard c'est notre tour de monter à l'assaut de la colline que l'ennemi a occupée près du village. Notre groupe avance dans un ravin. Au fond, le ruisseau, grossi par les pluies, coule comme un fleuve. Notre marche est difficile. Mais c'est le seul chemin d'approche protégé, le seul ruisseau de la région. Il serpente au pied de la colline où il a creusé le ravin qui, du côté de l'ennemi, présente des pentes escarpées difficiles à forcer.

« Jusqu'au ravin nous devons monter en rampant. La progression est difficile dans cette argile glissante comme du savon. Alors, au signal d'assaut, nous nous élançons du ravin, dans un ultime effort. Mais au moment où je vois le village devant nous, une rafale d'arme automatique balaie notre front. Je ressens un choc violent dans la poitrine, une douleur brûlante. Ma dernière pensée est : « Comment puis-je mourir? Je suis déjà mort. »

*

« Cet événement date du 21 juin 1966, entre 20 et 21 heures. Toute la journée j'avais ressenti une grande fatigue, des malaises, de temps en temps de l'angoisse comme si quelque chose de terrible allait arriver. Rentré chez moi, je me suis jeté sur mon lit, complètement déprimé. J'ai senti alors un « brouillard » en moi. Je me souviens de bruits alentour de plus en plus assourdis, puis j'entrepris une sorte de très long voyage, jusqu'à ce que le silence soit interrompu par d'énormes bruits pour aboutir au grand vacarme de la gare au début de mon histoire.

« Peu à peu je repris connaissance. Je ne savais pas où je me trouvais. Je ne pouvais bouger. Une douleur intolérable dans la poitrine me brisait, près du cœur surtout, comme si j'y avais une grande plaie ouverte. Enfin j'ouvris les yeux, mais tout m'était inconnu. La chambre où je me trouvais retentissait des cris désespérés de Catherine et du choc des roues sur les joints des rails.

« Puis je bougeai. Je pris un bloc-notes à côté du lit, et notai tout ce que j'en avais retenu. Ensuite je descendis, vacillant, pour raconter à ma famille, inquiète de me voir abattu, triste, que j'avais eu la vision d'un événement de la Première Guerre mondiale.

« Le lendemain j'allai à la bibliothèque chercher des livres à propos de cette guerre. Je n'en avais rien lu sauf des extraits dans mes livres de classe. J'avais toujours évité de lire des ouvrages consacrés à cette guerre. Cela m'affectait beaucoup, sans que j'en comprenne la raison. J'appris alors qu'une grande bataille avait été livrée à Arras à l'automne 1914 et je reconnus très bien les uniformes français.

« J'ai eu l'impression qu'au cours de ces phénomènes il s'agissait toujours de moi-même, d'événements que j'avais vécus. Je m'en souviens aussi clairement que de ceux au cours desquels ma conscience était entièrement éveillée.

*

« En août 1966, lors d'une visite en Angleterre avec ma famille, j'eus l'idée, au retour, d'emprunter le chemin d'Arras. J'avais le vague espoir de reconnaître le pays, si ma vision était vraiment réelle. D'abord j'allai de déception en déception. Tout m'était inconnu. Mais à l'approche d'Arras, j'eus le sentiment étrange de voir tout à l'envers. Plus tard, je m'aperçus, si ma vision était chose vraie, que nous étions, en 1914. entrés dans la ville du côté opposé. A une dizaine de kilomètres de la ville, je parlai d'un ruisseau dans un ravin profond, serpentant dans le paysage. On n'en trouva aucun. En entrant dans la ville, qui, hélas! me parut inconnue, je proposai de prendre la route directe pour Charleroi, en Belgique. Pour sortir, nous avions pris des détours, et soudain mon cœur se serra. A un carrefour un panneau indiquait « Bapaume ». Sans hésiter, je pris cette direction. Elle nous entraînait pourtant vers Paris et non vers la Belgique. Après quatre ou cinq kilomètres, arrivés à un petit village, je commençai à m'orienter. Le village dépassé, sur un chemin étroit, je rencontrai une ligne de chemin de fer. Mon souvenir s'éclaircit soudain. Je rebroussai chemin, croisait la grande route et descendis au village. Entre les maisons, dans une rue étroite et sinueuse, je conduisais comme un somnambule et sortis enfin du village pour aboutir à un champ. Là, je m'arrêtai, descendis et dis aux autres : « Voici l'endroit. » Le ravin, le ruisseau et le village au fond, près duquel je fus tué dans ma vision étaient là. Nous sommes retournés à la grande route pour atteindre l'autre village : Hénin-Saint-Cojeul, où je voulais chercher l'église. Nouvelle déception : je ne reconnus ni le village ni l'église. Ils ne ressemblaient pas à ceux que j'avais vus, même endommagés par la guerre. L'église ne paraissait pas avoir souffert de la guerre. Entre-temps mon fils interpella un piéton très âgé et disparut avec lui dans la rue en discutant. Un moment après, il revint et me dit que l'église et les maisons actuelles avaient été construites dans les années 1930. Le village avait été complètement détruit lors des rudes combats près d'Arras en 1914. Les Allemands avaient bien occupé la colline derrière l'église.

« Ce que ce nom « Saint-Étienne » veut dire m'échappe. Je suis allé, l'année suivante dans la ville qui porte ce nom. Elle m'était inconnue. Seule la gare du Nord à Paris me parut correspondre à celle de ma vision.

229

« Mon attitude sceptique vis-à-vis de moi-même ne me quitte pas. Souvent je me demande à quel point mon subconscient m'abuserait. Quand une pareille vision se présente, je suis impuissant. Je ne peux rien faire. Mais plus tard, je commence à douter de tout. En relisant mes notes, je m'étonne plutôt d'avoir eu les sensations décrites. Je voudrais, au moins une fois, que, sous hypnose, on me les fasse décrire. Ne prouverais-je pas alors qu'elles représentent la vérité ou bien qu'elles sont une « mystification » de mon subconscient? »

J'ajouterai que le fils de cet homme a confirmé sa conversation avec le vieillard et aussi que la vision avait été racontée avant le voyage.

Comme ces différents cas le prouvent, les perceptions des adultes sont difficiles à vérifier. Elles ne représentent d'ordinaire que des images isolées ressemblant aux séquences d'un film. Les visions des enfants sont souvent plus étendues, dans le temps, avec les séquences plus longues.

Souvenez-vous des rêves mentionnés dans le cas 14. Ils se sont déroulés dans un décor existant plusieurs années avant la naissance de celle qui les rapporte. Peut-être le contenu de ces rêves est-il un mélange de l'imagination d'une écolière et de ses souvenirs inconscients d'une existence antérieure où elle était bergère. Mais ce n'est qu'une supposition.

Souvent il existe des indices, dans le comportement d'un enfant, qui prouvent l'existence de tels souvenirs. Un petit enfant témoigne par exemple d'une peur inexplicable. Il pleure, se cache, chaque fois qu'il voit ou entend un avion, sans avoir vu auparavant des avions à la télévision ni dans d'autres circonstances où cela l'aurait effrayé. Il arrive parfois qu'un enfant, en âge de s'exprimer, déclare qu'on a tiré sur lui d'un avion.

Ces cas ont amené des psychiatres à accepter l'idée que la cause des troubles d'un malade proviendrait de sensations « en dehors du temps chronologique », dans une vie antérieure. Quelques-uns pensent même que « l'étude de la parapsychologie constituera l'une des phases essentielles de l'évolution de la psychiatrie ».

On obtient les résultats les plus intéressants en observant des enfants ayant des souvenirs d'une vie antérieure, si ces souvenirs sont assez récents. Le psychiatre Ian Stevenson, de l'université de Virginie, un pionnier en ce domaine, a étudié des centaines de cas. Il y a des enfants qui ont de tels souvenirs surtout à Ceylan, en Inde, en Turquie, en Alaska, dans certaines régions du Liban et de la Syrie. On trouve des cas isolés dans plusieurs autres pays, même en Europe et aux États-Unis, mais on les rencontre le plus fréquemment dans des milieux où la croyance à la réincarnation est répandue. Mais, me rétorquerez-vous, ce ne sont donc que des fantaisies. Les enfants parlent de réincarnation quand on en parle autour d'eux. D'accord, mais ce que disent les enfants coïncide parfois avec des événements de la vie d'un défunt, que l'enfant n'a normalement pu connaître. Voilà où il faudrait trouver une explication.

D'autre part il est probable que la croyance en la réincarnation facilite aux enfants la description de leurs souvenirs. Ces histoires d'enfants ne sont pas toujours bien accueillies. En Inde, on affirme souvent que les enfants qui se souviennent d'une vie antérieure mourront bientôt. D'où cette constance à les faire taire, souvent avec des méthodes rigoureuses, en les frappant, en leur remplissant la bouche de savon, etc. Pourtant certains enfants continuent à parler; ils s'identifient tout simplement avec force à une personnalité disparue.

Pour plus de clarté, voici un cas étudié par Stevenson.

LE CAS IMAD ELAWAR

Un garçon âgé de deux ans et sa grand-mère se promenaient dans une rue de Kornayel, un village du Liban. Un inconnu les croise. Tout à coup, le garçon court vers lui et l'embrasse. « Tu me connais? » demande l'homme étonné. Le garçon répond : « Oui, tu étais notre voisin. »

Ce garçon s'appelle Imad Elawar et il est né en décembre 1958. Dès qu'il a su parler, il a tenu des propos étranges. Il affirme qu'il a vécu une vie antérieure et décrit des événements, parle de personnes qu'il a connues. Les premiers noms qu'il a prononcés nettement, « Jamile » et « Mahmoud », personne ne les porte dans sa famille. Il parle surtout de Jamile et compare sa beauté à celle, plus modeste, de sa mère. Il raconte un accident où un homme écrasé par un camion eut les jambes broyées, et dit que cet homme mourut peu de temps après. Imad prétend qu'il est membre d'une famille Bouhamzy à Khirby, village situé à trente kilomètres de Kornayel et où l'on se rend par une mauvaise route de montagne sans communications régulières. Il ennuie ses parents en leur demandant la permission de s'y rendre. Le petit Imad est aussi enthousiasmé de pouvoir marcher.

La famille d'Imad appartient à la secte islamiste des Druzes qui vivent au Liban, en Syrie, et dans certains villages d'Israël. La croyance à la réincarnation est l'un des éléments essentiels de leur religion. Aussi ses parents n'eurent-ils aucune difficulté pour comprendre ce que signifiaient les paroles de leur fils. Mais son père le désapprouvait, lui reprochait ses « mensonges ». Imad n'en parla plus à son père, mais continua avec sa mère et ses grands-parents. Il évoquait aussi, dans son sommeil, ses « souvenirs ». L'homme qu'il avait embrassé dans la rue avait en effet habité Khirby, ce qui donna des soucis au père d'Imad. Mais ses parents ne cherchaient pas à vérifier ses déclarations. Imad avait mentionné les noms de plusieurs personnes connues dans sa vie antérieure, et ses parents en composèrent une famille. Ils en déduisirent que leur garçon avait porté le nom de Mahmoud Bouhamzy, que sa femme se serait appelée Jamile et qu'il aurait perdu la vie après avoir été renversé par un camion. Il s'avéra cependant qu'Imad ne disait pas qu'il avait été victime de l'accident, mais qu'il l'avait seulement décrit précisément. Il n'avait pas affirmé non plus que Jamile avait été sa femme, mais seulement parlé d'elle. Le père d'Imad finit par se rendre à Khirby en décembre 1963 pour la première fois. Imad avait alors cinq ans et parlait de sa « vie antérieure » depuis trois ans. Mais le père ne trouva aucun membre d'une famille Bouhamzy à Khriby.

Stevenson rencontra par hasard au Brésil en 1962 un jeune Libanais. Celui-ci lui raconta que dans son village, Kornayel, il y avait plusieurs enfants qui se souvenaient d'une vie antérieure. Il donna à Stevenson une lettre en arabe destinée à son frère qui y vivait encore. Stevenson arriva à Kornayel avec cette lettre comme seule recommandation, le 16 mars 1964, et apprit que le destinataire s'était établi à Beyrouth. Quand il exposa le but de son voyage, on lui parla d'Imad et il apprit que le père d'Imad était un cousin du destinataire de la lettre. Invité dans la famille d'Imad, le même soir, Stevenson apprit ce qu'Imad racontait et ce que ses parents en avaient conclu.

Stevenson proposa d'aller à Khirby le lendemain. Une enquête prouva que, dans ce village, il existait, ou avait existé, des habitants, portant le nom mentionné par Imad et aussi qu'un dénommé Saïd Bouhamzy, mort en juillet 1943, avait été écrasé par un camion. Il avait été opéré, mais était mort après l'opération. Cependant les récits d'Imad ne concordaient pas avec la vie de Saïd, et la maison où avait habité Saïd n'était pas celle qu'Imad avait décrite comme la « sienne ».

Un membre de la famille Bouhamzy s'aperçut alors que les informations d'Imad au sujet d'événements et de personnes de sa vie antérieure ressemblaient exactement aux agissements de Ibrahim Bouhamzy, cousin et ami intime de Saïd. Ibrahim avait vécu en concubinage avec sa très belle maîtresse, Jamile, d'où un énorme scandale dans le village. Après la mort d'Ibrahim, à vingt-cinq ans, en septembre 1949, Jamile avait quitté le village. L'année avant sa mort, Ibrahim, incapable de marcher, dut garder le lit. Il s'en plaignait souvent. Son métier était chauffeur de camion et il avait assisté au moins à deux accidents de la circulation. La mort de son cousin Saïd, des suites d'un accident, l'avait profondément affecté. Un oncle d'Ibrahim s'appelait Mahmoud, et les autres personnes mentionnées par Imad étaient aussi des parents. L'homme de Khirby que l'enfant avait embrassé dans la rue avait été un voisin d'Ibrahim!

Le 19 mars, Imad, son père et Stevenson retournèrent à Khirby, où ils visitèrent la maison d'Ibrahim. On constata alors qu'Imad connaissait parfaitement l'intérieur de cette maison et il répondit aux questions concernant son aménagement au moment de la mort d'Ibrahim. La maison avait été fermée à clé pendant plusieurs années et ouverte exprès pour cette visite. On ne pouvait attribuer la parfaite connaissance qu'Imad avait des lieux à une observation rapide. Non, il en connaissait déjà bien l'intérieur.

234

Avant la visite à Khirby, Stevenson avait noté quarante-sept renseignements différents d'Imad sur sa « vie antérieure ». Il en vérifia quarante-quatre. Pendant le voyage pour Khirby, il en nota dix autres, dont sept étaient exacts. Quant aux trois autres, il semblait qu'Imad, surexcité par ce voyage désiré si longtemps, y eût mêlé des souvenirs de sa vie actuelle, peut-être pour plaire à l'invité. Pendant la visite, Imad donna encore seize détails sur la maison et la vie d'Ibrahim, dont quatorze étaient corrects, la plupart liés à des problèmes personnels. Ainsi Imad cita les derniers mots prononcés par Ibrahim sur son lit de mort!

Il existait aussi une ressemblance de caractères entre Imad et Ibrahim, d'après les descriptions données par les parents du premier et les descendants du second. Imad avait clairement spécifié qu'Ibrahim possédait deux fusils, dont l'un à double canon. Il montra aussi l'endroit de la maison où Ibrahim en avait caché un. Ibrahim était un chasseur chevronné, et Imad s'intéressait beaucoup à la chasse. Ce qui est rare pour un enfant de cinq ans. Ibrahim avait servi dans l'armée française et parlait très bien le français. Imad était très avancé pour son âge en français, langue que personne ne parlait dans sa famille. Il l'apprit très vite à l'école et corrigeait même les fautes de sa sœur plus âgée que lui. Comme Ibrahim, il était d'un naturel coléreux et se querellait facilement. Enfin, Imad avait eu peur des camions et des autobus jusqu'à l'âge de quatre ou cinq ans.

SUPERCHERIE, PERCEPTION EXTRA-SENSORIELLE OU RÉGÉNÉRATION DU CORPS?

C'était le résumé d'un cas décrit par Stevenson dans son livre *Vingt cas de réincarnation apparente*. Il y occupe quarante-neuf pages.

Il serait absurde de l'expliquer uniquement par des coïncidences fortuires. Les ressemblances sont trop nombreuses et trop compliquées. Il faudrait donc supposer que les parents aient pu apprendre à l'enfant à donner des renseignements exacts, susceptibles d'être vérifiés par la suite. Leur rôle resta très effacé. Seul Stevenson leur accordait de l'attention. Il arriva à l'improviste, sans être invité, ignorant des faits à l'avance. On doit écarter l'hypothèse habituelle d'informations données par l'enfant, qui auraient été mal interprétées et ensuite adaptées pour coïncider avec celles que l'on a vérifiées. En effet, Stevenson a pris lui-même note des informations avant leur vérification. Il a prouvé que celles des parents n'étaient pas en accord avec ce que l'on vérifia ensuite. Ils s'étaient imaginé leur Imad dans sa vie antérieure comme un père de famille respectable, tandis que l'on déduisit qu'il avait plutôt été un « semeur de trouble », doublé d'un bon vivant de réputation douteuse. L'hypothèse d'une supercherie est donc mal fondée.

L'enfant n'aurait-il pas reçu normalement des informations sur la vie antérieure d'une personne, puis ne les aurait-il pas oubliées jusqu'à ce qu'elles se concrétisent sous une forme personnifiée, par cryptomnésie ? Imad raconta cette vie antérieure dès qu'il fut en âge de parler. Auparavant il avait toujours vécu auprès d'un membre de sa famille.

La cryptomnésie explique des souvenirs d'adultes, à propos de la réincarnation, mais, dans ce cas, vous pouvez écarter cette hypothèse. N'en doutez pas ! Si Imad était au courant de faits concernant la vie d'Ibrahim, ce n'était que d'une façon paranormale.

S'agit-il de perception extra-sensorielle ? Imad aurait-il alors, par télépathie, par clairvoyance ou par postcognition, pris connaissance des circonstances à distance, dix ans avant sa naissance, en se familiarisant avec elles jusqu'à les sentir personnifiées en lui. Les enfants qui ont ces souvenirs témoignent très rarement de perception extra-sensorielle pour des soucis autres que ceux liés à une prétendue vie antérieure. Imad ne savait rien de Khirby après la mort d'Ibrahim. Une seule « anomalie » : il associe certaines images et idées dans son conscient à une prétendue vie antérieure. Apparemment l'enfant « voit » ces images et ces idées de la même façon que lui. Les autres éprouvent des souvenirs de la vie actuelle, des souvenirs « normaux », qui émanent de la conscience à la suite d'événements extérieurs leur donnant une certaine « résonance ». Les hypothèses de supercherie, de cryptomnésie ou de perception extra-sensorielle n'expliquent pas non plus les réactions affectives très intenses que provoquent souvent chez l'enfant des rencontres avec des membres de sa « famille antérieure », réactions empreintes de sympathie si forte qu'elles occasionnent parfois des troubles familiaux.

Dans le cas d'Imad, comme dans la plupart des cas qui suggèrent une réincarnation, la personne évolue normalement même avec ses souvenirs d'une prétendue existence antérieure. Les détails de ses souvenirs s'estompent dès que l'enfant va à l'école, mais les liens affectifs qui le rattachent à l'existence antérieure subsistent encore longtemps.

Stevenson a dénombré un millier de cas donnant l'idée de réincarnation et les a soumis à des enquêtes successives. La plupart furent recueillis au cours des années 1960. Le plus remarquable est sans nul doute celui de « la tache de vin ». Le corps d'un homme vivant porte une tache de vin. Elle a en tous points l'apparence et se trouve à l'endroit précis d'une blessure qui aurait causé la mort de la personne « antérieure » !

On a expliqué aussi les cas de réincarnation comme étant de la « super-perception extra-sensorielle » combinée à une personnification. Mais le crédit que l'on y accorde est très faible, et la « super-perception extra-sensorielle » n'offre aucune explication à la tache de vin. Selon une autre appréciation la personne antérieure aurait ressenti le désir impérieux que ses sentiments et ses idées se perpétuent après sa mort. D'où une puissante « émission télépathique », que recueillerait dix ans après par exemple l'organisme infantile pas encore marqué par sa personnalité. Il se créerait donc chez l'enfant une « personnalité partielle », susceptible de s'identifier nettement avec la personnalité extérieure. Donc elle jouerait un rôle actif et la personnalité actuelle seulement un rôle passif, récepteur. Mais même cette hypothèse n'explique pas les taches de vin particulières.

En revanche, l'hypothèse de la réincarnation offre une explication valable. Selon elle, la mort d'Ibrahim Bouhamzy n'aurait pas signifié son anéantissement total. Sa conscience et sa personnalité, ou un aspect qu'on ne peut encore définir, mais que je nommerai composante *psi,* survit à la mort du corps, se perpétue sur un autre plan d'existence. Les intérêts, les caractéristiques de sa vie terrestre resteraient conservés dans cette composante *psi* qui, d'une nature ondulatoire ou rayonnante, serait inaccessible aux instruments de mesure existant actuellement. Le temps venu, après une dizaine de nos années, un contact s'établit entre la composante *psi* et l'œuf fécondé, qui se divise, et deviendra le corps d'Imad. Cet œuf fécondé contient, sous forme de facteurs héréditaires tous les composants de l'évolution de la personnalité. Par une sorte de résonance, le contact s'établit précisément avec cet œuf et non avec un autre, moins propice aux aspirations contenues dans la composante *psi* qui va se réincarner. Cette composante qui, antérieurement, avait eu comme apparence le corps d'Ibrahim, resurgit en Imad Elawar, personnalité aux possibilités d'évolution nouvelles, avec une liaison avec le passé, sous forme de souvenirs.

Les enfants qui ont des souvenirs comme ceux d'Imad donnent, au sujet des conditions de leur vie antérieure, des renseignements analogues, que vous pourriez dans plusieurs cas vérifier minutieusement. L'enfant prétend avoir été un individu qui mourut jeune, souvent dans des circonstances tragiques. L'intervalle entre la mort et la naissance est rarement supérieur à dix ans. Les cas où un enfant prétend être mort il y a très longtemps au dernier stade de la vie sont très rares. Pour que la conscience accumule des souvenirs, il faudrait qu'ils se gravent profondément dans la mémoire lorsque la mort s'accompagne d'événements pénibles. Une lésion corporelle ayant la mort pour conséquence laisserait une empreinte très forte, traduite par une tache de vin chez la personne actuelle. Si l'intervalle entre la mort et la naissance est bref, il existe une autre possibilité : des événements de la vie nouvelle rendraient parfois les souvenirs apparents, par résonance. Il n'est peut-être pas anormal de renaître, mais de se souvenir de sa vie précédente.

Si vous vous opposez à l'idée de réincarnation, vous constaterez que les personnes aux souvenirs d'une vie précédente prétendent toujours avoir été des personnages illustres, tandis que personne ne se souvient d'avoir été esclave. Mais il n'en est rien. Ce long exemple est un cas typique de souvenirs qui n'évoquent pas un personnage éminent. Au contraire, dans plusieurs cas de souvenirs d'une réincarnation, la personne antérieure n'est même pas identifiée! Elle n'a souvent jamais existé ou alors les renseignements reçus à son sujet sont insuffisants ou imprécis. Dans la majorité des cas vérifiables les souvenirs ont trait à une personne qui, de son vivant, n'était connue que d'un petit groupe de gens, parents, amis ou collègues.

SUGGESTION, HALLUCINATIONS, « DÉJÀ-VU »

Selon les adversaires farouches de la parapsychologie, tous les phénomènes paranormaux dépendraient de combinaisons de suggestions, autosuggestion, hypnose, hallucinations, « déjà-vu », supercherie et tromperie de soi-même. Je me dois, en tant que défenseur de la parapsychologie, de commenter cette attitude.

Le « déjà-vu » est parfois une « explication » donnée dans un cas qui indiquerait une réincarnation :

J'arrive avec un ami dans une petite ville que je n'ai jamais vue auparavant. Quand nous nous promenons dans la rue, je sens très nettement que j'ai déjà vu cette rue et *vécu la situation telle qu'elle se déroule actuellement*. Cette sensation est désignée par le terme « déjà-vu », phénomène qui se produit chez certains malades, mais aussi chez des gens bien portants, abattus ou fatigués. Ce « déjà-vu » n'est donc pas le souvenir diffus d'un événement auquel on aurait assisté dans la ville en question, mais la manifestation soudaine d'un sentiment ou d'une certitude de *s'être déjà trouvé dans la situation actuelle*.

Supposez d'autre part que j'aie l'impression d'être déjà allé dans la ville et que je décrive, avant de tourner le coin de la rue, le chemin qui conduit à une maison dont je vous détaillerai aussi minutieusement l'extérieur et l'intérieur. Vous vérifiez ensuite que ma description est correcte, à quelques détails près. Vous interpellez un habitant et, grâce à de vieilles photos, vous vous apercevez que la maison était exactement comme celle que j'ai décrite, mais il y a plusieurs années. On s'intéresse dans l'étude des cas de réincarnation à une telle connaissance paranormale. Vous pouvez rapprocher d'une telle étude les exemples 14 et 39.

Il est possible qu'en Inde la famine augmente les manifestations d'hallucinations et les phénomènes de « déjà-vu ». Pas dans le cas d'Imad, où il s'agissait d'une connaissance d'apparence paranormale de la vie d'un défunt, au sujet duquel on nota des renseignements vérifiés par la suite. Peut-être préfère-t-on supposer qu'Imad, ou Stevenson, hypnotisèrent toute la famille, l'obligeant à donner des informations semblables à celles d'Imad ?

Même les apparitions peuvent s'assimiler à du « déjà-vu » dans une interprétation assez large. Je cite : « Celui qui reçoit le faire-part du décès d'un parent proche est frappé d'un choc qui produit un phénomène de « déjà-vu », accompagné de la sensation qu'il a déjà eu la vision de la mort de ce parent. » Mais, dans les recherches de Hart, au chapitre IX, à propos des apparitions, il s'agissait uniquement de cas où la vision avait été racontée *avant* que le message du décès n'arrive.

Par suggestion et éventuellement sous hypnose, il est possible de provoquer des hallucinations. Mais qu'une sensation soit qualifiée d'hallucination n'empêche pas qu'elle donne, d'une manière paranormale, des informations à propos d'événements qui se passent ailleurs. Au cours d'une hallucination complète, dire que le projecteur et le percipient éprouvent tous deux une hallucination n'explique pourtant pas qu'ils connaissent leurs occupations réciproques par la voie de leurs hallucinations.

Vous pouvez prétendre qu'un rapport d'une séparation ou de souvenirs d'une prétendue vie antérieure proviendrait d'un dérangement du « mécanisme des sensations ». Mais vous abandonnez alors la chance d'étudier de près cet état et d'en apprendre les secrets. Peut-être ce mécanisme n'est-il pas seulement désordonné, mais permet-il en même temps les sensations d'aspects normalement inconnus mais existant en réalité. Votre conception ordinaire de la nature n'est sans doute pas parfaite, mais vous pouvez radicalement en changer en étudiant l'important matériel documentaire qu'apporte l'étude de la parapsychologie.

HYPNOSE ET RÉINCARNATION

Un bon moyen pour connaître votre éventuelle vie antérieure est d'utiliser un médium qui se déclare capable de vous raconter ce que vous avez été dans cette vie antérieure. Mais bien sûr l'information reçue n'a aucune valeur probante si on ne peut la vérifier, même si vous êtes persuadé, au fond de vous-mêmes, que le médium dit vrai. Il serait aussi possible que le médium perçoive inconsciemment ce que vous désirez entendre. Que plusieurs médiums, indépendants l'un de l'autre, donnent les mêmes informations n'a pas non plus de valeur démonstrative, car l'information du premier, ancrée dans la conscience et les souvenirs de l'interrogateur, reste ainsi perceptible des autres médiums.

On rapporte parfois des cas où une personne, par suggestion hypnotique, a été ramenée à la « vie antérieure ». De tels essais sont faciles à réaliser avec tout sujet capable d'atteindre une hypnose profonde. Le sujet parle d'une autre vie, où il était quelqu'un d'autre. Il lui arrive même de s'exprimer dans une langue étrangère. Mais en analysant le compte rendu, on s'aperçoit généralement que la nouvelle personnalité n'a été qu'une *persona* de l'inconscient, créée complaisamment pour satisfaire la curiosité de l'hypnotiseur. Mais une information paranormale peut être reçue, et parfois le compte rendu donne l'idée de souvenirs réels d'une vie antérieure.

Si le sujet d'une expérience hypnotique a déjà éprouvé des sensations spontanées d'une réincarnation, comme dans le cas de la bataille d'Arras, la situation change. Il existe déjà quelque chose de concret qui ne s'est pas produit selon la volonté de l'hypnotiseur. Les chances sont donc alors meilleures d'obtenir des résultats ultérieurs vérifiables. En particulier chez les enfants et adolescents aux souvenirs diffus, peu explicables comme venant de leur vie actuelle, on pourrait peut-être réveiller ainsi des souvenirs détaillés qui sont restés plus vifs, car plus récents que chez les adultes. Mais on doit se demander s'il est opportun de faire renaître de tels souvenirs. Cela dépend de l'équilibre psychique et de la liberté de choix de chaque individu.

Une survivance après la mort est plausible sous plusieurs formes. Elle pourrait apparemment s'appliquer à tous ou seulement à certains individus. Qu'un individu survive à sa propre mort ne signifie pas nécessairement qu'il renaisse. Le contraire est toutefois certain : s'il renaît, il a donc survécu à sa mort. Le problème capital est d'établir l'identité des personnalités actuelle et antérieure. Plusieurs définitions du mot « personnalité » sont possibles. On peut dire qu'une personnalité représente son « histoire » et ses souvenirs. Ce qui la distingue des autres, c'est que chacun a éprouvé des sensations différentes et un ensemble de souvenirs différents. Mais les souvenirs et les informations qu'ils donnent ne sont qu'un des aspects du problème de la réincarnation. Un autre est le sentiment d'identité avec la personnalité antérieure et les liens affectifs avec son milieu et sa famille. La tache de vin particulière définit encore un autre aspect. Le « cas idéal » regrouperait tous ces aspects à un degré permettant la constatation de l'identité des personnalités antérieure et actuelle. Aucun cas de ce genre n'existe encore.

Un seul corbeau blanc suffirait pour prouver que les corbeaux blancs existent, tandis qu'un cas « idéal » donnant l'idée de la réincarnation ne suffirait pas à la prouver. Mais elle la rendrait toujours plus vraisemblable, pour le cas en question. Mais si les cas de connaissance d'apparence paranormale indiquant une vie antérieure ne sont pas que des accidents et s'ils ont une relation mutuelle, vous en constaterez de plus en plus. A moins que ceci ne soit rendu difficile par une modification des conditions extérieures. La matière documentaire s'enrichit progressivement. Les meilleurs cas déjà étudiés représentent un témoignage sérieux de l'existence d'une connaissance paranormale. A mon avis ils fournissent aussi un argument de poids à l'hypothèse de la survivance.

XIV

FACULTÉ DE PARLER
DES LANGUES INCONNUES

UNE EXPÉRIENCE OUBLIÉE

On désigne par xénoglossie la faculté de s'exprimer dans une langue dont on ne possède aucune connaissance.

Sous hypnose, un patient avait parlé une langue que le médecin ne comprenait pas. On lui avait dit d'écrire, et il avait écrit trois lignes inintelligibles, même pour lui-même. Les recherches prouvèrent que ces lignes étaient écrites dans une langue parlée en Italie environ 200 ans av. J.-C. Mais le malade n'avait, à l'état normal, aucune idée des langues italiques. Comment avait-il pu écrire ces lignes?

A l'aide d'une technique spéciale d'interrogation, on put lui remettre en mémoire un événement antérieur : dans une bibliothèque où il étudiait, il pensait à son amie qui n'était pas venue à un rendez-vous. Il regardait un livre, posé sur la table voisine. C'était une grammaire de langues mortes laissée ouverte, où, sur les pages visibles, on parlait d'une malédiction contre Vibia, nom analogue au sobriquet de son amie. Cette situation, inscrite dans sa mémoire sans qu'il en ait été conscient, il la répéta littéralement sous hypnose. Voilà un bon exemple de cryptomnésie, ou « souvenir oublié ». Pourtant le patient était absolument sincère en déclarant qu'il n'avait nulle connaissance de la langue en question, puisque l'épisode du livre n'avait jamais atteint sa conscience. On ne m'a pas précisé combien de temps s'était écoulé entre l'événement et l'hypnose, mais je pense à plusieurs années.

XÉNOGLOSSIE RÉPONDANTE

La cryptomnésie fournit une explication plausible à plusieurs phénomènes médiumniques. Toutefois il existe des cas de xénoglossie plus difficiles à expliquer, surtout ceux de « xénoglossie répondante ». On désigne ainsi un péhnomène où le sujet non seulement répète inopinément certains mots et phrases dans une langue étrangère, mais soutient une conversation et fournit des réponses cohérentes aux questions qu'on lui pose dans cette langue.

LE CAS ROSEMARY

Le cas le plus connu de « xénoglossie répondante » est celui de « Rosemary ». Un médecin anglais, le docteur Wood, connaissait une jeune femme, qu'il appelait Rosemary et qui, depuis 1927, pratiquait spontanément l'écriture automatique. Cela l'ennuyait et elle avait consulté Wood car elle connaissait son intérêt pour la parapsychologie, qu'elle ne partageait pas encore. En la prenant comme médium, il commença une série de séances. Une « communicatrice » y prétendait être une Égyptienne, « Nona », qui aurait vécu sous le règne du pharaon Amenhotep III, il y a trois mille trois cents ans, et voulait communiquer ses pensées par télépathie à Rosemary, qui les exprima en anglais. Bientôt « Nona » utilisa sa langue maternelle, l'égyptien ancien. Rosemary, après avoir « entendu » les mots au cours d'une expérience auditive, les répéta à haute voix. Le magnétophone n'existait pas encore. Wood nota les mots phonétiquement.

Pendant plusieurs années, Rosemary cita au cours des séances environ cinq mille mots ou phrases courtes en égyptien ancien. Les huit cents premiers figurant dans les notes de Wood ont été identifiés et traduits par un égyptologue, Hulme. Il découvrit que ces termes donnaient un sens véritable à la conversation. Afin de répondre à la critique des égyptologues, Wood entreprit l'étude de l'égyptien ancien et fut très vite capable de comprendre et de traduire ses notes.

L'écriture hiéroglyphique ne comportant que des consonnes, aucun moyen n'existait pour démontrer ou contredire que les voyelles prononcées par Rosemary étaient celles de la langue morte. Mais on prouva ainsi leur authenticité : Rosemary, en les utilisant, suivait une règle précise dans des milliers de phrases et ce qu'elle disait concordait avec les règles grammaticales des consonnes et avec d'autres caractéristiques connues de l'ancienne langue.

« Nona » prétendait que Rosemary était la réincarnation de « Vola », une de ses amies égyptiennes, et Rosemary cita, pendant les séances, plusieurs « souvenirs de la vie de Vola » en Égypte. Mais la plupart n'étaient ni vérifiables ni réfutables. La xénoglossie répondante se caractérise ainsi. Au cours d'une séance il est parfois possible que le médium, interpellé dans une langue étrangère pour lui, donne des réponses plausibles dans sa propre langue. Seule explication acceptable : croire que le médium, par télépathie, serait capable de capter la réponse attendue. De tels essais échouent si l'interrogateur ignore la langue de la question. Mais, pour Rosemary, les rôles étaient inversés. Wood interrogeait en anglais et Rosemary répondait dans une langue que tous les deux ignoraient complètement, au moins au début.

On ignore si l'on peut apprendre une langue par télépathie, clairvoyance ou postcognition. Grâce à la perception extra-sensorielle, on peut connaître des événements du passé, du présent et de l'avenir, mais aucune expérience ne prouve jusqu'ici s'il est ainsi possible d'*acquérir une habileté* pour s'exprimer dans une langue étrangère.

Je ne vous ai pas encore signalé une attitude fréquente dans les cas de postcognition et de réincarnation. Différentes doctrines évoquent un mystérieux « réservoir cosmique » de souvenirs, parfois nommé « Chronique d'Akasha », où des « souvenirs » de tous les événements seraient recueillis et gardés disponibles pour celui dont le « conscient » peut les saisir. Vous pouvez donc penser que Rosemary serait entrée en contact avec les souvenirs d'une autre personne, contenus dans ce « réservoir cosmique », et qu'elle les revivait par personnification, comme s'il s'agissait d'elle-même. Vous pouvez donner la même explication à tous les cas de souvenirs où il est question d'une vie antérieure; et qui par conséquent ne prouveraient pas qu'il s'agit d'une survie. Mais les doctrines où la « Chronique » joue un rôle sont fondées sur la régénération du corps après la mort et la réincarnation; selon ces doctrines, le contact avec la « Chronique » n'est possible qu'après la mort. Ce « réservoir cosmique » de souvenirs ne constitue donc pas un argument à opposer à l'hypothèse de la survie. Bien au contraire.

Pour soutenir cette hypothèse, il suffit de bien étudier les expériences effectuées au cours de la vie actuelle. Supposer qu'un « réservoir cosmique » existe est, en revanche, plutôt un credo et ne peut se discuter de la même façon. Je ne vous en parlerai donc plus.

Une autre attitude, proche de la précédente, présume l'existence d'une *mémoire génétique*. Les expériences vécues par une personne seraient empreintes d'une façon ou d'une autre dans son hérédité et transmises ensuite à ses descendants, qui pourraient ainsi se « souvenir » d'événements auxquels leurs parents ont assisté. Mais cette hypothèse mène beaucoup plus loin que les simples conclusions déduites des recherches sur l'hérédité. Même si on l'étayait par d'autres faits concrets, elle ne pourrait expliquer qu'une très faible minorité des cas de réincarnation, surtout ceux où la personnalité présente est un descendant de la précédente. Le cas d'Imad, où ce lien du sang n'existe pas, n'a rien à voir avec la mémoire génétique.

Je viens d'achever mon aperçu des résultats expérimentaux de la parapsychologie. J'ai aussi abordé les divers groupes d'expériences et sensations rapportées qui permettent de juger la question de la conscience et de la mort. Dans les chapitres suivants, je tenterai de réunir tous les détails donnés afin de vous en présenter une vue d'ensemble puis une synthèse.

XV

ESSAIS D'EXPLICATION

QU'EST-CE que la perception extra-sensorielle?
Comment fonctionne-t-elle le mieux? Peut-on s'entraîner à la produire à force de volonté? Les phénomènes paranormaux se trouvent-ils en accord avec
notre conception du monde? Est-il vraiment plausible qu'un aspect de la personnalité humaine survive à
la mort et, s'il en est ainsi, lequel? Voilà quelques-
unes des questions soulevées par les chapitres précédents. J'étudierai de plus près un petit nombre de
ces questions ainsi que les réponses fournies jusqu'à
présent. Plusieurs hypothèses et théories se trouvent
en présence.

Quelles conditions réunir pour favoriser la perception extra-sensorielle? Vous disposez d'une documentation sur les expériences effectuées et les études de cas spontanés. Comme vous l'avez constaté,
la perception extra-sensorielle est plus qu'un
« sens » comme la vue ou l'ouïe. Aussi la désignation de « sixième sens » est-elle tout à fait hors de
propos. J'ai précédemment établi l'existence d'une
relation entre la personnalité et la faculté de démontrer la perception extra-sensorielle au cours d'expériences. Mais le milieu ambiant des laboratoires a
aussi son importance. Dans une atmosphère de détente et de sympathie, qui n'empêche pourtant pas le

contrôle nécessaire, les chances d'arriver à un bon résultat paraissent les meilleures. Le scepticisme et l'hostilité du sujet ou de l'expérimentateur compromettent la démonstration de la perception extra-sensorielle. Il en va de même avec les essais de médiums : un investigateur hostile décèlera moins de faits paranormaux. Il augmentera la probabilité d'un recours du médium aux expédients sensoriels ou même à la fraude pour donner satisfaction à l'enquêteur. Or, plus le médium doit se « forcer » afin de présenter une information paranormale, plus le résultat est décevant.

ALTÉRATION DES ÉTATS DE CONSCIENCE

Vous pouvez vous demander s'il existe un état de conscience particulièrement propice à la démonstration de la perception extra-sensorielle ou à la production de manifestations spontanées. La figure 4 donne un aperçu des états de conscience déjà expliqués. Il en existe d'autres. Les transitions entre ces états sont presque imperceptibles. Comme ils ne sont pas tous généralement connus je les résumerai ainsi :

1° *Conscience diurne ordinaire :* l'état ordinaire que caractérisent une activité méthodique, des pensées logiques et le sentiment d'avoir son activité mentale sous contrôle. On est conscient d'être soi-même percepteur d'impressions diverses, de stimuli venus du monde extérieur, éléments auxquels le corps physique se trouve intégré.

Dans les états numérotés de 2 à 12, la perception des stimuli extérieurs est diminuée. Les états de 2 à 9 se caractérisent par des impressions visuelles et des images animées lorsque les yeux sont fermés.

2° *Les rêves diurnes* se caractérisent par un enchaînement rapide de pensées, pas nécessairement en rapport avec le milieu ambiant. Les yeux fermés, on perçoit des images, et l'électro-encéphalogramme indique des mouvements rapides des yeux, comme pendant le rêve nocturne ordinaire, au numéro 6.

3º *La transe* se caractérise par une suggestibilité augmentée. Rien ne prouve que l'électro-encéphalogramme effectué en état de transe soit caractérisé par des ondes alpha. La transe ne paraît pourtant pas être un état passif. L'état de veille persiste, mais l'attention est concentrée sur un seul stimulus. Leurs yeux seront soit ouverts soit fermés. La transe est provoquée par suggestion émanant d'un hypnotiseur, mais les médiums provoquent

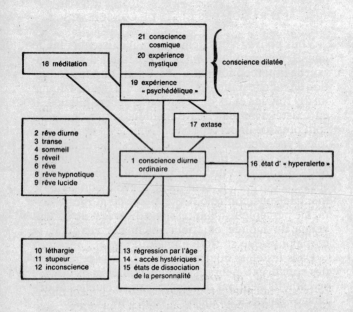

Figure 4

aussi parfois cet état eux-mêmes. La transe peut encore être induite soit par des mouvements répétés d'une façon monotone : « lavage de cerveau », certains rites, musique rythmique ou danse, mais aussi des actes qui requièrent de l'attention, dont le stimulus varie très peu, comme la conduite d'une voiture sur une route monotone, les yeux fixés sur la ligne médiane. Une amnésie limitée aux faits survenus en état de transe pourra se produire. Notez encore que la transe favorise l'écriture automatique et la naissance d'événements paranormaux.

4º-5º *État hypnagogique et réveil :* Ils constituent les phases intermédiaires entre le sommeil et l'état de veille. Dans les deux cas, des impressions visuelles et auditives se manifestent, mais l'activité mentale n'est pas la même que lors du sommeil ou du rêve. Des individus ne se souviennent d'aucun événement survenu pendant cet état. D'autres l'éprouvent comme un moment agréable qu'ils aiment prolonger avant de céder au sommeil. Ils ressentent des impressions visuelles et auditives qui conduisent à de véritables hallucinations. Dans cet état, le contrôle conscient des fonctions psychiques faiblit et les images prennent des proportions fantastiques, bizarres et symboliques. Des états hypnagogiques surviennent aussi en plein jour et sont accompagnés de manifestations paranormales.

6º *Le rêve* se vérifie à l'aide de l'électroencéphalogramme. Il se manifeste par des mouvements rapides des yeux. Un rêve inclut parfois des facteurs paranormaux.

7º Pendant le *sommeil* ordinaire sans rêve, l'électro-encéphalogramme présente un aspect différent. Si le sujet est réveillé au milieu d'un songe, son compte rendu du rêve sera bref et insignifiant. Il ne présentera rien de commun avec ce qui caractérise l'état de rêve n° 6. Une activité mentale existe cependant lors du sommeil ordinaire.

8° Le *rêve hypnotique* est induit à l'état de transe par suggestion, mais, sur l'encéphalogramme, revêt l'aspect d'un rêve ordinaire. Des faits paranormaux s'y manifestent.

9° Il est possible que le *rêve lucide* constitue un état particulier de la conscience. Mais on ne sait si son électro-encéphalogramme diffère de celui du rêve ordinaire. On ignore si l'extériorisation de la conscience en représente un état particulier, mais dans le chapitre VIII, vous avez vu qu'elle se produit sous différentes conditions physiques.

Tous les états cités sont compatibles avec un état physique normal, sans maladie. Les six autres états que je vais vous donner surviennent plus fréquemment au cours de maladies. Les trois premiers, 10, 11 et 12 se caractérisent par une réceptivité décroissante, par rapport aux stimuli extérieurs. Ils sont produits par des médicaments, poisons, états maladifs, affections du cerveau, et le n° 10, lui, par surmenage excessif.

10° *Léthargie* : engourdissement, activité mentale réduite, inertie.

11° *Stupeur* : faculté très réduite de réagir aux impressions venues du monde extérieur.

12° *Inconscience* : coma, suspension de la faculté de réagir aux stimuli extérieurs.

13° *Régression* : comportement sans rapport avec l'âge et l'état physique de l'individu. Il est produit expérimentalement par hypnose ou résulte d'une maladie.

14° *Accès hystériques* : caractérisés par une grande exaltation et une émotion intense. Ils sont induits par la colère, la jalousie, la panique, la peur ou encore une manifestation collective comme le lynchage.

15° *États comportant une dissociation de la personnalité :* caractérisés par la disparition des liens entre les aspects essentiels de l'ensemble de la personnalité. Ses symptômes : les psychoses, névroses graves, dédoublement de la personnalité, dissociation, perte de mémoire, confusion mentale. Ils peuvent être produits par des drogues, par suggestion sous hypnose, par une lésion anatomique, par le surmenage ou par une maladie.

16° *État d'hyperalerte :* désigne un accroissement de l'activité mentale. Il se manifeste, au moment des guerres, face au péril. Il est aussi induit par des drogues qui stimulent le système nerveux central.

17° *L'extase* ressemble à l'état n° 14. Caractérisée, comme lui, par une grande exaltation et une émotion intense, elle semble au sujet agréable et positive. Une stimulation sexuelle, une danse au rythme forcené, des rites divers, des activités religieuses peuvent être à son origine.

L'extase ressemble aussi à l'expérience mystique, n° 20, mais on y trouve une effusion de sentiments plus violente et elle laisse l'individu dans un état d'épuisement physique. Tant que se prolonge cet état, la réceptivité paraît réduite. Selon les rapports existants, des individus en état d'extase s'exposent au feu et aux poisons divers sans pour autant présenter de signes de lésion. B.E. Schwarz a étudié une secte américaine dont les membres tenaient des serpents venimeux et absorbaient de la strychnine sans en souffrir. En ce qui concerne la *magie,* je cite au chapitre VI des comportements étranges : marcher au milieu d'un brasier, etc. L'extase vient donc aussi de certains rites magiques.

Je me dois de consacrer quelques lignes à l'état dit d'*inspiration*. On pourrait le considérer comme un état particulier de conscience, apparenté à la transe et à l'extase, mais se différenciant des deux. L'inspiration est marquée par l'apport de matières psychiques d'ordinaire inconscientes et assortie d'une forte tendance à l'activité créatrice. L'artiste, le mathématicien ou l'inventeur, sous le coup de l'inspiration, trouvent soudain des solutions aux problèmes considérés jusqu'alors comme insolubles. La solution est là, toute prête. Il ne reste plus qu'à l'exprimer par des mots, des images ou des notes de musique. Parfois, l'inspiration s'accroît et débouche sur une activité purement automatique. L'individu se considère alors comme l'instrument de forces dont la source se trouve en dehors de lui-même. Dans cet état, il lui arrive de réaliser des œuvres disproportionnées à sa personnalité « ordinaire ». Les adeptes du spiritualisme surestiment facilement les résultats obtenus en état d'inspiration. Selon eux, ils sont suscités par des parents défunts, des maîtres sublimes ou d'autres êtres de « l'au-delà » et présentent donc un caractère sacré. L'artiste, par contre, examine le résultat de son inspiration, le critique afin d'améliorer la qualité du message qu'il veut transmettre. De même, l'inventeur doit vérifier si son invention, réalisée sous le coup de l'inspiration, revêt une portée pratique.

18° *L'état méditatif* diffère nettement de tous les états dont je viens de vous parler. Il se trouve plutôt à l'opposé de la transe et des autres états numéros 2 à 9 qui comportent des expériences visuelles vives. La méditation est une activité mentale minimale, sans impressions visuelles, caractérisée sur électroencéphalogramme par des ondes alpha continues. Elle peut être induite par entraînement selon certaines méthodes.

Je réunirai les états numéros 19 à 21 sous la rubrique « conscience dilatée ».

19° *L'état psychédélique* est provoqué par hypnose ou méditation mais surtout en Occident, par l'absorption de drogues dites psychédéliques, dont le

LSD, la psilocybine et la mescaline. Considérez cet état sous quatre aspects :

I. L'aspect *sensoriel* : le sujet a une conception entièrement modifiée du temps, de l'espace et de son propre corps, assortie de sensations profondes de beauté, accompagnées de visions colorées.

II. L'aspect *analytique* : le sujet modifie sa conception du monde et reconsidère sa propre place au sein de l'univers.

III. L'aspect *symbolique* : le sujet s'identifie volontiers à d'autres personnes, à des idées ou à des symboles.

IV. *L'intégration* se présente sous forme d'une expérience religieuse et mystique. Elle est assortie de l'impression de faire partie d'un « tout ». C'est l'aspect le plus désiré de l'expérience psychédélique. Il n'est pas atteint par tous ceux qui absorbent des hallucinogènes.

Vous savez que l'absorption de LSD comporte certains risques. Cette drogue, comme les autres hallucinogènes, affaiblit les mécanismes de défense et les « barrières » dont nous sommes tous pourvus, nécessaires à la coexistence des êtres humains. Le résultat de cet affaiblissement revêt à l'extrême les formes d'une action destructrice, incompatible avec le comportement normal de l'individu et constituant un danger mortel pour lui ou autrui. Je citerai comme exemples les tentatives de suicide ou d'assassinat. Si je mentionne ici le LSD et autres hallucinogènes, c'est pour ne pas vous en recommander l'absorption.

20° Le quatrième aspect de l'expérience psychédélique en est l'élément prédominant et l'on préfère alors, parler d'*expérience mystique*. Elle sera d'un extrême intérêt lorsque j'examinerai les explications de la perception extra-sensorielle.

21° *La conscience cosmique* est un état hypothétique, aboutissement d'une expérience mystique vécue.

Personne n'a encore défini de façon exacte lesquels de ces états sont favorables à la production de phénomènes *psi*. Des expériences spontanées en état de veille ordinaire m'ont souvent été rapportées, mais, comme vous le savez, elles se manifestent aussi d'une façon marquée pendant le rêve. Les états numéros 2 à 9 se caractérisent par un contact réduit avec la réalité extérieure. Ils facilitent souvent l'accès à la matière inconsciente, qui se présente sous une forme « déguisée » et symbolique. Les psychanalystes qui étudient la communication télépathique dans sa phase thérapeutique, soulignent que même la matière télépathique est perçue sous forme symbolique, en accord avec la situation psychodynamique du malade.

Les états numéros 2 à 9 impliquent une réduction de la faculté des cinq sens de transmettre des impressions. Que la perception extra-sensorielle se trouve alors renforcée, indique qu'elle fonctionne comme un « mécanisme d'urgence », ou comme un instrument permettant à l'organisme de percevoir des sensations lorsque la capacité des sens est réduite. Les malades qui souffrent des suites d'une commotion cérébrale, présentent les indices d'une perception extra-sensorielle augmentée. En revanche on n'en constate aucune augmentation chez les personnes victimes de la maladie de Parkinson.

Les signaux de la perception extra-sensorielle touchent plus facilement la conscience lorsque le contact avec le monde extérieur est coupé. Les signaux atteignent d'abord les couches inconscientes de la personnalité, afin d'y être élaborés comme toute autre matière. Ceci pourrait indiquer que les stimuli de la perception extra-sensorielle seraient toujours reçus, mais qu'ils ne se font pas normalement valoir, à cause de toutes les sensations qui affluent et doivent être « remaniées ». L'intensité de perception dépend surtout de l'importance des mécanismes dits de défense dont je vous ai parlé au cours du chapitre VII.

LA PERCEPTION EXTRA-SENSORIELLE
ET LA MÉMOIRE

Ehrenwald pense que la perception extra-sensorielle et la psychokinésie n'ont aucun caractère surnaturel mais sont seulement des « prolongements » de l'activité sensorielle et motrice ordinaire. La perception extra-sensorielle serait un processus biologique naturel. En accord avec cette argumentation, on trouve la théorie de W.G. Roll : l'impression consciente de la perception extra-sensorielle ne serait composée que d'associations à des faits qui existent dans la mémoire du percipient. Les signaux de la perception extra-sensorielle l'amèneraient simplement à se souvenir d'une chose qu'il aurait apprise antérieurement. Cette phase du processus de la perception extra-sensorielle fonctionnerait donc comme un mécanisme psychologique et biologique ordinaire. Si les souvenirs évoqués ont un rapport avec des événements, le percipient n'envisagerait pas la possibilité d'un phénomène paranormal. Pour la télépathie, le stimulus trouverait aussi ses origines dans les souvenirs de l'agent. Roll raconte le cas d'un médium qui, prié de raconter les activités d'une personne absente, fournit une description très détaillée de ce que la personne avait fait le jour précédent, donc de ses souvenirs récents. A l'aide de la psychométrie, on pourrait encore interpréter les traces *psi* d'un objet par son champ *psi*. Vous l'avez vu au chapitre III.

C.G. Jung s'intéressait aux phénomènes paranormaux. Il en fit lui-même l'expérience. Il propose la désignation « synchronicité » pour indiquer la relation dans le temps de deux ou plusieurs événements sans relation causale, mais offrant une signification identique. La synchronicité est un principe « intellectuellement nécessaire » à ajouter, selon Jung, aux trois conceptions connues du temps, de l'espace et de la causalité. On l'appliquerait seulement lorsqu'une explication causale n'est pas acceptable.

La conception de synchronicité est telle qu'on ne peut ni la confirmer ni la réfuter. Elle est donc, de ce fait, inapplicable au travail expérimental qui tente d'établir des causes. Les preuves fournies à l'appui d'une théorie ou d'une hypothèse doivent résulter d'essais de laboratoire, de cas spontanés et d'expériences effectuées.

L'HYPNOSE

Je reviens aux états de conscience illustrés par la figure n° 4. On a souvent utilisé la suggestion sous hypnose, numéros 3 et 8, pour faciliter la perception extra-sensorielle. Les rêves hypnotiques comme les rêves ordinaires contiennent des matières télépathiques. Les séparations, les bilocations et les rêves partagés ont, avec plus ou moins de succès, été produits sous hypnose ou furent les résultats de suggestions posthypnotiques. Les possibilités de démontrer la perception extra-sensorielle sous hypnose sont plus importantes si le sujet est entraîné à produire des impressions visuelles sous transe. De même, si ses rapports avec l'hypnotiseur sont positifs, et si les éléments utilisés ont une signification personnelle ou affective pour lui : par exemple si vous vous servez de cartes sur lesquelles vous avez marqué des noms de personnes connues du sujet.

MÉDITATIONS ET ONDES ALPHA

L'état de méditation, n° 18, figure 4, suscite un intérêt croissant. Il comporte, comme les états numéros 2 à 9, une modification de la conception du monde extérieur mais, comme je l'ai noté par ailleurs, il se trouve, sur un point capital, à l'opposé de ces états. Il se caractérise en effet par l'absence d'impressions visuelles imaginaires. Sur l'électro-encéphalogramme, il est représenté par des ondes continues d'un aspect particulier, les « ondes alpha ». Elles se produisent d'une manière périodique sur l'électro-encéphalogramme d'une personne en repos, les yeux fermés. L'état de méditation peut se provoquer par entraînement, selon certaines méthodes, comme le yoga — méditation les yeux fermés — ou le zen — les yeux ouverts. Pour les sujets ordinaires, dont l'électro-encéphalogramme montre des ondes alpha, les stimuli extérieurs comme les lueurs répétées ou les bruits inattendus, produisent une coupure momentanée des alpha, et leur remplacement par d'autres ondes. Mais chez les yogi en méditation, on ne peut ainsi interrompre les ondes alpha et ils semblent entièrement inconscients du monde extérieur. Des yogis, assis avec une main plongée dans l'eau glaciale pendant quarante-cinq minutes, produisent des ondes alpha, ce qui prouve qu'ils empêchent les impulsions des nerfs de la main d'atteindre la conscience. L'état de méditation a donc des effets physiques profonds.

Pendant la méditation les yeux ouverts, des impressions visuelles se manifestent, mais l'attention est fixée sur un point précis ou un objet; par exemple un vase bleu sur un fond neutre. Le sujet enregistre l'objet, mais sa conscience n'analyse pas la situation et n'évoque pas d'associations. Les pensées et les associations sont exclues. La vision du vase remplit toute la conscience.

L'état de méditation semble favorable à la perception extra-sensorielle. Je connais un groupe d'étudiants en psychologie qui tentèrent un essai de perception extra-sensorielle, avec peu de résultat. Puis ils écoutèrent tous un discours prononcé par un yogi sur la méditation et la respiration. Après un exercice de respiration, un essai de perception extra-sensorielle donna un résultat significatif : $p = 0,001$. Avec un cours « d'évolution psychique » durant quinze jours, et surtout des exercices de relaxation, un autre groupe obtint de meilleurs résultats de perception extra-sensorielle. En devinant des cartes les yeux fermés, puis les yeux ouverts, les sujets obtinrent de très bons résultats lorsque l'électro-encéphalogramme indiquait un pourcentage élevé d'ondes alpha. Au cours d'un essai de séparation par la volonté, un rythme alpha a été enregistré dans la phase initiale, tandis que le phénomène se caractérisait par un électro-encéphalogramme indiquant un sommeil avec mouvements rapides des yeux.

Tout ceci offre des possibilités d'expérimentations ultérieures. On peut munir un électro-encéphalographe d'un générateur de son, qui produit un certain son lorsque l'électro-encéphalogramme montre des ondes alpha. Les sujets s'entraînent ainsi facilement à susciter de longues périodes où les ondes alpha sont prédominantes. Ils décrivent cet état comme une détente agréable. Des essais de perception extra-sensorielle ont été ainsi réalisées. On a effectué des essais en groupe avant et après la méditation, selon des méthodes différentes.

On ignore comment la méditation et les états qui s'y apparentent facilitent la perception extra-sensorielle. Une explication : les signaux sont plus facilement captés dans cet état détendu et agréable. Les états 2 à 9 sont difficiles à utiliser au cours d'expériences ordinaires. Plus faciles à contrôler sont les numéros 3 et 8. Ils facilitent la perception extra-sensorielle en rendant surtout la matière inconsciente plus accessible, et en permettant aux « émissions » spontanées conçues inconsciemment de devenir conscientes. Les essais réussis de perception extra-sensorielle en laboratoire ont cependant une relation avec l'état de détente et de passivité sans imagination, avec diminution de l'attention aux stimuli extérieurs. Vous pouvez atteindre un tel état par la méditation.

LES DROGUES PSYCHÉDÉLIQUES ET LA PERCEPTION EXTRA-SENSORIELLE

On a étudié aussi la manifestation de la perception extra-sensorielle chez des sujets qui avaient pris des drogues psychédéliques. Mais non sans difficulté. Les drogués avaient une fâcheuse tendance à s'absorber dans leurs visions et à renoncer aux essais. Des phénomènes paranormaux spontanés se produisent aussi en état psychédélique.

UNE EXPLICATION EXISTE-T-ELLE?

On ignore totalement la nature des signaux de la perception extra-sensorielle. Ils ne paraissent pas d'origine électromagnétique. Des expériences, où le sujet se trouve enfermé dans une cage de Faraday, qui exclut les signaux électriques, ont donné des résultats significatifs. Une telle cage, entourée d'un champ électrique, facilitait plutôt la perception extra-sensorielle. On a réalisé des essais à travers les continents pour étudier l'influence des longues distances sur la perception extra-sensorielle, mais les avis sur leurs résultats diffèrent beaucoup.

Le « canal » qui transmet les signaux de la perception extra-sensorielle est tout aussi inconnu. On se perd en suppositions. On s'est imaginé que le *psi* se développe dans un « éther psychique ». On a essayé de l'expliquer selon des modèles cosmologiques. Votre intelligence vous permet de saisir les trois dimensions de l'espace et la quatrième, celle du temps. Peut-être existe-t-il d'autres dimensions que vous ne pouvez pas comprendre, mais nécessaires à l'explication des phénomènes *psi*. Hard considère que les phénomènes *psi* spontanés se produisent dans une cinquième dimension, la « dimension psychique ».

Le physicien Mach qui, au début du siècle, parla de la quatrième dimension de l'espace comme d'une notion mathématique, déclara que l'apparition et la disparition soudaine d'objets seraient le meilleur indice de l'existence d'une telle dimension « supérieure ». Si un objet se déplace dans cette quatrième dimension, il n'est plus possible de l'enfermer. Il disparaîtrait d'un seul coup et apparaîtrait ailleurs dans l'espace tridimensionnel. Mais l'apparition et la disparition soudaine d'objets, à travers des portes fermées, des murs solides, sont des phénomènes connus du spiritisme, et se produisent aussi grâce à la psychokinésie spontanée répétée. Souvenez-vous du chapitre X.

En étudiant l'expérience mystique au chapitre XVII j'aborderai la perception extra-sensorielle sous un autre angle. Mais je dois d'abord, au chapitre suivant, essayer de déterminer la relation entre le cerveau et la conscience, puis vous expliquer le vrai sens des mots « matériel » et « psychique ».

XVI

LA CONSCIENCE, LE CERVEAU
ET LA MORT

JE viens de passer en revue différentes expériences humaines. Elles accréditent la thèse d'une survie après la mort. S'agit-il néanmoins d'une illusion? Si l'on prouve, à partir de méthodes logiques, l'impossibilité de la survie ou, en se fondant sur la neurophysiologie, on parvient à démontrer que la conscience se résume en échanges chimiques localisés dans le cerveau, tout sera beaucoup plus clair.

Je n'approfondirai pas ici les différentes théories à propos de la relation entre le cerveau et la conscience. Je me contenterai de vous parler d'observations importantes, réalisées en particulier par le philosophe C.J. Ducasse. Voici les plus remarquables :

La survie est soit :

1º Logiquement impossible;

2º Logiquement possible mais empiriquement impossible, ou tout au moins peu probable;

3º Logiquement et empiriquement possible;

4º Logiquement possible et empiriquement probable;

5º Non seulement logiquement possible, mais aussi empiriquement prouvée;

6º Logiquement nécessaire.

Devant un tel choix, je dois d'abord insister sur un point très précis : chacun de vous a toujours été *conscient,* dans la mesure où il s'en souvient. Jamais vous n'éprouvez l'inconscience totale. Cela impliquerait que vous soyez conscients de ne pas l'être et vous placerait en état de contradiction. Si dans certaines situations, en état d'anesthésie ou parfois en dormant, on vous considère comme inconscients, cela implique simplement une impossibilité de communiquer avec votre entourage ainsi qu'une diminution de votre faculté de réagir aux stimuli. Le sommeil n'entraîne pas une inconscience totale. Vous pouvez, dans une certaine mesure, réagir aux impressions de l'extérieur. Une mère endormie peut être réveillée par un léger soupir de son enfant, mais rester indifférente à tout autre bruit, même plus intense.

En état d'inconscience, votre faculté de réagir aux stimuli est encore plus faible. Cependant, vous pouvez, même dans les conditions indiquées ci-dessus aux exemples 21 et 23, éprouver des sensations intenses de séparation. On a également prouvé que des individus sous anesthésie perçoivent les conversations de leur entourage. Ceux qui soignent des malades placés dans un état d'inconscience prolongée, ne savent pas toujours si le malade comprend ou non ce qui se passe autour de lui.

Par l'intermédiaire de médiums, des communicateurs ont décrit leur propre sort. En général, on considère l'ouïe comme le sens qui reçoit le plus longtemps des impressions sur le plan physique. Le mourant, d'après certains chercheurs entendrait et percevrait longtemps encore après avoir perdu conscience.

Pas plus qu'il n'est possible d'observer un autre état psychique, toute tentative d'observation de l'inconscience est vouée à l'échec. On constate seulement l'absence des indices ordinaires de la conscience. Affirmer votre inconscience dans telle ou telle circonstance n'est qu'une hypothèse qui explique votre impossibilité de communiquer et votre perte passagère de mémoire. Mais ne pas se souvenir d'un état de conscience n'en prouve pas l'inexistence. Vous ne gardez en mémoire qu'une infime partie des événements de votre vie, même s'ils se sont produits en parfait état de conscience.

NOTIONS DE « MATÉRIEL », « VIVANT », « PSYCHIQUE »

Voici comment je définirai ces notions :

Matériel (physique, corporel) est, selon Ducasse, tout phénomène, objet, événement, procédé, etc. qu'on rend *perceptible à autrui*. On considère comme matériels les pierres, les plantes, les gaz, les corps d'êtres vivants qui, à un moment, sont perçus par plusieurs individus. On considère aussi comme matériels les composantes des objets matériels qui, par leur taille, ou pour d'autres raisons, ne sont pas perçues directement, molécules et atomes, par exemple, mais dont l'existence vous est connue et prouvée par d'autres phénomènes matériels.

Vivant, au sens biologique, est tout être qui répond à des critères tels que croissance, métabolisme, propagation, adaptabilité à l'entourage. Mais « vivant » dans le sens *psychologique* définit l'état de tout être doté d'une conscience. Le biologiste sait que les indices de vie, au sens biologique, meurent avec la mort du corps. D'où la conclusion que la conscience interrompt également ses activités. Mais ceci ne découle pas nécessairement de faits connus. On n'a pas prouvé que tous les aspects de la conscience sont liés aux procédés organiques.

Psychique (mental, spirituel) est tout phénomène, procédé, événement, etc. qui est *personnel,* susceptible d'être observé directement par l'individu, seulement sur lui-même. Ce sont des phénomènes tels que pensées, sentiments, souhaits, instincts, désirs, dispositions d'esprit, visions mentales, etc. descriptibles comme un *contenu de la conscience.* Ce qu'on révèle ainsi par introspection peut être porté à la connaissance d'autrui au moyen de paroles, d'écritures, de gestes ou d'autres moyens d'expression. Si vous dites à quelqu'un « J'ai peur », votre interlocuteur perçoit le mot « peur » en fonction de la sensation que ce terme évoque pour lui. Il croit donc que sa façon de percevoir cette sensation de peur est semblable à la vôtre. Mais l'état de peur ne s'exprime pas par des mots. Ils se trouve intégré à la personne qui éprouve la sensation et l'étudie sur elle. On n'examine que les expressions que provoque cet état chez autrui.

QU'EST-CE QU'UNE PSYCHÉ ?

Une psyché est, selon Ducasse, un ensemble de facultés ou de dispositions. Une faculté est définie ici comme une relation de cause à effet entre certains événements. Un exemple : le sucre est soluble dans l'eau, autrement dit, si l'événement A : « Le sucre mis dans l'eau » se produit, il entraîne l'événement B : « Le sucre se dissout. » De même, dire qu'un individu est irritable, n'implique pas qu'il éprouve constamment ce sentiment d'irritation, mais des événements qui ne provoqueraient pas ce sentiment chez autrui, le provoquent chez lui. Ces différentes facultés de la psyché se classent en trois groupes principaux :

1º psycho-somatiques : un événement psychique

cause un événement matériel ou somatique, c'est-à-dire corporel;

2° somato-psychiques : un événement somatique entraîne un événement psychique;

3° psycho-psychiques : un événement psychique cause un autre événement psychique.

Je représenterai ainsi schématiquement ces trois groupes :

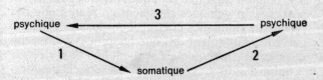

Si une psyché continue d'exister après la mort du corps, les groupes numéros 1 et 2 de facultés associées au corps seront supprimés. Il restera seulement le troisième, le groupe psycho-psychique.

Une psyché se compose donc de ces trois facultés, assemblées pour former une *personnalité*. Dire qu'une psyché existe pendant un certain temps, c'est dire qu'elle *exerce* l'une de ces facultés pendant ce temps. Il en résulte une série d'événements. L'existence d'une psyché ne se ramène pas à sa seule nature. Elle a pour autres composantes la chaîne d'événements déclenchés par les facultés citées plus haut.

De même qu'un objet matériel est constitué de pièces assemblées d'une certaine manière, une psyché est composée de groupes de facultés. Une partie d'entre elles peut se détacher et fonctionner plus ou moins indépendamment, d'une façon qui diffère du fonctionnement de l'ensemble d'origine. Souvenez-vous des exemples semblables de dissociations évoqués dans le chapitre consacré au spiritisme.

Une psyché, comme un objet matériel, se compose donc d'un ensemble de facultés et de dispositions. On pourrait dire qu'elle a une structure et qu'elle est donc constituée d'une « substance » psychique.

LES PENSÉES NE SONT-ELLES QUE DES PROCESSUS CHIMIQUES?

L'opinion classique veut que les pensées et autres processus psychiques ne soient en réalité que des processus chimiques et électriques localisés dans le cerveau. Autrement dit, que les processus psychiques et électrochimiques seraient *identiques*.

Selon d'autres, ces processus ne seraient pas identiques mais les processus psychiques seraient plutôt engendrés par des processus matériels dans le cerveau. On nomme cette conception l'*épiphénoménalisme*. Selon elle, la conscience n'est qu'un produit secondaire du cerveau. Seule la faculté somato-psychique existerait et les deux autres facultés seraient illusoires. La survie n'est donc plus possible, puisque la seule faculté existante se trouve supprimée par la mort du cerveau. La conscience n'existerait donc pas sans le fonctionnement du cerveau.

Cependant, dans cette description, on confond les phénomènes « matériel » et « psychique ». Le cerveau est matériel, tandis que la conscience est psychique. On veut dire probablement que les altérations de l'état matériel du cerveau causent des altérations de l'état psychique de la conscience, sans que l'inverse soit possible. La psyché serait une « substance » comme le cerveau, mais différente. Rien n'empêcherait alors que la substance psychique produise des modifications dans la substance matérielle.

L'épiphénoménalisme déclare ainsi qu'approcher une allumette enflammée de la peau, processus matériel, engendre un processus psychique : la douleur. On ne peut rien objecter à ce raisonnement, mais interpréter cette situation d'une autre façon : le désir de lever la main, processus psychique, déclenche un processus matériel : le mouvement de la main. Que tous les états psychiques sans exception soient causés par des états chimiques dans le cerveau n'est pas prouvé. C'est seulement une supposition fondée sur quelques faits connus. D'autres faits contredisent cette théorie.

Le principal est la télépathie. Elle implique qu'un événement mental, sentiment ou expérience chez l'agent, déclenche une action concrète du percipient, comme aller chercher l'agent ou choisir une certaine carte. L'épiphénoménaliste convaincu considérerait la plupart des essais de laboratoire comme une mystification. Mais si l'épiphénoménaliste se présente incognito chez un médium, puis entend ce médium évoquer ses parents décédés et ses affaires personnelles avec un luxe de détails qu'il ne connaît pas, comme dans l'exemple 30, il est bien obligé d'expliquer cela par la télépathie, à moins qu'il ne préfère l'hypothèse spirite. Pour expliquer les cas les plus réussis de réincarnation, l'hypothèse de téléphatie ou même de superperception extra-sensorielle s'imposera encore plus. S'il étudie des enregistrements paranormaux, il sera alors contraint de recourir à l'hypothèse de psychokinésie sous peine de retomber dans le spiritisme. Mais la psychokinésie, comme la télépathie, établit un lien de cause à effet entre les événements psychiques et les événements matériels !

INTERACTION DE LA PSYCHÉ ET DU CERVEAU

Les faits confirment-ils l'engendrement de la conscience par le cerveau? On n'est pas parvenu à localiser avec certitude la conscience au sein du cerveau. Il apparaît que les cellules nerveuses n'ont pas de facultés physiques essentiellement différentes de celles des autres cellules. Il n'existe pas non plus de différence fondamentale entre les cellules nerveuses de la moelle épinière, qui n'est pas considérée comme génératrice de conscience, et celles de l'écorce cérébrale, souvent considérée comme génératrice des formes supérieures de la conscience. Le contact entre les cellules nerveuses contiguës, entretenu par des substances chimiques, paraît aussi identique dans l'ensemble du système nerveux. Les neurophysiologues ne sont pas unanimes sur l'interprétation qu'il convient d'en donner, aussi je ne fonderai pas mon argumentation uniquement sur ces observations. Mais notez bien que des spécialistes parmi les plus éminents se préoccupent des problèmes de la relation existant entre le cerveau et la conscience. Certains neurophysiologues pensent que le cerveau, même en offrant les conditions nécessaires à une activité consciente, ne produit cependant pas la conscience. Ils citent l'exemple de l'appareil de télévision indispensable au spectacle du programme diffusé, mais qui ne produit pas ce spectacle. Le cerveau renforcerait donc les impulsions provenant d'un champ d'énergie mentale. Elle seraient trop faibles pour qu'on les enregistre avec nos instruments de mesure, mais existeraient néanmoins.

Le cerveau serait donc un organe à double sens, « émetteur-récepteur », qui échangerait des informations entre le corps et le champ mental. Des événements produits dans le cerveau par des stimuli du monde extérieur, comme une allumette enflammée au contact de la peau, ou par des états corporels, engendrent certains événements psychiques et des sensations de différentes natures. D'autre part, des événements psychiques, quelle qu'en soit la cause, déclenchent des événements matériels. Un exemple : le désir de lever la main produit des impulsions nerveuses qui dégagent les mouvements de certains muscles. Ainsi l'action est exécutée. Cependant, l'interaction du cerveau et de la psyché n'exclut pas qu'ils agissent tous deux indépendamment l'un de l'autre. Il est vrai que la structuration de la psyché pendant la vie dépend de cette interaction, ce qui n'empêche pas que la psyché après la mort du cerveau, continue à exercer au moins quelques-unes de ses facultés, comme les facultés psycho-psychiques.

Cette opinion à propos de l'interaction de la psyché et du cerveau n'implique pas une prise de position en faveur de la survie de la psyché, mais seulement la constatation d'une probabilité de la survie. La solution du problème dépendra des faits prouvés par l'expérience.

Or, si la survie est possible, la question essentielle pour vous est de savoir ce qui survit, et comment cette survie se manifeste.

Si vous pouviez avoir une idée intelligible de ce qu'est la vie après la mort, discuter de ces questions deviendrait inutile. Or, vous le verrez au chapitre XVIII, cette hypothèse n'est pas exclue. Cependant, vous devrez tenir compte d'une autre expérience humaine, l'expérience mystique. Son interprétation a d'énormes conséquences tant pour votre compréhension de la perception extra-sensorielle que pour celle de la fonction du cerveau et de la vie après la mort!

XVII

L'EXPÉRIENCE MYSTIQUE
ET LE CHAMP PSYCHIQUE

Dans la figure 4, le repère 19 indique l'expérience psychédélique et le repère 20 l'expérience mystique. Comme je l'ai mentionné au cours du chapitre XV, la sensation mystique d'appartenir à un « tout cosmique » se manifeste comme un aspect de l'état psychédélique ou comme un phénomène à part. J'illustrerai la nature de l'expérience mystique avec l'exemple suivant :

Exemple 40 :

« Au cours de mon enfance, j'étais très malheureuse. Mon père déclarait souvent à nos voisins et amis que Dieu n'existait pas. Le soir, dans mon lit, j'entendais tout ce qu'il racontait quand l'alcool aidant les discussions s'envenimaient. J'étais si malheureuse! A l'âge de dix ans, par une froide nuit d'hiver, je décidai d'en finir avec ma triste existence. Je m'échappai de la maison, vêtue seulement d'une chemise de nuit. Très vite le froid me glaça. Tombée dans un amas de neige, je murmurai à haute voix : « Je mourrai ici cette nuit, si je ne reçois pas la certitude que Dieu existe. » Je me souviens parfaitement de ces mots. Il se passa alors un événement étrange, qui changea ma vie pour toujours. Dans la nuit obscure, tout devint lumineux, les étoiles grandirent démesurément. Je vis se former comme des guirlandes descendant du ciel jusqu'à la terre. Derrière tout cela, il y avait comme un puissant moteur au bruit assourdissant, pareil à celui d'un énorme atelier de mécanique. Après cette expérience, je sentis qu'il existait des forces mystérieuses au sein de l'univers. A partir de ce jour, jamais plus je ne fus malheureuse. »

Cet exemple montre qu'il existe des expériences aux conséquences décisives pour l'individu. Remarquez le jeune âge du percipient, remarquable parce que d'ordinaire ces expériences-là se produisent chez des adultes. Les effets sont souvent décrits comme très positifs. D'où une étude des phénomènes en question.

Les expériences mystiques se produisent donc spontanément et inopinément. Une expérience psychédélique à nuance mystique peut accompagner une psychose. On peut aussi provoquer l'expérience par :

1º Des drogues psychédéliques.
2º La suggestion sous hypnose.
3º La méditation contemplative.

ESPÉRANCE ET ATTENTE JOUENT UN RÔLE DÉCISIF

Je dois souligner que les circonstances où l'on absorbe des stupéfiants comme le LSD ainsi que l'espoir que l'on place en lui décident de la nature de l'expérience. Si l'absorption est illégale, comme aux États-unis et en Suède, et accompagnée de la peur d'être surpris par la police ou la crainte de maladie, vous courrez le risque que l'expérience soit désagréable et entraîne des effets négatifs, même de longue durée. Si, au contraire, vous prenez la drogue comme expérience et pour étudier la manifestation d'une expérience mystique, sous une direction compétente et sous des formes inspirant le recueillement, la solennité et le calme, vous aurez plus de chances d'assister à une authentique expérience d'ordre mystique.

A l'opposé des expériences mystiques dues à l'absorption de stupéfiants, les expériences spontanées sont d'ordinaire de très courte durée. Rarement plus d'une minute, souvent seulement quelques secondes. Cependant le bilan en est souvent très positif. Sous hypnose et avec une certaine technique, il est encore possible de prolonger la durée de l'expérience. Assez pour que les séquences plus longues, au cours de cette dernière, soient vécues subjectivement quelques secondes. Le point culminant de l'expérience psychédélique s'étale, en revanche, sur deux heures. Que ces expériences, produites par des drogues, aient des effets positifs plus profonds et durables pour l'individu, est néanmoins discutable. Comme il est douteux que les expériences mystiques réalisées sous l'influence de stupéfiants atteignent le sublime de celles pratiquées en milieu religieux. Cependant les ecclésiastiques ont été effrayés à l'idée que les drogues provoquent rapidement les instants sublimes tant attendus par les contemplatifs soumis à une stricte discipline et aux privations.

CARACTÉRISTIQUES DE L'EXPÉRIENCE MYSTIQUE

Trouver des caractéristiques communes aux faits rapportés par différents individus au sujet de leurs expériences mystiques est facile. W.H. Pahnke en énumère neuf essentielles :

1° La sensation de constituer *une partie inté-*

grante du monde extérieur et du monde intérieur. Le « moi » disparaît ou s'estompe, tandis que, paradoxalement, une « conscience pure » subsiste et s'épanouit pour former un grand monde « intérieur ».

2º Objectivité et réalité : la sensation de *connaître* et de *voir* des faits *réels* crée la conviction dominante que l'expérience vécue est identique à la réalité. Cette conviction s'éprouve comme plus fondamentale que celle que l'on acquiert dans la vie de tous les jours ou même celle manifestée par les hallucinations et les rêves les plus réalistes.

3º Transcendance : le temps et l'espace sont ressentis comme des notions sans importance.

4º Les sensations de solennité, de sublimation, de sainteté dépassent en intensité toutes les impressions précédentes issues de conceptions philosophiques et religieuses.

5º *Sensations profondément positives* de joie, d'amour, de bénédiction et de paix.

6º L'expérience est *paradoxale :* des aspects sont éprouvés comme réels même s'ils entrent en conflit avec les notions logiques ordinaires. Un exemple : l'existence de la conscience malgré la mort du « moi ».

7º L'expérience est *inexplicable* d'une manière satisfaisante et à partir des symboles ordinaires de la langue.

8º L'expérience est *passagère,* d'une très courte durée, à peine quelques minutes, et si elle est provoquée par des produits chimiques, de quelques heures.

9º Altérations positives d'attitude et de comportement : changements de personnalité profonds et de longue durée. On se sent plus intègre, plus apprécié. Un besoin diminué d'avoir recours aux mécanismes de défense habituels.

D'autres auteurs ont décrit les mêmes caractéristiques. Chez A.H. Maslow, l' « expérience de pointe » est la même que l'expérience mystique.

LA MYSTIQUE ET LA PSYCHOSE

La psychose dure plus longtemps que l'expérience mystique : des heures, des jours, des semaines ou des mois, même si l'état de la personne présente des variations. Par suggestion hypnotique de la perception modifiée de l'espace et du temps, B.S. Aaronson a produit des états mystiques et psychotiques chez ses sujets. Selon lui, l'expérience mystique se caractérise justement par une perception intensifiée de profondeur, contrairement à la « perception plane » de l'espace au cours de l'expérience psychotique. L'impression de profondeur de l'état mystique représente les objets environnants non comme des objets isolés, mais comme un ensemble. Par contre, la perception de profondeur diffuse et « plane » de la psychose comporte de l'incertitude à l'égard des relations des objets entre eux et par rapport au « moi ».

A.J. Deikman enseigna à ses sujets l'utilisation d'une simple technique de méditation et constata qu'ils avaient des expériences psychédélico-mystiques après une assez brève période de « méditation expérimentale ». Il souligne cinq caractéristiques de l'expérience mystique : sensation intense de réalité, perceptions inhabituelles, union avec l'univers, sensation que l'expérience est inexprimable et supériorité de cette expérience sur les expériences, idées et souvenirs sensoriels ordinaires. Il déclare qu'elles résultent de la « désautomatisation de structures hiérarchisées ». Ceci voudrait dire que la perception ordinaire fondée sur des impressions sensorielles, qui répond à vos besoins spécifiques et que vous formez selon des modèles inculqués, serait complètement décomposée. Ainsi, lorsque vous voyez un paysage, vous n'êtes pas obligé d'en combiner les éléments : murs, routes, prairies, eau, forêt, montagne, pour arriver à la notion de « paysage ». Ceci vous est inculqué par habitude depuis l'enfance. En revanche, un aveugle depuis trente ans, qui, plus tard, à la suite d'une opération, recouvre la vue, doit de nouveau apprendre à combiner les parties d'un ensemble. Il voit le monde « nouveau et pur », ce qui est une composante de l'expérience mystique.

L'expérience mystique est, selon Deikman, belle, diabolique, révélatrice ou psychotique, selon le stimulus du cas individuel. Il n'existe ni indices ni preuves de l'existence d'une réalité extra-sensorielle. Il est exclusivement question, dans l'expérience mystique, d'une perception modifiée, conditionnée par des facteurs psychologiques.

Deikman considère donc que l'expérience mystique s'explique en termes psychologiques comme le résultat de l'absence momentanée du sens de la vue ordinaire et de la faculté d'enregistrer des impressions d'une manière normale, automatique. Or, l'existence de la perception extra-sensorielle est précisément l'indice d'une réalité que vous ne percevez pas par les sens. Vous pouvez aussi bien penser que l'expérience mystique vous rend conscients d'un aspect de l'existence dont vous n'êtes pas conscients normalement. Peut-être sommes-nous tous, par rapport au mystique, ce que l'aveugle est au voyant. Celui qui est né aveugle est sans doute disposé à percevoir « l'autre réalité », celle du voyant, comme une illusion.

La question demeure alors de savoir si l'expérience mystique n'est pas « une fenêtre par laquelle la psyché observe un monde plus grand, embrassant tout ».

DEUX MANIÈRES D'ÉPROUVER LA RÉALITÉ

La physique enseigne que la lumière se manifeste à la fois comme un mouvement ondulatoire et comme un flux de particules, même si ces deux manifestations paraissent incompatibles. Peut-être la réalité a-t-elle aussi deux dimensions, dont l'une devrait exclure l'autre?

Les expériences médiumniques vécues accréditent cette opinion. La conception du monde qui s'y manifeste a été surtout étudiée par Lawrence LeShan. Selon lui, vous vous représentez la réalité, le monde extérieur, de deux façons contraires. Selon la conception « normale », vous vous représentez une *réalité individuelle sensorielle*, tandis qu'un médium, selon LeShan, perçoit une *réalité individuelle clairvoyante*, aux caractéristiques identiques à celles de l'expérience mystique. Ces deux « fenêtres » donnant sur le monde des réalités seront par la suite désignées par S (réalité sensorielle) et C (réalité clairvoyante). Il s'agit donc de deux « réalités individuelles » opposées, que, selon LeShan, vous percevez et que vous distinguez ainsi l'une de l'autre.

RÉALITÉ INDIVIDUELLE

SENSORIELLE (S)	CLAIRVOYANTE (C)
Les objets et les événements sont avant tout :	
individuels, séparés, mais pouvant être combinés pour former en second lieu des unités plus grandes.	des composants d'un ensemble qui, lui, fait partie d'un ensemble encore plus grand, et ainsi de suite, jusqu'à ce que

le tout soit compris dans le grand dessein de l'univers. Objets et événements individuels existent, mais leur individualité est d'une importance secondaire.

Les sens :

sont les seules sources sûres d'information.

donnent des informations illusoires. La connaissance vraie est acquise au cours de l'expérience directe.

Le temps est :

divisé en passé, présent et avenir.

une unité dont la division est illusoire. La durée existe, mais au sens d'un « présent éternel ».

Les événements sont :

bons, neutres ou mauvais, mais leurs conséquences ne sont souvent connues que beaucoup plus tard.

ni bons ni mauvais. Tout fait partie de l'ensemble harmonieux de l'univers, sur un plan supérieur à toutes appréciations.

Les actions sont :

fondées sur la volonté et la raison.

inexistantes. On ne peut que suivre le destin imposé.

est contrôlable par la volonté dans les directions voulues, si elle n'est pas limitée par le temps ou l'espace.

ne peut être dirigée. La connaissance provient de l'intégration au dessein et non du désir d'obtenir une information spécifique. Ni le temps ni l'espace n'empêchent l'échange d'énergie ou d'information entre deux sujets individuels, car les différences de temps et d'espace sont illusoires.

Pour subsister comme être biologique, vous devez vivre d'une façon consciente dans la réalité S. Continuer à vivre de façon consciente dans la réalité C n'est pas longtemps possible, car vous ne pourriez subsister au plan physique. Mais votre vie, si vous n'êtes jamais conscient de C, n'est pas aussi riche qu'elle pourrait l'être. Vous pouvez considérer S et C comme les deux extrémités d'une échelle. Dans S vit sans cesse le matérialiste convaincu, tandis qu'aux frontières de C séjourne le mystique isolé du monde sensoriel pour atteindre l'expérience mystique. Si vous êtes conscient d'être médiumnique, vous vivez essentiellement dans S, mais pouvez vivre alternativement dans C. Seulement dans des cas exceptionnels, vous pouvez être simultanément conscient dans les deux réalités.

LeShan souligne que les aspects de C indiqués ici ne représentent qu'une partie de l'expérience mystique.

LeShan indique dans son œuvre comment la clair-voyance, la précognition et les expériences médium-niques sont considérées comme résultat d'une transi-tion temporaire de S à C. En vous fondant sur l'hy-pothèse de LeShan concernant les deux « fenêtres sur le monde », vous pourriez désormais rechercher des éléments pour une vue d'ensemble, une sorte de résumé de mon exposé précédent qui inclurait la perception extra-sensorielle, la psychokinésie ainsi que les expériences médiumniques et mystiques.

Supposez que l'expérience mystique ne soit pas seulement une altération psychologique, comme le déclare Deikman, mais la conscience d'une autre dimension existante de la réalité, selon LeShan. Vous pouvez nommer cette dimension ou cet aspect le champ psychique. Supposez ensuite que le cer-veau, comme au chapitre précédent, fonctionne comme un poste à double sens, émetteur-récepteur, qui échange des informations entre la psyché et le corps. Vous pouvez considérer le cerveau comme un dispositif permettant la modification de l'énergie physique à « basse tension » en énergie psychique à « haute tension » et vice-versa. Il est plus juste d'as-similer le cerveau à un transducteur, qui modifie l'énergie d'une nature en énergie d'une autre nature, comme une cellule photoélectrique transforme la lumière en énergie électrique. Mais l'image du cer-veau « transformateur » est plus concrète et je l'em-ploierai désormais. Le cerveau est donc le dispositif transmetteur entre un champ d'énergie psychique et un champ d'énergie matérielle. La figure 5 vous en montre sommairement le principe schématique :

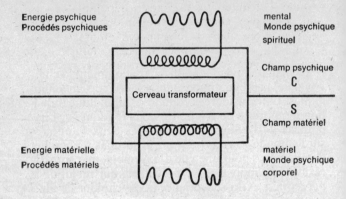

Energie psychique
Procédés psychiques

mental
Monde psychique
spirituel

Champ psychique
C

Cerveau transformateur

S
Champ matériel

Energie matérielle
Procédés matériels

matériel
Monde psychique
corporel

Figure 5

Dans le dessin, C a été placé au-dessus et S au-dessous de la ligne séparant les deux champs. Ceci ne veut pourtant pas dire que C *s'identifie* au monde psychique ou que S s'identifie au monde matériel. Je préfère plutôt dire que C est *l'expérience* du monde psychique, tandis que S est *l'expérience* du monde matériel.

Selon Ducasse, le terme de « monde psychique » comprend : ce qui est psychique et mental, et le terme de « monde matériel » ce qui est matériel. Vous pouvez aussi parler d'un champ d'énergie psychique et d'un champ d'énergie matériel. Des « condensations » s'y trouvent sous forme d'atomes, de molécules et de corps physiques formés par eux. De même, dans le champ psychique, dont l'énergie est d'une nature encore inconnue, vous trouvez des « condensations » sous forme de consciences individuelles.

Ducasse déclare que tout ce qui est psychique est « personnel ». Mais seulement pour l'observateur qui se trouve en S, tandis que dans C tout est

« unité » et toutes les psychés « personnelles » ne sont que des champs d'énergie locaux ou des condensations dans le champ qui embrasse tout. Toutefois, il est rarement possible actuellement d'entrer en contact avec C pour éprouver cette unité.

La fonction du cerveau est, selon ce modèle, non pas de *créer* la conscience, puisque l'individu la possède dans le champ psychique indépendamment du cerveau, mais plutôt de *limiter* la conscience aux quantités et qualités compatibles avec une vie sur le plan physique. Voilà pourquoi vous vous êtes tous entraînés depuis des milliers de générations à combiner vos impressions sensorielles avec la réalité des sens S, bien que vous ayez peut-être dès le début autant de possibilités d'êtres conscients dans la réalité surnaturelle C. Toutefois, chez la majorité des gens, C est refoulé si efficacement qu'il se manifeste tout au plus comme une expérience paranormale isolée. Chez d'autres, la conscience du monde est, pour des raisons inconnues, si forte qu'elle ne se laisse pas refouler. Ces individus apprennent, dans les meilleurs cas, à distinguer S et C et les impressions de l'un des mondes de celles de l'autre. On les appelle alors « médiumniques » ou « mystiques » selon leur degré de contact avec C. D'autres encore, qui reçoivent des impressions du monde psychique C ne séparent pas ces impressions des autres, celles provenant de S. Je les appelle aliénés, psychotiques ou schizophrènes. Je ne prétends pas ainsi que *tous* les cas de psychose ont cette origine, mais que certains de ces cas seraient conditionnés par une incapacité de distinguer C de S.

Cette incapacité donnerait de l'angoisse au médium, empêchant même sa fonction médiumnique. Voilà peut-être pourquoi les médiums se mettent en état de transe ou emploient des techniques comme l'écriture automatique, lorsqu'ils recherchent l'information paranormale, sachant bien, ou croyant, qu'elle provient de C.

LE CHAMP PSYCHIQUE ET LES PHÉNOMÈNES *psi*

La conscience du monde psychique peut être induite de plusieurs façons :

1° Les facteurs congénitaux comportent une sensibilité exceptionnelle aux stimuli du monde psychique. L'enfant devient « psychotique » ou « médiumnique » selon sa capacité ou son incapacité à distinguer C de S.

2° L'attention se dirige consciemment sur C par diverses formes de concentration : méditation, par la méthode zen ou le yoga, détente selon différentes techniques, hypnose, vie monacale.

La réussite des essais de laboratoire sur la perception extra-sensorielle dépendrait donc de la nature du contact établi avec C, d'où la relation entre le rythme des ondes alpha et la réussite des expériences sur la perception extra-sensorielle. Les simuli sont constamment reçus du monde psychique, mais sont remaniés inconsciemment et n'atteignent pas la conscience. Lors d'événements importants, comme la mort d'un être cher, la conversion d'énergie dans le champ psychique serait plus puissante, produisant une « émission » d'une puissance exceptionnelle. Dans des conditions favorables, elle deviendrait consciente comme une expérience télépathique. Une telle conversion d'énergie à l'intérieur du champ psychique serait alors perçue comme une apparition, ce qui ne signifie pas qu'on doit la présenter dans l'espace matériel, mais plutôt que le percipient ne la crée pas forcément. Les corps astraux et éthérés sont considérés comme une partie essentielle du champ psychique et comme susceptibles, dans des circonstances particulières, d'attirer de la substance physique et de se matérialiser complètement ou en partie, un peu comme les lignes de force magnétique autour d'un aimant se matérialisent par de la limaille qui prend une certaine disposition sous l'influence du champ magnétique.

3° Les modifications dans le transformateur, c'est-à-dire le cerveau, produisent des « sauts » entre les deux champs d'énergie. Ces modifications, qui dépendraient de procédés chimiques, pas encore très connus, sont caractéristiques de maladies psychiques ou de l'absorption de drogues comme le LSD.

4° Enfin, l'expérience du monde psychique est tout à fait spontanée, mais même dans ce cas, il existe certains facteurs facilitant la manifestation de ce phénomène.

De telles expériences psychédélico-mystiques sont donc produites ou induites de plusieurs manières, en fixant par exemple l'attention consciemment sur l'expérience ou par des modifications chimiques dans le cerveau. Le contenu de l'expérience et son effet sur le percipient dépendront des espoirs et des attentes de ce dernier, de son orientation religieuse, et surtout de son aptitude à manipuler et diriger ces énergies à « haute tension ».

Vous lisez souvent dans les journaux que des individus, sous l'influence du LSD ou d'autres drogues, ont sauté de fenêtres très hautes. Il est possible que ces actes soient provoqués par la panique ou bien que l'on soit en face de suicides intentionnels, mais les circonstances laissent souvent à penser que la victime était convaincue de pouvoir voler. L'impression de légèreté, d'indépendance et de libération de l'effet de la pesanteur s'accorbe bien à une sensation qui se déroule dans C. Mais le corps demeure, bien sûr, dans le monde matériel. L'insuccès de l'essai de vol est une mise en garde contre le danger couru lorsqu'on est dans l'incapacité de distinguer S de C.

Le « monde intérieur » ou « éther psychique » décrit par Hart serait identique au monde psychique C. Il est plausible que la conscience du « projecteur » pendant une bilocation se déplace effectivement dans l'espace matériel, mais il est plus probable que ce déplacement soit illusoire et se manifeste au niveau du champ psychique, dans une « cinquième dimension psychique ».

On peut même ici considérer la psychokinésie comme l'équivalent moteur de la perception extra-sensorielle. Elle consisterait en des « mouvements tournoyants » d'énergie psychique susceptibles d'induire, sous des conditions encore inconnues, de tels mouvements dans le champ matériel. Ces mouvements provoqueraient d'inexplicables déplacements d'objets, sans contact.

L'union de tout à l'intérieur du champ psychique a des conséquences extraordinaires : les animaux ont la faculté de perception extra-sensorielle, certains effets l'indiquent. De même, une forme de cette faculté existerait pour les plantes. Peut-être même que les plantes et les animaux seraient sensibles aux « orages psychiques » et aux suggestions négatives. Dans ses expériences sur des souris et sur la croissance de graines de semence, B. Grad a constaté que les animaux et les plantes seraient sensibles à un climat psychique positif. Vous pouvez rapprocher ces résultats de la croyance populaire : les vaches donnent davantage de lait, les plantes en pot fleurissent plus joliment si on leur « parle amicalement ». Voilà pourquoi l'on demanderait aux prêtres de bénir les semailles.

Vous pouvez composer avec des phénomènes *psi* et des expériences psychédélico-mystiques un ensemble représentant, d'après LeShan, des degrés différents d'un même phénomène, orientés vers le monde psychique. Une démonstration de la perception extra-sensorielle ou de la psychokinésie au cours d'essais de laboratoire comporte un contact très limité avec une partie du monde psychique, celle associée aux objets dont on se sert lors des essais. Peu importe que ce soient des cartes de perception extra-sensorielle ou autre chose. Même les objets auraient des « diables » au sein du monde psychique. Je les nommerai ici « corps éthérés ». Ces corps éthérés ne sont développés que dans la mesure où ils ont été associés à une conscience. Un objet qui n'a jamais été associé à une activité consciente n'aurait donc aucun « double » dans le monde psychique. Le contact est, dans ces conditions, incertain et diffus. Il est dans la nature même de C que l'attention ne soit pas consciemment focalisée. On peut seulement se préparer à un tel contact et recevoir l'information offerte. Il est, bien sûr, plus facile de réaliser une expérience en utilisant des objets importants pour le sujet sensitif : comme des cartes où l'on a inscrit des noms qui évoquent des sentiments chez les sujets.

Les expériences spontanées paranormales et psychédéliques établissent un contact avec des domaines plus vastes du monde psychique, mais vos possibilités de contact sont encore limitées. Les expériences mystiques d'une intensité variable produisent finalement le contact avec des « domaines » toujours plus vastes du monde psychique, jusqu'à ce qu'il soit, au cours des plus intenses, éprouvé comme une unité embrassant tout.

La figure 6 est une esquisse schématique de mon exposé. Dans le champ matériel, la direction de la communication est déterminée et marquée par les flèches. Dans le champ psychique, « origine » et « extrémité » n'existent pas. Tout est lié. Le dessin ne tient compte ni de la précognition ni de la postcognition, qui demanderaient une représentation tridi-

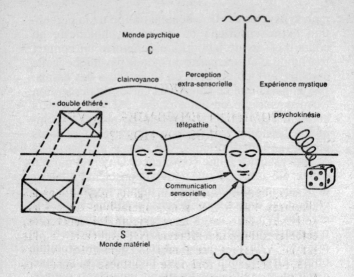

Figure 6

mensionnelle. On pourrait s'imaginer un plan placé perpendiculairement à la feuille de papier et passant par la ligne séparant les deux champs. Il représenterait la dimension du temps, avec le présent sur la ligne d'intersection entre le plan imaginé et la feuille du livre. Le passé se trouverait alors derrière et l'avenir devant la feuille. Les lignes marquées « télépathie » et « clairvoyance » indiqueraient aussi bien l'avenir que le passé, précognition et postcognition, par rapport à l'objet représenté — l'enveloppe — ou à l'homme — le visage.

XVIII

COMMENT ENVISAGER LA VIE
APRÈS LA MORT?

CES phénomènes et événements décrits dans les chapitres VIII à XIV sont compatibles avec l'hypothèse de la survie. Dans plusieurs des cas étudiés, cette hypothèse constitue même l'explication la plus simple. Vous êtes très nombreux, dans notre civilisation, à réfuter *a priori* cette hypothèse de la survie. Vous lui préférez toute autre conjecture, si peu naturelle soit-elle.

Pourquoi êtes-vous tant à rejeter à l'avance l'éventualité de la survie? Sans doute parce qu'il vous est impossible de vous en faire une idée exacte. De plus, ajoutez-vous, personne n'est revenu sur terre vous conter d'authentiques mémoires d'outre-tombe!

Votre raisonnement simpliste oublie la riche documentation sur l'au-delà, recueillie à la fois par des médiums qui prétendent être entrés en contact avec des défunts et par des personnes qui déclarent avoir effectué de courtes visites dans « l'autre monde ». Il m'est assez facile de décrire une forme plausible de survie. Bien sûr, ce ne sont là que suppositions, et la seule façon d'en établir avec certitude la véracité serait de les vérifier soi-même après sa propre mort.

J'examinerai cinq formes possibles de survie, mentionnées par Ducasse :

1º Imaginez que la psyché existe sous une forme

« latente », semblable à l'état d'un corps inconscient. Tout au plus, la psyché agira-t-elle de façon automatique et mécanique et se sentira vaguement associée à des noms et idées de la vie d'ici-bas. Il arrive, en effet, souvent au cours de séances spirites que des défunts transmettent des messages.

2° Autre éventualité : certaines des facultés de la psyché ne sont pas seulement conservées, mais s'exercent activement, cependant sans contrôle critique. Il s'agirait donc d'une forme de vie psychique identique aux rêves ordinaires ou aux visions diurnes.

3° Troisième hypothèse : la vie psychique après la mort consiste en une rétrospective des expériences vécues sur terre, pour en tirer une philosophie. On en ignore cependant la portée.

4° Quatrième thèse : l'orientation de pensées créatrices est déterminée. La vie psychique serait alors constituée de fonctions semblables à celles des mathématiciens, des poètes, musiciens et philosophes, qui exercent souvent leur vocation avec une inconscience totale de leur entourage.

5° Selon la cinquième possibilité, la vie psychique comporterait la faculté d'obtenir le contact, par télépathie, avec d'autres psychés dans le même état, et parfois avec des psychés encore liées à un corps physique.

L'AUTRE MONDE

Une vie après la la mort implique que la psyché soit isolée des stimuli sensoriels, puisque les organes des sens ne fonctionnent plus. La psyché n'a donc aucun contact avec le monde matériel, mais se trouve dans « l'autre monde ». Vous pouvez vous imaginer qu'il serait de nature identique à celle de vos rêves. Tant que dure le rêve, il est aussi réel pour vous que le monde matériel extérieur. Les maisons, les rues qui peuples vos rêves ont pour vous la même identité que celles de la vie courante. Vous apercevez des couleurs vives, éprouvez des sensations intenses d'odorat et de goût, vous manipulez des objets, vous vous entretenez avec autrui. Cependant vous savez que ces sensations ne résultent pas d'impressions sensorielles d'origine exogène, mais d'autres faits, même si quelques simuli venus du monde extérieur sont perçus et incorporés dans ce sommeil. Les événements du rêve se déroulent dans un *monde intérieur*. C'est un monde formé d'images mentales, mais non pas un monde imaginé. Les sujets de vos rêves sont bien réels pour vous tant que vous ne vous éveillez pas. On peut à propos de ces sujets parler d'immatérialité sans pour autant prouver leur inexistence. Leur monde obéit à des lois autres que les lois physiques. Si « l'autre monde » ressemble au monde des rêves, vous pouvez le vivre aussi réellement que le monde physique.

Chaque psyché construirait, vous pouvez le penser, son propre monde fondé sur les souvenirs, les souhaits, les désirs. N'influent-ils pas d'ailleurs sur les rêves pendant la vie sur terre? Aussi est-il possible que plusieurs « autres mondes » existent, un pour chaque psyché. Plusieurs psychés aux intérêts, souhaits et souvenirs communs, entreraient en rapport l'une avec l'autre par télépathie, auraient accès à leurs univers réciproques. Les psychés personnelles mentionnées par Ducasse existent également. Mais si plusieurs psychés présentent des points communs, elles se regroupent aussi dans un monde commun et collectif.

Cela implique-t-il une satisfaction globale des désirs? Vous pouvez le penser, en soulignant que l'absence de conflits et le bonheur ne constituent pas les règles absolues de cette existence. Si vous admettez que les souhaits et les envies de la psyché sont matérialisés par le milieu ambiant, vous devez convenir alors qu'à des aspirations dépourvues de beauté et de charme correspond un environnement semblable.

Que des descriptions bien différentes de l'autre monde aient été données par l'intermédiaire de médiums, dans différentes civilisations, n'indique donc pas forcément qu'un tel monde n'existe pas. Puisque des psychés de formes voisines créent des milieux communs, des groupes d'individus aux mêmes conceptions de la vie après la mort pourraient voir leurs phantasmes réalisés. La « cité céleste » avec des milliers d'habitants pieux pourrait bien être un milieu commun de psychés aux conceptions analogues, créé entièrement à partir de leurs propres attentes et désirs. Le Walhalla des Vikings, comme le Paradis des Peaux-Rouges, les terrains de chasse bienheureux, tout cela a une existence palpable pour certaines psychés. Le matérialiste convaincu éprouvera la sensation de vide auquel il s'attendait avec la seule différence qu'il est encore psychiquement vivant et conscient. Si la possibilité de relations télépathiques entre ces psychés et des médiums existe, il est évident que des médiums établissent le contact avec des « pays » ou « civilisations » différents dans l'autre monde, et donc donnent des descriptions différentes. A les étudier, on s'attendait pourtant à trouver des traits communs essentiels, spécifiques à l'autre monde et distincts de ceux d'ici-bas.

AUX CONFINS DE L'AUTRE MONDE

Ces suppositions à propos de la nature et la géographie de l'autre monde sont-elles en accord avec les faits?

Vous constaterez que plusieurs messages fournis par des médiums décrivent des circonstances semblables à celles que j'ai mentionnées plus haut. Ces informations prévoient que l'autre monde existe. Deux types d'expériences qui n'impliquent aucune prise de position ont été étudiées par Stevenson et d'autres. Ce sont la séparation et l'état qui précède la mort. Le phénomène de la séparation a fasciné la science, qui l'a interprété comme une brève visite dans l'au-delà. Ceux qui ont décrit plusieurs séparations déclarent que, dans cet état, ils ont eu un contact avec d'autres personnes, qui se sont aussi trouvées en état de séparation, et qu'ils les ont observées. Elles leur semblaient appartenir à un monde palpable. D'où leur conclusion ou leur intuition que ces personnes étaient mortes, en continuant toutefois à posséder un corps et un comportement assimilables à ceux des êtres vivants. Il est frappant que des sujets aient souvent après la séparation, décrit une sensation de lucidité psychique, bien que, dans certains cas, leur cerveau ait été gravement affecté. Ils évoquent souvent un sentiment de calme et d'oubli des soucis ordinaires, parfois même un sentiment d'intégration à d'autres êtres et avec le « tout », sentiment apparenté à la sensation d'unité vécue au cours de l'expérience mystique.

Les personnes mourantes, comme les rêveurs, conservent moins longtemps le contrôle de leurs pensées que les personnes en état de veille. Elles se trouvent parfois dans un état de « délire ». La pensée devient moins abstraite, plus imagée. Des centaines d'images visitent la conscience, et sont projetées vers la réalité extérieure, voire interprétées comme des hallucinations. Les analyses d'hallucinations indiquent qu'elles sont surtout influencées par les pensées coutumières de l'individu. Un malade atteint de délire perçoit le lit d'hôpital comme sa voiture et les infirmiers comme ses parents ou ses collègues. La forme habituelle de ses pensées décidera de la nature de ses hallucinations; ses pensées seront matérialisées. Un malade agonisant en état de délire se trouve au seuil de l'autre monde et si sa psyché survit, vous pouvez être sûre que ses sensations, même après la mort, dépendront de la forme de ses pensées habituelles. Cette affirmation fondée sur l'observation de personnes mourantes, est compatible avec ce qu'enseignent les doctrines orientales à propos de l'état *post mortem*. Le Livre des morts tibétain déclare nettement que la vie après la mort dépendra pour chacun de vous des pensées et des désirs auxquels vous vous êtes habitués durant votre vie.

DIFFICULTÉ DE COMMUNICATION

Si la survie existe, pourquoi les informations à son propos sont-elles si banales? Ceux qu'intéresse ce problème parlent parfois avant leur trépas d'envoyer des messages de l'autre monde. Ils meurent et jamais on ne reçoit de message d'eux, à part quelques informations médiocres transmises par un médium. Pourtant il y a des exceptions et les informations prennent alors un caractère très personnel, comme les correspondances croisées.

Mais, attention, cela ne prouve en rien l'inexistence de la survie. Vous devez en chercher l'explication dans l'existence de conditions propres à l'audelà, qui rendent presque impossible toutes relations avec des psychés prisonnières de leur corps physique. Peut-être une très forte motivation et des efforts énormes sont-ils nécessaires à leur établissement, ce qui handicape la prise de contact prévue avant la mort. La motivation diminuerait aussi sous l'influence de nouvelles sensations et d'intérêts qui accaparent la psyché et contredisent les intentions premières.

Stevenson souligne que vous espérez trop, peut-être l'impossible, des communicateurs de l'autre monde. Vous ne pouvez vous attendre à ce que les défunts s'identifient et déclinent leurs noms, numéro de carte d'identité ou dernières adresses connues. Pour le faire, ils devraient se les rappeler. Mais l'empreinte des souvenirs d'un événement dépend de l'intensité de l'expérience vécue et de sa répétition. L'expérience de la parapsychologie indique que les signaux d'une grande intensité sensorielle sont les plus faciles à percevoir. Mais si, de par votre profession, vous n'écrivez pas souvent votre nom, peut-être ne l'avez-vous pas bien gravé dans votre mémoire, d'autant plus que les noms de famille sont rarement liés à des sensations d'une grande intensité. Les communicateurs éprouvent des difficultés à énoncer leur nom de famille et s'identifient plutôt en déclinant leurs prénoms. Leurs adresses et dates de naissance sont rarement communiquées.

En outre, l'avis des communicateurs à propos de « l'essentiel » diffère souvent du nôtre. Si vous désirez augmenter les possibilités de communiquer, vous devrez établir les rapports en pensant avant tout aux événements d'une grande importance émotive pour le communicateur. Cela n'a pas souvent été le cas lors des séances de spirites.

Ne vous attendez pas à ce que les expressions de notre langue vous servent à décrire les conditions du monde psychique. Les médiums décrivent les phénomènes de communication comme « des dispositions de sentiments ou d'images » plutôt que des mots et des phrases logiques. Le communicateur montre des « images » que le médium interprète. Le plus étonnant n'est peut-être pas la médiocrité de la communication, mais qu'elle ait effectivement lieu. Les communications les plus détaillées se sont en effet produites par des moyens « directs », comme l'écriture automatique où le communicateur se sert d'une partie du corps du médium pour transmettre son message.

J'ai fondé toutes ces suppositions, relatives aux conditions de « vie » dans l'autre monde, sur des rapports de personnes qui se sont trouvées aux frontières de la mort, ou encore sur l'observation d'agonisants. Je connais aussi des rapports émanant de personnes qui, en état de séparation, auraient effectué de brèves visites dans l'autre monde. Ils coïncident avec ceux que je viens d'étudier. Mais vous pouvez considérer l'expérience mystique comme un contact direct avec l'autre monde, si vous partez du principe de l'identité de « l'autre monde » avec le monde psychique.

XIX

LA CONCEPTION DE LA VIE
ET DE LA MORT

Dans la préface, je vous indiquais l'objet de mon
étude : définir la finalité de la parapsychologie, examiner les résultats obtenus, établir une relation entre
eux et le problème de la vie après la mort. Vous avez
ainsi maintenant une idée de la multiplicité des matières abordées par la parapsychologie, dans les laboratoires et ailleurs. Vous avez pris connaissance
de tout ce « matériel ». Pouvez-vous nier maintenant que d'autres voies de perception que celles de
nos sens existent? Cette réalité de la perception
extra-sensorielle vous ouvre de vastes perspectives.
Elle vous permet de voir dans l'homme plus qu'une
machine biologique et de constater qu'il a une relation encore inconnue avec son prochain et son milieu
ambiant. Au chapitre XVII, j'ai mis les phénomènes
psi en rapport avec deux dimensions de la réalité,
celle des sens et celle de la mystique. Le monde des
sens est stable. Chaque chose y a sa place, isolée des
autres. Le monde de la mystique, en revanche, englobe un tout, une unité imbue de vie et de force.
Pourtant le contraste n'est qu'apparent, car ce sont
deux aspects de la même réalité. Vous pouvez tenter
la comparaison avec l'évolution de la physique. La
physique moderne tend à dissocier la matière, jus-

qu'ici stable, en un monde épineux de rayons, mouvements ondulatoires et champs de force, monde formé de contrastes.

LA PARAPSYCHOLOGIE ET LA MORT

Je vous ai aussi décrit les sensations et les phénomènes en relation avec le problème de la survie. L'étude d'un seul des groupes de phénomènes étudiés n'a peut-être pas suffi à vous documenter sur ce sujet. Mais l'ensemble des expériences est compatible avec l'hypothèse de la survie.

Cette hypothèse sera-t-elle jamais confirmée? Vous pouvez imaginer sans crainte une évolution débouchant sur l'utilisation de méthodes améliorées et la réalisation de nouvelles expériences excluant peu à peu les autres explications plausibles. Vous pouvez espérer l'étude de cas de réincarnation et de xénoglossie qui prouveront encore plus nettement la survie que ceux recensés jusqu'à présent. L'étude des voix enregistrées sur bande ne fait que commencer. La tâche essentielle des chercheurs consistera à développer aussi les méthodes de recherche sur les modifications au moment de la mort : la photographie du corps éthéré et les photos d'esprits. Si l'existence d'un « autre corps » est prouvée objectivement après la mort du corps physique, l'hypothèse de la survie disposera alors d'un soutien définitif. Je crois que, peut-être, la recherche devrait emprunter cette voie afin de prouver qu'une forme de survie existe. La documentation recueillie grâce à des médiums présenterait alors un intérêt accru pour les études consacrées à la nature de la vie après la mort.

Même si ma documentation, comme celle des chercheurs, n'est pas encore assez vaste pour *attester* la survie, elle est pourtant suffisante pour *motiver une croyance rationnellement fondée* sur celle-ci. Vous savez que la « science » n'a pas démontré qu'il existe une vie après la mort, mais n'a pas non plus prouvé que la mort est la fin de tout. Pour juger la matière existante et la vraisemblance de survie, vous devrez tous aborder le problème. Or c'est impossible si vous rejetez catégoriquement ma documentation en la jugeant sans valeur. Tout en conservant une attitude « scientifique », vous tous pouvez dès maintenant procéder à des recherches à partir de l'hypothèse de la survie.

Même en dehors de la parapsychologie, une riche matière documentaire existe, en faveur de cette hypothèse. Vous la trouverez surtout dans les doctrines orientales comme le bouddhisme et le yoga, en Occident dans la théosophie et l'anthroposophie. Ces doctrines se fondent davantage sur l'introspection que sur la connaissance reçue par l'intermédiaire de prêtres s'exprimant par dogmes. Les descriptions de l'autre monde fournies par ces doctrines diffèrent entre elles dans le détail, mais possèdent en commun des traits essentiels.

CONSÉQUENCES DE L'IDÉE DE SURVIE

Les adversaires de la survie considèrent souvent que cette idée serait inspirée uniquement par la peur de la mort et que ses adeptes prendraient leurs désirs pour des réalités. Pourtant Stevenson a constaté que des millions d'habitants de l'Asie croient en une survie qu'ils ne désirent nullement. Ils désirent la délivrance et l'anéantissement du nirvâna, non la réincarnation. Vous pouvez supposer que l'opposition à l'idée de la survie serait motivée aussi par la peur, non pas de la mort, mais de la survie elle-même, peur difficile à définir et peut-être pas totalement consciente; l'ignorance de l'état qui succède à la mort serait à l'origine de cette angoisse.

Si la conscience survit à la mort, l'explication purement mécaniste et matérialiste de l'existence, la seule « scientifiquement acceptable » pour certains, s'écroule. Vous devez donc connaître les formes de cette survie, dégager les principes qui la gouvernent, savoir si une « autorité suprême » la contrôle, et apprendre comment votre vie ici-bas a des incidences sur votre existence après la mort. Peut-être ces questions inquiétantes motivent-elles l'opposition à l'idée de survie et à la parapsychologie en général?

Je pourrai vous donner plusieurs explications à cette opposition. En voici quelques-unes. D'abord que l'éducation et l'enseignement, dans une société industrialisée, visent, dans une large mesure, à contraindre les individus à penser en termes techniques et matérialistes. L'ancienne influence de l'Église a diminué ou cessé; la liberté du culte, laborieusement acquise, a cédé la place à une nouvelle intolérance qui n'hésite pas à traiter de fanatique non réaliste celui qui s'intéresse aux aspects spirituels de l'existence. Tous les arguments avancés par ce non-réaliste sont rejetés *a priori*. Mais pourtant, dans une civilisation matérialiste, la mort demeure source de peur et d'angoisse. Voilà pourquoi la conscience de la mort est refoulée et devient tabou. On vous « interdit » de parler de la mort. Même les médecins connaissent l'angoisse devant la mort, devant la leur comme devant celle de leurs malades. Ils ne savent comment s'y prendre, éludent la question et ne trouvent rien à leur répondre.

L'affirmation que seule la croyance à la survie donnerait un but à la vie est tout de même exagérée. Même les athées et les matérialistes convaincus trouvent sans doute une bonne raison à la vie. Pour eux, le mot « immortalité » suppose certainement une autre forme de survie, celle de leurs descendants ou des œuvres qu'ils ont réalisées tout au long de leur vie. Le désir de réussir à créer des œuvres positives, favorables à leurs survivants, donnerait alors un sens à leur vie. Ils acceptent la pensée que la vie se termine par la mort, car ils se perpétuent dans leurs œuvres. Mais celui qui estime avoir échoué dans la réalisation de ses projets pendant sa vie et pense que la mort effacera toute trace de son passage ne risque guère d'y trouver réconfort et bonheur.

Le matérialisme explique toutes les différences individuelles par des facteurs extérieurs à l'individu. En vertu d'une opinion commune de nos jours, vos maux ne dépendent que de la « société ». Cette belle théorie n'ajoute pas que ladite société est constituée d'individus. La possibilité d'une existence après la mort place au premier plan la responsabilité de l'individu dans son évolution personnelle. Bien sûr, je n'affirme pas que vous devez considérer tous les autres facteurs comme insignifiants, ni que le désir de créer de meilleurs conditions sociales soit déraisonnable. Au contraire, reconnaître la responsabilité individuelle incite à aider autrui et l'ensemble de l'humanité. Une bonne évolution personnelle positive doit partir de l'égoïsme vers l'altruisme.

L'idée de la survie entraîne aussi des modifications dans votre attitude face au suicide. Elle implique que vous ne pouvez échapper à vos soucis en vous suicidant, car vous les retrouveriez dans l'autre monde.

La croyance en une survie revêt une importance positive pour l'évolution personnelle. Elle accroît les possibilités d'aide aux gens affligés par la perte d'un proche ou tourmentés par des méditations sur la nature de la mort, ou encore par la peur de la mort. En vous fondant sur l'abondance de la documentation qui accrédite la survie, vous êtes à même de leur offrir la possibilité de se créer une conviction personnelle solide sans pour autant les pousser systématiquement vers le spiritisme. Celui qui en éprouve le besoin pratiquera évidemment ces activités, mais souvenez-vous qu'une pratique excessive de certains exercices n'est pas sans dangers. Si les défunts survivent, il n'est pas bon de chercher fréquemment un contact avec eux pour des raisons égoïstes.

Mais, me répliquerez-vous, une croyance à la survie n'a aucune importance positive. Parmi les millions d'êtres qui, en Asie, croient à la réincarnation, il se trouve sans doute autant d'individus impassibles et égoïstes que chez nous. Au Moyen Age, lorsque chacun croyait que les tourments de l'enfer guettaient celui qui n'obéissait pas aux commandements de l'Église, l'existence n'était guère plus agréable qu'aujourd'hui. C'est vrai. Mais vous pourriez peut-être parler de deux catégories de foi : celle qu'enseignent les prêtres, fondée sur de très anciennes traditions ou produite par contrainte, comme sous l'Inquisition; et puis celle fondée sur le jugement personnel et la documentation expérimentale existante.

Une très profonde croyance en la survie a donc une importance essentielle pour votre conception de la vie, mais aussi au-delà de la vie. Si la croyance à la survie enrichit votre existence, c'est déjà très important. Vous auriez tout à gagner et rien à perdre : si vous avez tort, si la conscience s'éteint avec la mort, vous ne le saurez jamais. Mais si vous avez raison et que la conscience persiste, alors vous pourrez probablement vous adapter plus facilement à cette vie dans l'au-delà. Vous vous y serez préparés à l'avance.

Des perspectives plus vastes encore s'ouvrent à vous si la survie prend la forme d'une réincarnation. Elle ne comporte pas nécessairement un cycle

éternel de naissances et de morts, auquel vous tente-
riez en vain d'échapper. D'autres possibilités existent. Des écrivains comme Martinus évoquent des
visions vertigineuses d'une évolution vers un univers
plein de vie. Je ne voudrais pas mettre un point final à
ce livre sans vous avoir donné à méditer les lignes
suivantes, inspirées par la réincarnation, et extraites
d'un poème de Djelal Ed-Din Roumi, mystique
persan du XIIIe siècle. Je souhaite qu'elles vous ac-
compagnent tout au long de votre vie, et peut-être
même au-delà...

Je mourus pierre et devins plante.
Je mourus plante et devins animal.
Je mourus animal, ainsi je devins homme.
Pourquoi alors craindre la mort?
Devins-je moins bon ou plus petit en mourant?
Une fois je mourrai homme et deviendrai
Un être de lumière, un ange de rêve.
Mais je poursuivrai ma voie : tout sauf Dieu
                                    disparaîtra.
Je deviendrai ce que personne n'a entendu ni vu.
Je deviendrai l'étoile au-dessus de toutes les
                                    étoiles,
qui brillera sur la naissance et sur la mort.

LEXIQUE

Agent : fournit des impressions au « percipient ». « Émetteur » dans le cas d'un contact télépathique.

Activité automatique : activité qu'on peut exercer sans l'intervention de la conscience normale. Exemple : l'écriture automatique.

Apparition : hallucination évoquant chez le percipient la présence d'un individu, ou d'un objet, absent. Le milieu ambiant est vécu normalement.

Association d'objets : formulation descriptive du mot psychométrie.

Bilocation : « Clairvoyance à distance », complète : 1° Un individu projecteur ou agent, éprouve une séparation de l'endroit où il se trouve à un autre endroit; 2° Un percipient qui se trouve à cet endroit observe simultanément une apparition du projecteur.

Cartes Zener : cartes utilisées pour des expériences de perception extra-sensorielle. Un jeu comprend cinq cartes aux motifs différents : étoile, cercle, carré, croix, lignes ondulées.

Champ psi : champ hypothétique qui entoure un objet. Il peut subir l'action d'événements qui y laissent des traces *psi*.

Clairvoyance : ou métagnomie. Perception extra-sensorielle d'objets ou d'événements.

Clairaudience : prise de connaissance paranormale à travers des impressions auditives.

Communicateur : personnalité qui se manifeste ou communique par l'intermédiaire d'un médium.

Corps éthéré : « double hypothétique » d'un corps physique. Se dit également du corps que l'on occupe lors d'une séparation. Synonymes : « corps astral » ou « corps de l'âme ». (En français, on dit souvent corps « éthérique »).

Cryptomnésie : événement vécu sans que la personne en soit consciente et sans lui laisser de souvenir. L'impression est enregistrée d'une façon inconsciente et la connaissance « cachée » de cet événement donne l'impression qu'il s'agit d'information paranormale.

Dissociation : désintégration, de la psyché, ou d'une partie de celle-ci susceptible d'un fonctionnement plus ou moins indépendant, voire en opposition à l'ensemble d'origine.

Focalisation : faculté de « concentrer » la perception extra-sensorielle sur un objet donné au cours d'expériences. Exemple : Une personne devine fréquemment juste lors de la présentation d'une certaine carte, mais n'obtient que des résultats aléatoires avec d'autres cartes.

Hallucinations psi : hallucinations donnant des informations paranormales à propos de circonstances du milieu ambiant.

Matérialisation : action de revêtir d'une matière. Pour le spiritisme : un médium dégage une substance hypothétique, l'ectoplasme, dont sont façonnés des êtres d'apparence humaine qui bougent, parlent, sont touchés et photographiés.

Médium : intermédiaire. Pour le spiritisme : personne qui établit des relations avec le monde des esprits. D'une façon plus générale, personne à l'origine de phénomènes paranormaux.

Médiumnique : qui a la faculté de servir de médium ou d'éprouver souvent la perception extra-sensorielle.

Parapsychologie : science dont l'objet est l'étude des phénomènes paranormaux.

Perception extra-sensorielle : terme qui comprend la télépathie, la clairvoyance, la clairaudience, la pré- et la postcognition. Donc toute expérience ou réaction vécue sur les objets, événements, états ou influences sans l'intervention des sens.

Percipient : celui qui éprouve un événement paranormal. Sujet d'une expérience consacrée à la perception extra-sensorielle.

Persona : terme proposé par Hart pour désigner tout ce que l'on observe chez une *personne :* signalement.

Phénomènes paranormaux : événements qui ne s'accordent pas avec notre conception ordinaire de la causalité. Événement « surnaturels ».

Postcognition : connaissance extra-sensorielle ou paranormale d'événements du passé.

Précognition : préconnaissance. Connaissance non raisonnée d'événements futurs.

Psi : la faculté d'un individu à percevoir et à influencer l'ambiance. Comprend la perception extra-sensorielle et la psychokinésie.

Psyché : l'ensemble des facultés et qualités psychiques d'une personne.

Psychodynamique : qualifie, en psychanalyse, les mécanismes psychiques inconscients.

Psychokinésie : ou PK. Action qui, sous la forme d'un déplacement ou, sous une autre forme, affecte des objets ou des organismes vivants, et qui est due à une influence directe psychique, donc ni physique ni chimique.

Psychométrie : faculté de connaître d'une façon paranormale, en touchant à un objet, objet psychométrique, des personnes et des événements qui ont eu une relation avec cet objet. Sens propre du mot : « Mesure de la psyché. » Cela sert pour les tests psychologiques.

Rêve lucide : rêve au cours duquel on est conscient de rêver et parfois capable d'influencer son déroulement.

Rêve partagé : rêve simultané de deux personnes qui s'y voient assister à un même événement.

Séparation : expérience de se trouver, avec sa conscience, en dehors de son corps physique et parfois de le voir de l'extérieur.

Super-perception extra-sensorielle : forme hypothétique et active de perception extra-sensorielle.

Télépathie : « prise de connaissance à distance ». Perception extra-sensorielle ou paranormale de l'état psychique ou des activités d'autrui.

Traces de mémoire : traces *psi* chez un individu.

Traces psi : en psychométrie, modification hypothétique du « champ *psi* » d'un objet. Le médium est censé la percevoir.

Transe : état de vigilance diminuée et de suggestibilité augmentée.

Xénoglossie : faculté de s'exprimer dans une langue étrangère sans l'avoir au préalable apprise ou étudiée.

RÉFÉRENCES

Les principales publications parapsychologiques sont :

J.S.P.R. : *Journal of the Society for Psychical Research* (S.P.R.).

P.S.P.R. : *Proceedings of the S.P.R.*

J.A.S.P.R. : *Journal of the American Society for Psychical Research* (A.S.P.R.).

P.A.S.P.R. : *Proceedings of the A.S.P.R.*

I.J.P. : *International Journal of Parapsychology* (a cessé de paraître en 1968).

J.P. : *Journal of Parapsychology.*

Z.P.G. : *Zeistchrift für Parapsychologie und Grenzgebiete der Psychologie.*

J.S.P.R. et P.S.P.R. sont publiés par S.P.R., Londres (1 Adam & Eve Mews, London W. 8).

J.A.S.P.R. et P.A.S.P.R. sont publiés par A.S.P.R., New York (5 W 73rd Street, N.Y. 10023).

I.J.P. était publié par Parapsychology Foundation (P.F.), New York (29 W 57th Street, N.Y. 10019) qui publia aussi *News-letter of the P.F.*, qui, depuis 1970, a été remplacé par *Parapsychology Review*. P.F. publie aussi *Parapsychological Monographs.*

J.P. est publié par « Foundation for Research on the Nature of Man » (F.R.N.M.) (College Station, Durham, N.C. 27708).

Z.P.G. est publié par « Institute für Grenzgebiete der Psychologie und Psychohygiene » (D 78 Freiburg i. Br., Eichhalde de 12, Allemagne Ouest).

« Parapsychological Association » publie aussi *Proceedings* et Psychical Research Foundation (Box 6116, College Station, Durham, N.C. 27708) publie *Theta*, un journal qui contient principalement des critiques bibliographiques.

Les œuvres parapsychologiques sont très nombreuses et il est difficile d'en avoir une vue d'ensemble. Rares sont ceux qui ont le temps et les moyens de lire toutes les publications parapsychologiques. Il s'écoule souvent longtemps avant que je puisse, ici en Suède, prendre connaissance des livres et des articles de journaux publiés ailleurs, par exemple aux États-Unis. Les œuvres parapsychologiques sont parfois introuvables dans les catalogues de livres scientifiques. Des œuvres importantes sont publiées en russe, en français et en d'autres langues, et il est fort possible que vous connaissiez des ouvrages que j'aurais dû mentionner dans ce livre. Dans ce cas, je vous demanderai de bien vouloir me les indiquer. Voici mon adresse :

Docteur Nils O. JACOBSON
Varvadersvagen 4 G, S - 22 27 LUND — SUÈDE

NOTE BIBLIOGRAPHIQUE

Cette note a été établie spécialement par l'éditeur de l'édition française.

1. *Bibliographie générale.*

Parapsychology : sources of information, by Rhea A. White and Laura A. Dale, The Scarecrow Press Inc., Metuchen, N.J., V.SA. 302 pages, 1973.

2. *Ouvrages de base.*

Traité de parapsychologie, René Sudre, Payot, Paris, 1956.
La Parapsychologie dévoilée, D. Scott Rogo, Tchou, Paris, 1976 (traduction de l'américain).
La parapsychologie, Robert Amadou, Denoël, Paris, 1954.
La série de volumes publiés régulièrement par l'association américaine *Parapsychology Foundation* (29 West 57th Street, New York, N.Y., 10019), afin de présenter les grands colloques internationaux, est à consulter dans son ensemble.

3. *Ouvrages récents.*

Le Livre des pouvoirs de l'esprit, ouvrage collectif sous la direction de Roger Masson, éditions C.A.L., 512 pages, Paris, 1976.

Les Pensées communicantes (anthologie), Michel Damien, Laffont-Tchou, 292 pages, Paris, 1976. L'ouvrage le plus complet sur la télépathie.

Le Savoir antérieur (anthologie), Michel Damien, Laffont-Tchou, 294 pages, Paris, 1977.

La parapsychologie devant la science, collectif d'auteurs, Éditions Berg-Belibast, Paris, 1976.

Les racines du hasard, Arthur Koestler, Calmann-Lévy, Paris, 1972.

Le mysticisme, Aimé Michel, C.A.L., Paris, 1973. (Étude approfondie de la physiologie des mystiques à prodiges.)

Cette liste est évidemment loin d'être complète mais le lecteur trouvera dans ces ouvrages de bonnes bibliographies.

4. *Périodiques.*

La plus ancienne revue française actuellement publiée est la *Revue métapsychique* (1, place Wagram, 75017-Paris).

Parapsychologie est la revue publiée par la Fédération des organismes de recherche en parapsychologie et psychotronique (5, impasse Châteaudun, 93200-Saint-Denis). Elle publie des articles souvents excellents.

TABLE DES MATIÈRES

LA COMPOSITION, L'IMPRESSION ET LE BROCHAGE DE CE LIVRE
ONT ÉTÉ EFFECTUÉS PAR FIRMIN-DIDOT S.A.
POUR LE COMPTE DES PRESSES POCKET
ACHEVÉ D'IMPRIMER LE 29 SEPTEMBRE 1978

Presses
Pocket

Presses
Pocket
8 rue Garancière
75006 Paris
tél. 329 12 80

Imprimé en France
Dépôt légal : 1er trimestre 1978
No d'édition : 1289 — No d'impression : 3320